J'INTÈGRE LA FONCTION PUBLIQUE

Catégories A, B et C

2020
2021

LE DROIT PUBLIC

Droit constitutionnel • Droit administratif
Finances publiques • Institutions européennes

Raphaël Piastra

Docteur en droit public, maître de conférences à l'université Clermont Auvergne, HDR.

Enguerrand Serrurier

Docteur en droit public, enseignant à l'université Clermont Auvergne.

Philippe Boucheix

Maître de conférences en Droit public à l'université Clermont Auvergne.

DUNOD

Direction artistique : Élisabeth Hébert

Mise en page : Belle Page

11 rue Paul Bert, 92240 Malakoff
www.dunod.com
ISBN : 978-2-10-080673-7

Sommaire

Partie 2
Notions essentielles de droit administratif

Partie 3
Notions essentielles de finances publiques

Partie 4

Notions essentielles sur les institutions européennes

Présentation de l'ouvrage

La majeure partie des concours de la fonction publique (A et B) comportent une épreuve relative au droit public, principalement à l'écrit, plus secondairement à l'oral. Il s'agit le plus souvent des deux principales matières que sont le droit constitutionnel et le droit administratif mais également les finances publiques et les institutions européennes.

Il convient, pour le candidat, de posséder les connaissances nécessaires sur ces matières et d'être capable de les développer soit sur un sujet de type dissertatif, soit sur un commentaire de document, soit sur une note de synthèse, soit même sur un QCM (questionnaire à choix multiples), voire des QRC (questions à réponses courtes).

S'il analyse, de façon synthétique, les données théoriques, cet ouvrage développe aussi des aspects sur la pratique institutionnelle et administrative et propose bien sûr, des références jurisprudentielles du Conseil constitutionnel et du Conseil d'État.

Seront donc développés dans ce livre successivement, le droit constitutionnel, le droit administratif, les finances publiques puis les institutions européennes sur la base des programmes développés dans les Facultés et Écoles de Droit.

Pour le droit constitutionnel il s'agira d'étudier des données thématiques : l'État, la démocratie, les régimes politiques et les institutions de la Ve République.

Pour le droit administratif seront analysés : l'organisation administrative, le principe de légalité, les actes administratifs, l'activité, la responsabilité, la justice administrative et des éléments sur la fonction publique.

Les finances publiques seront abordées à travers les notions essentielles que sont les dettes et l'emprunt public, le cadre juridique, les lois de finances, les dépenses publiques, etc.

Enfin, l'Union européenne, ses institutions législatives, le Conseil européen et les autres institutions politiques, économiques et judiciaires seront étudiés dans la partie dédiée aux institutions européennes.

Cet ouvrage présentera à l'issue de chaque partie des exercices d'entraînement avec un exemple de corrigé.

Conseils méthodologiques

Pour une mise en pratique des connaissances présentées, nous délivrerons quelques conseils sur les trois principaux exercices présentés aux concours c'est-à-dire la dissertation, le commentaire de textes et le QCM, les QRC. Pour la note de synthèse, nous renverrons à l'ouvrage de P. Lièvre, *Note de synthèse, note administrative et rapport,* Dunod, 4e édition, 2018.

1 La dissertation

C'est l'exercice académique par définition où il est demandé de mettre ses connaissances au service d'un sujet général. Plusieurs étapes sont à respecter.

Lecture/compréhension du sujet (phase non écrite)

Il existe deux types de lecture.

Celle que l'on appelle d'abord la **lecture passive**. Cela signifie qu'une fois le sujet découvert, il faut le lire sans prendre de note, ni l'annoter. L'objectif ici est de « s'imprégner » dudit sujet, c'est-à-dire mobiliser (intellectuellement) ses connaissances.

> **Exemple**
>
> Un sujet sur « le rôle du président sous la Ve République », nécessite de voir d'emblée qu'il s'agit bien du rôle et nullement de l'élection.

C'est aussi ce que l'on appelle le ciblage du sujet. Ensuite, il faut brièvement mobiliser ses connaissances. Le sujet dissertatif étant bref par définition, cette lecture le sera aussi.

Il y a ensuite la **lecture active**. Elle permet d'annoter (« stabyloter », souligner, etc.) le sujet, c'est-à-dire repérer le ou les mots clefs. Le rôle du président de la République implique de surligner « rôle » (mot-clef ici), « président » et « Ve République ». On peut aussi inscrire des notions qui s'y rattachent. Mais il est plus opportun de passer alors à la phase suivante.

Brouillon (phase écrite)

Il faut à présent poser par écrit les connaissances que l'on a sur le sujet. C'est la mobilisation des idées et notions.

> **Exemple**
>
> Dans notre exemple relatif au président de la République, il faut donc écrire ce que l'on sait sur ses missions (art. 5 de la Constitution) et ses pouvoirs (art. 19 de la Constitution).

Cela amène ensuite le candidat à trouver un **plan** qui sera en principe en deux parties comme toute composition juridique.

Exemple

Pour le sujet proposé ici, il serait tentant d'opter pour : partie I « missions » et partie II « pouvoirs ». Ce n'est pas souhaitable (en particulier pour les concours catégorie A ; pour la catégorie B ce serait toléré, faute de mieux, à titre de plan bateau !). Les pouvoirs étant au service des missions et celles-ci ne pouvant s'exprimer sans les premiers, il est préférable de centrer son analyse sur les pouvoirs. Selon l'article 19 C., on sait qu'il en est de deux catégories : pouvoirs propres et pouvoirs partagés. Ainsi, la démarche la plus opérationnelle sera : partie I « les pouvoirs propres » et partie II « les pouvoirs partagés ». Il faut, dès lors, au brouillon, arriver à un plan détaillé.

À ce stade, il convient (toujours au brouillon) de rédiger l'**introduction**. Celle-ci va du contexte général du sujet à l'annonce explicite du plan selon lequel le sujet va être traité. C'est l'introduction dite « en entonnoir ».

Exemple

Sur le rôle du président, on commencera par une phrase du type : « Premier élément du pouvoir exécutif, le président de la Ve République est "la clef de voûte des institutions" énonçait M. Debré en 1958 ». Puis on peut poursuivre en évoquant brièvement l'élection présidentielle (quinquennat, mode de scrutin) qui lui donne sa légitimité. Puis deux ou trois mots sur la responsabilité (art. 67 C.). On peut ensuite mentionner que la Constitution lui donne aussi un rôle essentiel qui repose d'abord sur les missions définies à l'article 5 C. (gardien, arbitre, garant) mais surtout sur des pouvoirs propres et partagés définis à l'article 19 C. (dire alors quelques mots sur le contreseing). Puis annoncer le plan par une phrase qui peut être ainsi formulée : « Nous étudierons dans un premier temps les pouvoirs propres (I) puis dans un second temps les pouvoirs partagés (II) ».

Rédaction (sur la copie)

Si une bonne architecture a été posée au brouillon (plan détaillé), ce n'est quasiment que du recopiage et de la mise en forme. Il ne faut pas oublier de faire ressortir le plan (1 les pouvoirs propres puis 2 les pouvoirs partagés) et de faire des transitions entre les parties et sous-parties (a, b, c). Il est nécessaire de soigner l'écriture et la présentation (une copie doit être agréable à lire sur la forme !). Il ne faut jamais craindre d'exprimer opinion ou critiques, à condition d'être objectif et d'argumenter. Plus le niveau du concours est haut, plus le jury s'attend à cette démarche. Par exemple, si vous estimez que le président a un rôle trop important, dites-le en argumentant. L'usage des citations est recommandé dès lors qu'elles sont pertinentes, avérées et que vous citez votre source. Mais privilégiez toujours la qualité à la quantité.

Conclusion

En droit, le principe est de ne pas conclure car, le plus souvent, cela risque de constituer une paraphrase ou un résumé de ce qui précède. Le plus grand travers est aussi de mettre dans la conclusion des éléments oubliés précédemment !

Si cela s'y prête, on peut élargir le sujet en le rattachant à une problématique plus générale ou en posant une question.

En tout état de cause, si conclusion il y a, elle doit être brève (2 ou 3 phrases).

Relecture

Elle pourrait paraître superfétatoire mais elle est pourtant essentielle ! C'est elle qui permet de gommer les éventuelles « coquilles » de forme (orthographe notamment) ou de combler les vides laissés par le « blanco » ou autres effaceurs. Une ou deux minutes sont toujours nécessaires à cet égard. Il est en revanche trop tard pour modifier un élément touchant au fond.

Timing

Pas plus pour la dissertation que pour les autres exercices, il n'existe pas de timing idéal. Tout dépend du temps de l'épreuve, du type d'exercice demandé, de ses propres capacités. Ne jamais faire l'intégralité de son exercice au brouillon : celui-ci doit simplement contenir quelques éléments d'analyse, introduction et plan détaillé. C'est certainement, avec la lecture du sujet, la phase qui demande le plus de temps.

C'est au candidat de s'adapter au sujet et de respecter les conditions imparties. Bref, de bien gérer son temps. Bien évidemment, si par malheur on n'a pu achever sa copie, il faut s'abstenir de joindre le brouillon ou même de mentionner que l'on n'a pas terminé sur la copie que l'on rend.

D'où l'intérêt, durant la préparation d'un concours, de faire des **galops d'essai** si possible dans les conditions du concours (durée, pas de document, etc.).

Tant pour la dissertation que pour les autres exercices (sauf QCM), de très nombreux candidats s'interrogent sur l'aspect quantitatif de leur copie. Il faut d'abord se dire que la qualité doit l'emporter sur la quantité. Ce n'est pas au nombre de pages que se mesure la première ! Et, le plus souvent, quantité ne rime pas avec qualité.

« Ce que l'on conçoit bien s'énonce clairement et les mots pour le dire viennent aisément » selon Boileau. On conseillera aussi aux candidats de rajouter à ce précepte l'art de la synthèse. La qualité d'une copie se mesure à la pertinence du fond développé et non à sa longueur !

2 Le commentaire de texte

Le but du commentaire est de montrer sa compréhension d'un texte en mobilisant les connaissances induites par celui-ci. Ce peut être tout texte : extrait de Constitution, de discours, d'article, d'ouvrages, etc. Ce peut être un texte long ou court, ancien ou nouveau. Là encore plusieurs étapes sont à respecter dont certaines ont déjà été vues plus haut.

Lecture du texte

Elle sera là aussi d'abord **passive**, sans prise de note, ni annotation. Il s'agira donc de mesurer sa taille, de repérer de quel type de texte il s'agit, qui le signe, quelle est sa date, etc. Ensuite il conviendra de remarquer les principaux problèmes soulevés par le texte.

Puis le candidat passera à la **lecture active**. Elle sera plus conséquente que pour la dissertation étant donné qu'il s'agit d'un texte. Là encore, on retrouve les techniques habituelles : soulignage, surlignage, etc. Le candidat devra privilégier les annotations sur l'énoncé lui-même.

Brouillon

Il s'agit de mettre ses connaissances au service du texte en y restant fidèle. Il faut donc proscrire le commentaire dissertatif et la paraphrase. Cela implique de mobiliser lesdites connaissances sur chaque grand problème soulevé par le texte. Il faut ensuite regrouper idées et connaissances en plusieurs catégories puis en deux qui seront la base du plan. Le but, là encore, est de parvenir à un plan détaillé (toujours en deux parties en principe).

Au brouillon il faut, comme pour la dissertation, rédiger l'introduction. Elle sera en général plus dense que celle de la dissertation car il y a des données explicites incontournables : auteur, date, titre, type de texte, etc. Il faut aller, là aussi, du contexte général du texte à l'annonce du plan suivi (« entonnoir »).

Rédaction

Elle se fait aussi à partir du brouillon. Ne jamais oublier de citer les extraits du texte sur lesquels on s'appuie (avec des « ... »). Mais il faut éviter de tomber, redisons-le, dans le piège de la paraphrase qui est un défaut trop souvent rencontré dans ce type d'épreuve. Cela étant, plus un texte est court, plus il est nécessaire d'étayer son commentaire avec des connaissances directement ou indirectement liées au texte. Pour un texte long, cela ne s'y prête pas ou beaucoup moins.

Il ne faut jamais oublier d'avoir une dimension critique dès l'instant qu'elle est objective, justifiée et surtout argumentée. On peut être d'accord ou pas avec tout ou partie d'un texte car, quel qu'il soit, il n'est pas « parole d'Évangile » ! Il faut seulement ne jamais le dénaturer. Quand on se présente à un concours, notamment de haut niveau (catégorie A), le jury attend un commentaire critique (ce qu'il ne faut pas négliger pour les autres niveaux). Les mêmes conseils que pour la dissertation peuvent s'appliquer quant à la rédaction (écriture, transitions, sous-parties, etc.).

Relecture

Comme pour la dissertation, il faut ménager quelques minutes pour la relecture. Elle permet notamment de veiller à l'orthographe. Plus le concours est de haut niveau, plus les exigences sont importantes en la matière.

Conclusion

On renverra aux indications données sur la dissertation.

3 Le QCM

Cet exercice se retrouve de plus en plus dans les concours à vocation juridique. En général il existe deux types de QCM : ceux généraux par matière (ex : droit constitutionnel) et ceux plus thématiques et spécialisés (ex : en matière administrative le régime de la responsabilité). On peut parfois en trouver aussi des transversaux (touchant plusieurs matières ou thèmes).

Conseils principaux :

- **lecture** intégrale et attentive des consignes et du QCM avant d'y répondre. But : repérer de quel type de QCM il s'agit et commencer à mobiliser ses connaissances. Une possession complète de ces dernières est, dans ce type d'épreuve, la condition *sine qua non* de la réussite ;
- répondre à la ou aux questions posées (ni plus, ni moins !) ; voire cocher (ou entourer) la ou les bonnes cases ;
- utiliser une encre effaçable ;
- répondre d'abord aux questions les plus faciles (en se méfiant des évidences !) et bien analyser celles plus difficiles ou « pièges » ;
- maîtriser son temps ;
- se relire (proscrire, bien entendu, toute rature ou surcharge si les réponses sont manuscrites) ;
- ne pas avoir recours au brouillon.

Ultimes conseils :

Cela va sans le dire, mais il nous apparaît utile de le rappeler. Il se peut qu'un candidat soit mal à l'aise sur le sujet, ou ait un trou de mémoire, des doutes. La peur de la page blanche aussi. Il faut s'abstenir, coûte que coûte, de céder à la tentation du copiage ou à la demande de renseignements. Certes, **pas vu, pas pris** ! Mais **pris, pendu** ! En d'autres termes, tricher à un concours peut coûter très cher : « toute fraude commise dans les examens et les concours publics qui ont pour objet l'entrée dans une administration publique ou l'acquisition d'un diplôme délivré par l'État constitue un délit » (art. 1 de la loi du 23 décembre 1901 réprimant les fraudes dans les examens et concours publics, modifié au 1er janvier 2002). Et ledit délit est passible de 3 ans de prison et/ou de 9 000 euros d'amende.

« L'honnêteté est au-dessus des lois mêmes » (Ménandre).

Depuis quelques années dans certains concours s'est développé un nouvel exercice : **la question à réponse courte (QRC)**. En principe, le candidat répond directement sur la feuille de sujet qui présente les questions. Il s'agit d'une série de questions auxquelles il faut répondre de façon synthétique. Les connaissances doivent être solides et mobilisées au mieux afin de répondre rapidement mais sûrement. On ne détaille donc pas mais on va à l'essentiel. Il s'agira, là encore, de bien lire les questions avant d'y répondre. En principe, on ne doit pas avoir recours au brouillon.

Partie 1

Notions essentielles de droit constitutionnel

Le professeur Prélot estimait que le droit constitutionnel définit l'ensemble des « institutions grâce auxquelles l'autorité s'établit, se transmet ou s'exerce dans l'État ». En général ce droit est défini dans une Constitution.

Il s'agira d'étudier ici des notions telles que : l'État, la démocratie, les régimes politiques et les institutions de la Ve République.

Cours 1 — Les éléments constitutifs de l'État

L'État est une personne morale de droit public titulaire de la souveraineté et qui exerce son autorité sur un territoire et une population. Il bénéficie aussi d'une reconnaissance internationale. L'État rassemble les différents organes politiques (ex : président de la République, Parlement) qui permettent le bon fonctionnement des institutions.

L'État est classiquement constitué de trois éléments fondateurs : un territoire, une population, un pouvoir.

1 Un territoire

On parle aussi de l'élément matériel ou géographique de l'État.

Dès lors, un État ne peut pas, en principe, exister sans un territoire. Ledit territoire possède des frontières terrestres, aériennes et, parfois, maritimes. Une frontière est une étendue de terre occupée par un groupe humain qui dépend d'une autorité. Elle sert aussi à délimiter un État d'un autre (frontière entre le Mexique et les États-Unis). La frontière peut parfois être conventionnelle, c'est-à-dire issue d'un traité.

Depuis des décennies, la situation de la Palestine pose des problèmes. Notamment car sa cohabitation avec Israël est toujours plus ou moins conflictuelle. L'État de Palestine (présidé par M. Abbas sur la base d'un régime semi-présidentiel) est reconnu depuis le 29 novembre 2012 comme État observateur non-membre de l'ONU. En 2017, l'État palestinien est reconnu par 136 États (70,5 %) sur les 193 membres que compte l'ONU. Un État peut subir (Alsace-Lorraine en 1870) ou consentir (dévolution de Hong-Kong à la Chine par le Royaume-Uni en 1997) une modification de son territoire.

2 Une population

On parle ici de l'élément personnel ou psychologique de l'État. Selon Renan, une population est « un groupement humain dont les membres sont unis par les liens matériels et spirituels ». C'est une sorte de « vouloir-vivre collectif ». Dès lors, la population fait référence à l'ensemble des habitants d'un pays, d'une région, d'une ville, etc.

Même s'il y a des liens, il ne faut pas confondre population et peuple. Ce dernier constitue le peuplement qui fait référence à l'action de peupler, d'accroître le nombre des habitants d'une région, d'un pays. C'est le fait qu'un territoire soit peuplé par différentes entités notamment humaines. Une population rassemble des nationaux dotés d'une nationalité (française, allemande) mais aussi des non-nationaux. Ces derniers peuvent accéder à la nationalité de l'État où ils résident (selon des conditions fixées par ce dernier). La Nation est avant tout une construction idéologique qu'une réalité concrète. Ce qui explique la difficulté de lui donner une définition pleinement satisfaisante. On peut dire que la Nation est un ensemble complexe de liens qui fondent le sentiment d'une appartenance commune avec une volonté durable de vivre au sein d'un même ensemble.

3 Un pouvoir étatique

Le pouvoir est souvent défini comme **la force qualifiée par le droit**.

C'est l'élément institutionnel de l'État. L'État est une personne morale. Il détient l'autorité exclusive qui lui permet, sur la base d'institutions définies par une Constitution, d'exercer de façon continue, souveraine et indépendante le pouvoir. Le juriste G. Burdeau parle du **pouvoir institutionnalisé**. Les principaux pouvoirs sont exécutif, législatif et judiciaire.

L'État est seul apte à faire respecter les institutions essentiellement sur la base de l'ordre public. Pour ce faire il détient ce que M. Weber appelle **le monopole de la contrainte organisée** c'est-à-dire légale ou légitime. Cette **contrainte** doit garantir mais aussi (faire) respecter les droit et libertés démocratiques. Les moyens dont dispose ici l'État sont de deux ordres : la force publique (police, gendarmerie, armée) mais aussi le pouvoir judiciaire (les juges). Ce sont là les principales caractéristiques de l'État démocratique qui se distingue de l'État autoritaire.

Cours

2 Les différentes formes d'État

Il existe deux principales formes d'État. L'État unitaire et l'État fédéral (ou fédéré).

1 L'État unitaire

L'État unitaire se caractérise par l'existence d'un seul pouvoir politique, détenu au niveau national, exerçant la souveraineté, et dont les décisions s'appliquent sur l'ensemble du territoire national. Un État unitaire est organisé de différentes façons.

Il peut d'abord être concentré : tout est décidé par l'État, au niveau central. On trouvait cette organisation par exemple en URSS. On la retrouve en Chine. Elle est aussi celle d'États de petite taille (Malte, Monaco).

Ensuite, l'État peut être déconcentré, notamment lorsque la centralisation montre certaines limites. Dans ce cadre, il existe au niveau local des représentants de l'État (préfets, maires, recteurs).

L'État peut aussi être décentralisé. Il en va ainsi lorsqu'il existe au niveau local des autorités administratives distinctes de l'État (communes, départements, régions, etc.). La France possède une singularité car elle est un État unitaire à la fois déconcentré et décentralisé (art. 1 de la Constitution de 1958).

Enfin, l'État peut « régionaliser ». Cela signifie que des autorités régionales décentralisées bénéficient de certaines compétences normatives et politiques, sous le contrôle de l'État (Espagne, Italie). Mais on est plus ici dans le cadre d'une organisation de type fédérale.

Trois concepts doivent être exposés ici.

a. La concentration

C'est un mode d'organisation administrative selon lequel tous les pouvoirs décisionnels appartiennent exclusivement à des autorités étatiques situées en un seul lieu. C'est en principe la capitale du pays (ex-URSS, dictatures). Dans ce cadre, la réalité territoriale est ignorée. Mais il existe une demande de cette dernière. Dès lors on passe à une autre étape.

b. La déconcentration

« Modalité d'exercice de la centralisation consistant dans le transfert de compétences d'ordre administratif du pouvoir central au plan local, au bénéfice de l'un de ses agents. Le préfet dans le cadre du département et de la région, le recteur dans celui de l'académie, incarnent cette technique d'autorité, à l'opposé de la décentralisation qui confie à des élus des responsabilités administratives. La déconcentration a pour corollaire le pouvoir hiérarchique ».

La déconcentration c'est donc la mise en place de relais territoriaux de l'État central au niveau territorial. Mais elle se situe uniquement au niveau administratif et ne modifie pas la nature des relations entre l'État et les administrés. O. Barrot, (homme politique et juriste

1791-1873), pourfendeur de la centralisation, estimait que « c'est le même marteau qui frappe mais on en a raccourci le manche ». Mais il n'y a toujours pas de prise en compte politique du territoire puisque la déconcentration est soumise au principe hiérarchique. Il faut pour cela la décentralisation.

c. La décentralisation

« Application de la démocratie, au plan local, consistant dans le transfert de compétences d'ordre administratif du pouvoir central à des collectivités territoriales dont les instances dirigeantes sont élues par les citoyens concernés (décentralisation territoriale). L'autonomie peut se concevoir aussi au profit d'un établissement public, c'est-à-dire d'un service public doté de la personnalité morale (décentralisation fonctionnelle). L'autonomie des collectivités territoriales a pour corollaire le contrôle administratif assumé par le préfet, représentant de l'État, qui a la charge des intérêts nationaux et du respect des lois (art. 72 C.) ».

En s'appuyant notamment sur un système électif, la décentralisation permet la mise en place d'une démocratie locale ou territoriale, incarnée en France, par les conseils municipaux, départementaux et régionaux. Selon les pays, la décentralisation est plus ou moins poussée.

La France a connu deux vagues principales de décentralisation, d'abord législative avec la loi du 2 mars 1982 puis constitutionnelle avec celle du 28 mars 2003 :

- en 1982, sous l'impulsion de F. Mitterrand, sont instaurés deux éléments principaux :
  - reconnaissance de la région comme collectivité locale décentralisée (à l'instar de la commune et du département),
  - transferts de compétences de l'État vers ces collectivités ;
- une nouvelle étape est franchie avec la révision constitutionnelle de 2003, lancée par J.-P. Raffarin alors à Matignon, qui va constitutionnaliser la décentralisation sur quatre points principaux :
  - nouvelle architecture des collectivités territoriales avec l'apparition des collectivités d'outre-mer (art. 72 al. 1er C.),
  - organisation décentralisée de la République (art. 1er C.) avec un pouvoir réglementaire et un droit d'expérimentation accordé aux collectivités (art. 72 al. et 4 C.),
  - démocratie locale directe (référendum local et droit de pétition, art. 72-1 C.),
  - autonomie financière des collectivités (art. 72-2 C.).

La seconde partie de cet ouvrage permettra de développer les collectivités territoriales et les lois Maptam et NOTRe (2014-2015).

2 L'État fédéral ou fédéré

L'État fédéral (ou fédération) se définit par l'existence d'une superposition d'entités fédérées, selon une organisation dite « à double étage ». C'est la Constitution fédérale qui assure la répartition des compétences entre les niveaux fédéral et fédéré. Les compétences qui intéressent la souveraineté internationale restent généralement le monopole de l'État fédéral. Il s'agit, pour l'essentiel, de la diplomatie, de la défense et de la monnaie. On parle du principe de subsidiarité.

Les États fédérés sont des entités politiques qui disposent chacune d'un pouvoir exécutif, législatif et juridictionnel, s'articulant avec ceux des institutions fédérales. Les États fédérés participent aux décisions fédérales : le pouvoir législatif fédéral est composé de deux chambres, l'une représentant la population de l'État fédéral, l'autre les États fédérés (*Bundesrat* allemand, Sénat américain).

Le respect des compétences est, en principe, assuré par un organe « régulateur » protecteur du fédéralisme (Cour suprême aux États-Unis, Cour constitutionnelle en Allemagne).

L'organisation fédérale est la plus utilisé sur la scène internationale : États-Unis (exemple le plus achevé), Canada, Brésil, Allemagne, Belgique, Russie, Australie, etc.

Même si elle est de moins en moins pratiquée, il faut citer aussi ici la confédération. Elle consiste en une association d'États indépendants qui, par traité, ont délégué certaines compétences (monnaie, diplomatie) à des institutions communes, sans constituer cependant un nouvel État. La confédération helvétique, depuis 1848, est l'exemple type. L'Union européenne se présentait à l'origine, et c'était d'ailleurs une de ses ambitions, comme une organisation de type confédérative. D'ailleurs l'UE est, de façon générale, l'association volontaire d'États européens, dans les domaines économique et politique, afin d'assurer le maintien de la paix en Europe et de favoriser le progrès économique et social. Il reste que, dotée de la personnalité juridique, l'UE est une organisation unique. Ce n'est ni une organisation internationale, ni une confédération d'États, ni une fédération.

3 Cours
Les fonctions de l'État

Le rôle de l'État n'a cessé de s'accroître au fil des siècles. Destiné au début à protéger les citoyens (fonctions de législation, de justice, de police, d'action extérieure, de défense) et à percevoir l'impôt, l'État s'est fait l'organisateur de la vie économique et sociale. Il intervient dans la fixation des règles du jeu économique, agit par lui-même (travaux publics, éducation, nationalisations) et organise les relations et la protection sociales. On distingue l'État gendarme de l'État providence.

1 L'État gendarme

Cette théorie a été mise en valeur par les penseurs libéraux (Smith, Ricardo, Mill par exemple).

L'État étant caractérisé, on l'a dit, comme un monopole de la violence, la théorie de l'**État gendarme** limite ses prérogatives légitimes aux seuls domaines où, pour sécuriser les droits et libertés des individus, la violence est justifiée. Ainsi les « fonctions régaliennes » de l'État sont principalement : pouvoir législatif, police, justice, défense du territoire.

Régalien vient de *regulus*, faisant référence aux pouvoirs du roi qui doit maintenir l'ordre intérieur et extérieur.

Le reste des activités civiles (au sens étymologique du terme), et notamment l'économie, relèvent du secteur privé. On parle parfois d'État « veilleur de nuit » ou d'État minimal. Ce dernier peut prendre éventuellement en charge quelques fonctions annexes (entretien du réseau routier, électrique, ferroviaire, etc.). Avant l'euro, la monnaie était l'attribut exclusif de l'État (qui battait la monnaie depuis l'Ancien Régime). De même, l'éducation nationale publique est l'apanage de l'État (non exclusif d'établissements privés). Enfin, seul l'État a en charge la diplomatie.

Mais dans la première moitié du XXe siècle, notamment à la suite des guerres, l'intervention économique et sociale s'est développée. L'État gendarme a fait place à l'État providence.

2 L'État providence

Cette expression revêt deux sens :

- au sens large, c'est l'ensemble des interventions économiques et sociales de l'État ;
- au sens strict, il s'agit exclusivement de l'intervention de l'État dans le domaine social, notamment à travers le système de protection sociale.

Le terme est employé pour la première fois en 1864 par un député français, Émile Ollivier, rejetant le développement de l'intervention de l'État, jugé négatif, qu'il opposait aux solidarités traditionnelles (famille, communautés, corporations, etc.). Mais la création des premiers systèmes d'assurance sociale à la fin du XIXe siècle (Bismarck en Allemagne) et celle de la sécurité sociale en Grande-Bretagne (*Welfare State* ; théories de Keynes et rapport Beveridge de 1942), ont fait évoluer les réflexions sur ce sujet.

En France, l'État providence a été consacré au lendemain de la seconde guerre mondiale. Notamment dans le Préambule de 1945 définissant un certain nombre de droits économiques et sociaux. Ainsi est mise en place la Sécurité sociale (ordonnances de 1945). De nos jours le système français de protection sociale conjugue les dimensions d'assistance et d'assurance sociales, afin de garantir contre les « risques » vieillesse, maladie, chômage et famille. Mais cet interventionnisme étatique a un coût. Le ralentissement de la croissance, la montée du chômage et les difficultés de financement de la protection sociale remettent en cause l'efficacité de l'État providence et son adaptation aux nouveaux besoins sociaux (exclusion, vieillissement démographique). C'est dès la fin les années 1980, que dans la plupart des démocraties on parle d'une de « crise de l'État providence ».

Ainsi, en 2016, les prestations sociales versées équivalaient en France à environ 700 milliards. Ce coût fait débat depuis longtemps. En matière d'aides sociales « on dépense un pognon de dingue » s'est exclamé le président Macron. Des réformes sociales structurelles sont nécessaires (recalcul des retraites).

Cours

4 La notion de souveraineté

Le mot *souverain* est emprunté de l'ancien français *soverain*, qui dérive lui-même du latin *superānus* (qui signifie « au-dessus »). Dès lors, souverain définit un pouvoir qui n'est limité par celui d'aucun autre. Le souverain est la personne qui exerce le pouvoir suprême dans un État ; le monarque, le roi. « L'État c'est moi » proclamait Louis XIV. À la suite de la Révolution, c'est le peuple qui est devenu le souverain. L'État c'est nous, pourrait-on dire.

Une distinction s'établit entre souveraineté nationale et souveraineté populaire.

1 Souveraineté nationale

L'article 3 de la déclaration de 1789 stipule : « le principe de toute souveraineté réside essentiellement dans la Nation. Nul corps, nul individu, ne peut exercer d'autorité qui n'en émane expressément ». Le Conseil constitutionnel a rappelé en 1976 que la souveraineté « ne peut être que nationale (…) ce qui implique que le cadre national est intangible ». On l'a dit précédemment, la Nation est un concept abstrait. Cela implique qu'elle soit incarnée et exercée par des représentants élus au sein de chambres *ad hoc*. Ils reçoivent mandat des électeurs. Cela s'exerce dans le cadre d'un régime représentatif (que l'on étudiera ci-après). En d'autres termes, les élus représentent la Nation dans son ensemble et non leurs électeurs. Ce qui induit, comme le stipule l'article 27 de la Constitution de 1958, que « tout mandat impératif est nul ».

2 Souveraineté populaire

La souveraineté nationale a été conceptualisée par Rousseau dans *Le Contrat social* et consacrée par l'article 7 de la Constitution de 1793 : « le peuple souverain est l'universalité des citoyens français ». Cela signifie que la souveraineté est établie indistinctement et également en tout citoyen. La doctrine de la souveraineté populaire identifie donc comme souverain le peuple, au sens de l'ensemble de la population, la somme de tous les individus, par opposition à la Nation, corps abstrait. En d'autres termes la souveraineté nationale s'oppose à la notion de souveraineté populaire, qui implique pour sa part des mécanismes de démocratie directe, comme les assemblées de citoyens, le mandat impératif ou les référendums.

Il s'avère que les principes de souveraineté nationale et de souveraineté populaire ne sont pas toujours exclusifs l'un de l'autre. L'article 3 de la Constitution du 4 octobre 1958 dispose ainsi que « la souveraineté nationale appartient au peuple qui l'exerce par ses représentants et par la voie du référendum ». Et on a cependant précisé plus haut que « tout mandat impératif est nul ». En faisant coexister un régime représentatif avec des procédures de démocratie directe, la Ve République mêle donc les deux notions.

Cours
5 La notion de représentativité

Représentation est un terme apparu au XIIIe siècle et issu du latin *repræsentatio* (de *repræsentare*). C'est « l'action de replacer devant les yeux de quelqu'un ». En politique, la représentativité est le caractère reconnu à un parti de représenter ses mandants ou représentants. Les élus peuvent donc agir en leur nom pour les défendre. Dès lors, la représentation est incarnée dans le pouvoir législatif exercé par les élus au nom de leurs électeurs, qu'ils aient ou non voté pour eux.

Il faut envisager les principales modalités de la représentation qui sont la démocratie semi-directe et la démocratie représentative.

1 La démocratie semi-directe

C'est un mode d'exercice de la souveraineté consistant en un partage entre les représentants du peuple et ce dernier. L'exemple le plus typique est le référendum.

Le mot *référendum* a été créé au XVIIIe siècle à partir du latin *referre (« faire un rapport », « soumettre »)*. Il est entré dans le vocabulaire politique au XIXe siècle, quand il s'est substitué à l'expression *« appel au peuple »*.

Il s'agit d'un procédé grâce auquel le peuple participe au pouvoir essentiellement législatif afin d'adopter ou non un acte. Sous les ères napoléoniennes (notamment Napoléon III), le référendum a dérivé en plébiscite. C'est-à-dire que celui qui pose la question engage aussi sa responsabilité. Le général de Gaulle a réactivé cette technique. Plusieurs types de référendum existent.

D'abord, le plus important, le référendum constituant par lequel les citoyens se prononcent sur l'adoption ou la révision de la Constitution. En France, il est prévu à l'article 89 de la Constitution qui fixe les modalités de révision de cette dernière à l'initiative du président de la République (cas le plus fréquent) ou des assemblées. Le référendum intervient après le vote, dans les mêmes termes, par les deux assemblées, du texte de révision proposé. Si la réponse est positive, la révision est adoptée. Sinon elle est rejetée.

Ensuite, il y a le référendum législatif prévu à l'article 11 de la Constitution qui permet au président de la République de soumettre au peuple un projet de loi qui peut porter sur différents sujets. On reverra cette procédure dans le cadre de l'étude des institutions de la Ve République.

Également, on trouve ce que l'on appellera les référendums « locaux » définis par le Code général des collectivités territoriales : « référendum communal » ou consultation locale des populations dans certaines parties du territoire français (art.72-1 de la Constitution et Code général des collectivités territoriales).

Enfin, depuis la révision constitutionnelle du 23 juillet 2008, un référendum d'initiative partagée peut être organisé à l'initiative de 1/5e des parlementaires, soutenue par 1/10e des électeurs inscrits (art. 11 C.). Ce dispositif est entré en vigueur le 1er janvier 2015. Il n'a été utilisé qu'une seule fois en 2019, dans le cadre du projet de privatisation des aéroports de Paris.

2 La démocratie représentative

On a vu ci-dessus ce qu'il en était du concept. Étudions à présent quelles en sont les modalités.

a. Le vote

On parle aussi de suffrage. Voter c'est exprimer son opinion, son choix, par un vote. Pour Hauriou « le vote est l'organisation politique de l'assentiment ». En France, le vote est un droit et non une obligation. Seuls les élus formant le collège électoral pour élire les sénateurs ont l'obligation de voter (sinon ils encourent une amende de 100 euros). L'article 3 de la Constitution stipule : « le suffrage peut être direct ou indirect dans les conditions prévues par la Constitution. Il est toujours universel, égal et secret ». **Universel** consiste en la reconnaissance du droit de vote à l'ensemble des citoyennes et citoyens, sans aucune distinction, et garanti par la Constitution. **Égal** signifie qu'aucun vote ne vaut plus qu'un autre. **Secret** implique que pour exprimer son vote, il est nécessaire de passer par un isoloir.

Il faut préciser que le vote est encadré par un processus électoral (aussi dénommé « scrutin » ou « élection ») dont les conditions sont fixées par le Code électoral.

Il existe différents types de suffrages :

Suffrage capacitaire	Mode de suffrage restreint qui conditionne la capacité d'électeur aux moyens intellectuels ou au niveau d'instruction (ainsi selon l'article 489 du Code civil, le majeur en tutelle n'a pas le droit de vote).
Suffrage censitaire	Ancien mode de suffrage restreint qui lie la qualité d'électeur à la fortune et notamment à une quotité d'impôt payée qu'on appelait le *cens*. La Constitution de 1791 distinguait les citoyens actifs des citoyens passifs.
Suffrage direct	C'est le vote effectué directement par les citoyens eux-mêmes (présidentielle ou législatives en France).
Suffrage égal	« Un homme, une voix » selon Auguste Blanqui.
Suffrage indirect	Les électeurs désignent des *grands électeurs* qui votent à leur tour pour les élus (scrutin sénatorial).
Suffrage restreint	Le droit de vote est réservé aux individus remplissant certaines conditions (*cf.* capacitaire et censitaire). Il symbolise la théorie de l'électorat-fonction.
Suffrage secret	Le choix de l'électeur est entouré de garanties de procédures définies par le code électoral (isoloir, bulletin dans une enveloppe opaque par exemple).
Suffrage universel	Découlant de la théorie de l'électorat-droit, la qualité d'électeur est donnée à tous les citoyens. Le suffrage universel a été proclamé en 1848 pour les hommes et 1944 pour les femmes.
Suffrages exprimés	Nombre de votants (déduction faite des bulletins blancs). En 2003, un projet de loi UDF avait proposé la prise en compte du vote blanc mais le Sénat a bloqué le texte. Il existe un *parti du Vote Blanc.* Pour la présidentielle 2012, seul F. Bayrou proposait de l'intégrer dans les suffrages exprimés. Dans l'Union européenne, seule la Suède reconnaît officiellement et inconditionnellement ce vote. Une proposition de loi a été adoptée le 22/11/2012 reconnaissant le vote blanc. Il est comptabilisé hors les blancs et les nuls mais pas comme suffrage exprimé.

b. Les différents modes de scrutin

Il en existe deux principaux.

Le scrutin majoritaire

Il constitue le mode le plus ancien de désignation des élus. Il s'agit d'attribuer un (scrutin uninominal) ou plusieurs sièges (scrutin plurinominal) à celui ou ceux qui ont obtenu le plus de voix.

Dans le scrutin uninominal à un tour (en Grande-Bretagne), celui qui obtient le plus de voix emporte le siège. Dans le scrutin uninominal à deux tours (en France), la réussite au premier tour est conditionnée par l'obtention d'une majorité absolue des voix (avec parfois l'obligation de réunir un nombre minimal d'électeurs inscrits). Faute d'avoir atteint ce seuil, un second tour est organisé. Son accès est réglementé et il met aux prises les deux candidats les mieux placés à l'issue du premier tour.

Les scrutins de liste, à un ou deux tours, attribuent à la liste arrivée en tête tous les sièges (désignation des grands électeurs pour la présidentielle américaine par exemple). Si le panachage des listes est autorisé, sont élus ceux qui obtiennent le plus de voix (cas des municipales françaises dans les communes de moins de 1 000 habitants).

La représentation proportionnelle

La représentation proportionnelle est simple dans son principe – les sièges sont attribués selon le nombre de voix – mais complexe dans sa mise en œuvre. Elle s'est développée avec le rôle des partis politiques : il s'agit moins de voter pour un homme que pour un parti ou un programme. Trois modes permettent de répartir les voix : le quotient, la plus forte moyenne, le plus fort reste. Dans les scrutins proportionnels, le seuil fixé pour obtenir le droit à la répartition des sièges et la taille de la circonscription constituent des variables déterminantes.

Les scrutins mixtes

Les scrutins mixtes empruntent des éléments aux systèmes majoritaire et proportionnel. Ils combinent donc, mais avec une grande diversité, les deux mécanismes. Il s'agit de cumuler les avantages des deux méthodes et d'en limiter les inconvénients.

6 Cours
Les libertés publiques

Les libertés publiques sont des droits fondamentaux reconnus par la Constitution, la loi ou un engagement international et protégés par le juge. Le doyen Favoreu parlait d'un **droit des libertés fondamentales**.

On distingue plusieurs catégories de droits ou libertés publiques.

- D'abord les **droits inhérents à la personne humaine**. Ces droits, qui sont pour la plupart établis par la Déclaration de 1789, sont pour l'essentiel des droits civils et politiques, individuels, mais dont l'État a pour obligation de permettre l'exercice. Il s'agit de l'égalité (art. 1), de la liberté, de la propriété, de la sûreté et de la résistance à l'oppression (art. 2).
- Ensuite les **droits qui sont des aspects ou des conséquences des précédents** : ainsi du principe d'égalité découlent, par exemple, le suffrage universel, l'égalité des sexes, mais aussi l'égalité devant la loi, l'emploi, l'impôt, la justice, l'accès à la culture. De la liberté s'inspire par exemple celle d'aller et venir, liberté d'opinion, liberté syndicale. De la propriété dérive par exemple le droit de disposer de ses biens. Le droit à la sûreté (art. 2) justifie l'interdiction de tout arbitraire, la présomption d'innocence, le respect des droits de la défense, la protection de la liberté individuelle par la justice. Enfin la résistance à l'oppression permet par exemple aux citoyens de s'opposer à un régime devenu autoritaire.
- Les **droits sociaux**, impliquant une action de l'État, sont énoncés plus particulièrement par le préambule de la Constitution de 1946. Ce dernier proclame comme **particulièrement nécessaires à notre temps, les principes politiques, économiques et sociaux**. Parmi eux on peut citer le droit à l'emploi, à la protection de la santé, à la conservation des droits familiaux, à la gratuité de l'enseignement public, au logement, etc.
- Enfin il existe ce que l'on appelle les **droits dits « de troisième génération »**. Ils sont par exemple énoncés dans la Charte de l'environnement de 2003, qui affirme le droit de chacun de « vivre dans un environnement équilibré et respectueux de la santé » (art. 1er) et qui consacre par exemple la notion de développement durable (art. 6) et le principe de précaution (art. 7).

Selon la Déclaration de 1789, l'exercice des « droits naturels de chaque homme » n'a de « bornes que celles qui assurent aux autres membres de la société la jouissance de ces mêmes droits » (art. 4), qui « ne peuvent être déterminées que par la loi ».

Au-delà d'être proclamées, ces libertés publiques doivent être aussi protégées. Le Conseil constitutionnel est le principal acteur en la matière. Dans une décision de 1971, il a consacré la valeur constitutionnelle la Déclaration de 1789 et du préambule de 1946. Son rôle principal est de vérifier que les lois votées respectent les droits définis par ces textes. Si elles ne le font pas, le Conseil les censure. Ainsi qu'on le reverra, l'existence de juges indépendants (autorité judiciaire, juge administratif), disposant de réels pouvoirs, est aussi un moyen important de protéger les droits des citoyens. En effet, il est essentiel, lorsqu'un droit fondamental n'est pas respecté, que la personne qui s'estime lésée puisse se tourner vers une autorité capable de constater cette violation et, le cas échéant, de la sanctionner.

Par ailleurs, depuis 1981, les citoyens français peuvent également s'adresser à la Cour européenne des droits de l'homme, juridiction dépendant du Conseil de l'Europe, afin de faire sanctionner les insuffisances éventuelles de la France en matière de protection des libertés.

7 Cours
Le régime parlementaire

Un régime politique est le mode de gouvernement d'un État qui est aménagé dans une Constitution.

Le régime parlementaire est un régime politique de collaboration équilibré des pouvoirs, issu de la pratique britannique au cours du XVIIIe siècle, dans lequel le Gouvernement et le Parlement ont des domaines d'action commune (initiatives des lois) et des moyens d'action réciproques. Le Parlement peut mettre en jeu la responsabilité politique du Gouvernement (le chef de l'État étant, lui, irresponsable) et le Gouvernement peut décider de dissoudre ledit Parlement. Il faut noter que le régime parlementaire peut être de deux sortes :

- **dualiste** lorsque le chef de l'État joue un rôle actif et que le Gouvernement a une double responsabilité, devant le chef de l'État et devant le Parlement ;
- **moniste** lorsque le Gouvernement n'est responsable que devant le Parlement (le chef de l'État ne jouant qu'un rôle symbolique).

Enfin il peut y avoir une dérive du régime parlementaire en « régime d'assemblée » qui, comme son nom l'indique, se caractérise par la suprématie de l'Assemblée.

Focus : le régime parlementaire britannique

Pour caractériser ce régime, on doit parler plus exactement de monarchie parlementaire car il existe la reine d'Angleterre. Si ses pouvoirs sont théoriquement importants (nominations, promulgation des lois, etc.), ils sont dans la pratique exercés par le Gouvernement. La monarchie parlementaire a surtout un rôle symbolique de garante des institutions et d'incarnation du Royaume-Uni.

Le tableau ci-dessous permet de voir ce qu'il en est du régime pratiqué en Grande-Bretagne.

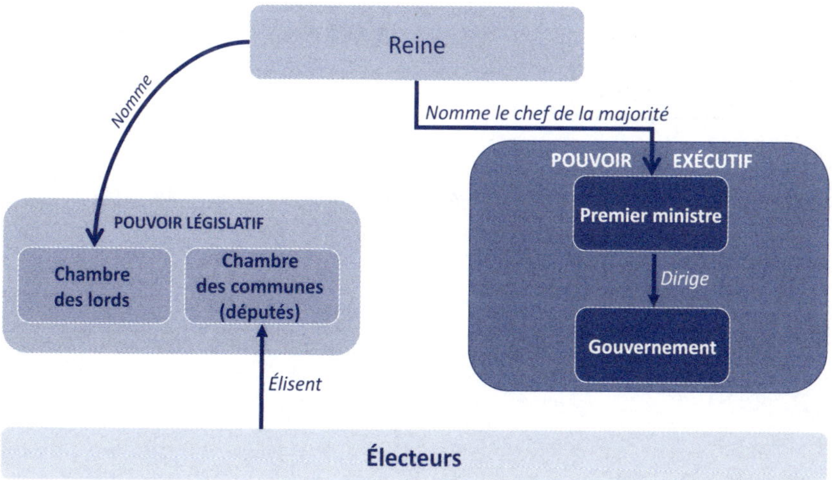

8 Cours
Le régime présidentiel

Le régime présidentiel est un régime politique apparu avec la constitution des États-Unis d'Amérique en 1787. L'équilibre des pouvoirs est obtenu par une séparation assez stricte à la fois organique et fonctionnelle. D'un côté, le pouvoir exécutif détenu en totalité par le président et son Gouvernement irresponsable devant le Congrès (sauf « *empeachment* ») et de l'autre le Congrès en charge du pouvoir législatif.

Cette séparation stricte peut amener à des blocages entre le Congrès et le président. Ce dernier peut opposer son veto à une loi. Le Congrès peut refuser de voter une loi. Cela arrive parfois en matière de budget lorsque le Congrès refuse de le voter. Cela entraine un « *shutdown* » c'est-à-dire le non-paiement temporaire des salaires pour les fonctionnaires fédéraux (janvier 2018). Des tractations ont alors lieu entre démocrates et républicains pour sortir de l'impasse.

À noter qu'il existe aussi le régime semi-présidentiel appelé aussi régime présidentialiste qui est celui de la France depuis 1962 (hors les périodes de cohabitation). Cela fera l'objet de l'étude relative à la Ve République.

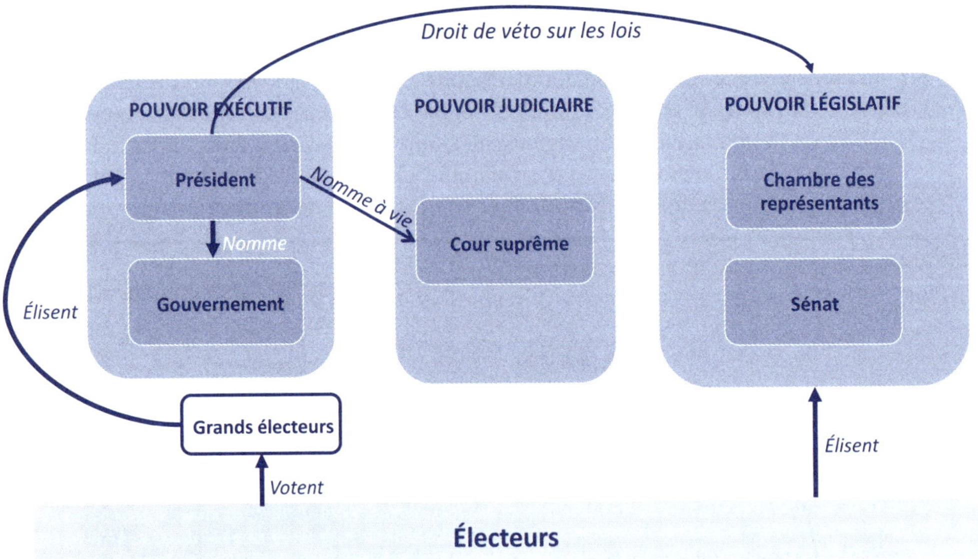

9 Les IIIe et IVe Républiques (1875-1958)

1 La IIIe République (1875-1946)

Dans le sillage de la défaite militaire face à la Prusse, la République est proclamée le 4 septembre 1870 par le **Gouvernement de la Défense nationale**. L'armistice, signé le 28 janvier 1871, prévoit **une assemblée** qui doit d'abord conclure la paix puis avoir vocation constituante.

a. La préparation des lois constitutionnelles de 1875

La résolution du 17 février 1871 : le Gouvernement de Thiers

Le 17 février 1871, l'Assemblée confère le titre de chef du pouvoir exécutif à Adolphe Thiers, le leader de la majorité parlementaire, conservatrice. Il est censé gouverner « sous l'autorité de l'Assemblée » avec des ministres qu'il choisit, mais ayant mis fin à la **Commune de Paris** et jouissant d'un grand prestige et d'une forte autorité, il s'approprie l'essentiel de l'exécutif. Dans l'espoir d'une restauration monarchique, l'assemblée organise un régime provisoire basé sur 4 lois constitutionnelles et un amendement.

La loi du 31 août 1871 ou Constitution Rivet

À l'initiative du député Rivet, elle donne au chef de l'exécutif le titre de « président de la République française ». Le pouvoir souverain est censé appartenir à l'Assemblée. Thiers est président en exercice à titre provisoire car l'Assemblée, monarchiste, ne veut pas garder le modèle républicain. Il est dépendant de l'Assemblée et responsable, comme ses ministres, devant elle. Mais Thiers, converti à la République, y impose le plus souvent ses vues, ce qui génère des conflits.

La loi du 13 mars 1873 ou Constitution de Broglie

Afin de contrer la prééminence de Thiers, l'Assemblée vote une loi pour le « soumettre ». Sous l'impulsion du député de Broglie, ce texte interdit au président de la République d'intervenir directement devant l'Assemblée en matière de politique étrangère. Pour le reste, il doit faire lire un message par un ministre. C'est ce que l'intéressé appellera « le cérémonial chinois » qui perdurera jusqu'en 2008, date de la révision constitutionnelle, permettant à N. Sarkozy de venir prononcer un discours devant le Congrès du Parlement le 22 juin 2009.

Le 24 mai 1873, Thiers est censuré par la majorité monarchiste et est remplacé par le maréchal de Mac-Mahon.

La loi du septennat du 20 novembre 1873

Via Mac-Mahon, peu influent, la majorité veut réinstaurer la monarchie. Faute d'y parvenir, elle décide de prolonger le régime provisoire en votant le septennat personnel pour Mac-Mahon. Ce septennat restera en place jusqu'en 2000 puis sera remplacé par le quinquennat. Cette loi de 1873 mit aussi en place une commission chargée d'étudier une Constitution pour la France.

L'amendement Wallon du 30 janvier 1875

Le député Wallon fait adopter à une voix de majorité que : « le président de la République [...] est élu à la majorité absolue des suffrages par le Sénat et la Chambre des députés réunis en Assemblée nationale ». Le septennat devient donc impersonnel et le régime républicain est pérennisé.

b. Les lois constitutionnelles de 1875

Trois lois fondent le corpus constitutionnel de la IIIe République : les lois du 24 février 1875 relative à l'organisation du Sénat (condition du ralliement des monarchistes à la République) ; du 25 février 1875 sur l'organisation des pouvoirs publics et du 16 juillet 1875 sur les rapports des pouvoirs publics. Elles définissent un régime parlementaire assez équilibré. Elles ne contiennent aucune déclaration de droits ou de libertés.

L'organisation du régime

Il repose sur un pouvoir exécutif et un pouvoir législatif et ne consacre pas de pouvoir judiciaire (en 1872, le rôle juridictionnel du Conseil d'État sera reconnu).

Un pouvoir exécutif bicéphale : président de la République et cabinet

Le **président** est élu pour sept ans sur la base de l'amendement Wallon. Théoriquement, il a des pouvoirs importants : nomination des ministres ; initiative, promulgation, exécution des lois ; message ; dissolution de la Chambre et pouvoirs militaire et diplomatique. Dans la pratique, ces compétences sont neutralisées par le contreseing ministériel sur tous ses actes et par son irresponsabilité politique. Dès lors, le président ne peut prendre seul aucune décision sauf sa démission. Le Gouvernement endosse donc et assume la responsabilité exécutive devant les Chambres. Le pouvoir présidentiel le plus significatif devient la nomination du président du Conseil.

Le **cabinet** regroupe l'ensemble des ministres formant un organe collégial et solidaire devant la Chambre. Ils sont aussi responsables individuellement de leurs actes personnels. Chaque ministre dirige son ministère et applique la politique définie le plus souvent par le chef du Gouvernement, puis le président du Conseil. La présidence du Conseil n'était pas prévue par les textes et s'est imposée dans les faits. C'est à la suite des élections parlementaires de 1876 que Dufaure, alors chef du Gouvernement, reçoit le titre de président du Conseil. C'est un exemple d'institution coutumière.

Le Parlement : Chambre des députés et Sénat

Il est basé sur un bicaméralisme dit « parfait ».

La **Chambre des députés** : élue pour 4 ans au suffrage universel direct sur la base d'un scrutin uninominal majoritaire à deux tours. C'est le multipartisme qui prévaut au sein des 520 à 600 députés selon les législatures (il y en aura 17).

Le **Sénat** : élu au suffrage indirect à plusieurs degrés sur la base d'un scrutin de liste et par un collège électoral (députés, conseillers généraux, d'arrondissement, délégués des conseils municipaux). Composé de 225 membres, il est d'essence conservatrice mais garant des valeurs républicaines et du régime.

Égalité entre les Chambres : elles ont chacune une compétence législative pleine et entière (initiative des lois, vote en termes identiques, révision constitutionnelles). Les deux Chambres ont la capacité de censurer le Gouvernement. La seule exception est budgétaire : les textes doivent d'abord être votés par les députés.

L'application du régime

La crise de 1877 et ses conséquences

En 1876, les républicains ont gagné les législatives. Le président Mac-Mahon refuse d'appeler un républicain, pourtant vainqueur des législatives, à la tête du Conseil, préférant pendant un an appeler des « centristes ». Le **16 mai 1877**, le président du Conseil démissionne et est remplacé par le monarchiste A. de Broglie. La Chambre s'insurge et, le 21 juin, lui refuse la confiance. En riposte, Mac-Mahon dissout la Chambre des députés. La campagne législative d'octobre 1877 est tendue entre conservateurs et républicains, notamment sur le régime à appliquer. Ces derniers l'emportent mais Mac-Mahon ne se soumet pas et refuse de nommer des républicains. Il consent tout de même à appeler Dufaure et cohabite avec un Gouvernement « républicain ». Lorsque les républicains l'emportent au Sénat en 1879, Mac-Mahon démissionne et est remplacé par J. Grévy.

La crise consacre la primauté de l'Assemblée face à l'exécutif (on évolue vers un parlementarisme moniste) et annihile toute tentative de restauration monarchique. De plus, le rôle du président de la République est amoindri au profit du président du Conseil. Enfin, le mécanisme de dissolution est enterré pour un long moment. Sans dissolution, c'est bien un régime d'assemblée (assujettissement de l'exécutif au législatif) qui est consacré. Quand Grévy est élu en 1879, il déclare sa soumission à « la volonté nationale » incarnée par les assemblées.

Les révisions des lois de 1875

La révision du **14 août 1884** est la plus importante de la IIIe République et vient parachever la victoire des républicains :

- laïcisation des travaux parlementaires (suppression des prières publiques à la rentrée des assemblées) ;
- pas de révision de la forme républicaine du Gouvernement (impossibilité pour des membres de famille ayant régné sur la France de se présenter à la présidence) ;
- raccourcissement du délai d'organisation d'élections après une dissolution, démocratisation du Sénat (suppression des sénateurs inamovibles et modification du collège électoral).

La présidence du Conseil se structure progressivement. Jusqu'en 1914, des personnalités vont essayer de s'imposer (Clemenceau, Briand, Poincaré). Avec la première guerre, une organisation administrative se met en place avec un chef de cabinet et surtout un secrétariat général (ancêtre de l'actuel secrétariat général du Gouvernement). En 1934, est nommé un ministre chargé de la présidence du Conseil qui hérite de locaux : l'hôtel de Matignon. En 1918, la reconstruction amène les Chambres à autoriser le Gouvernement à recourir aux décrets-lois. Si le rôle du Gouvernement en est renforcé, cela n'empêche pas le régime d'assemblée de provoquer l'instabilité gouvernementale.

L'instabilité gouvernementale

En soumettant l'exécutif, la IIIe République a généré un régime de parlementarisme absolu. Les Chambres font et défont les Gouvernements : c'est « **la valse des Gouvernements** ». Mal codifiée, la responsabilité gouvernementale devant les deux Chambres est utilisée abusivement. Les gouvernements sont souvent le fruit d'alliances fragiles entre les partis et les majorités parlementaires sont trop souvent de circonstances.

La défaite de 1940 va précipiter la chute de la IIIe République. Le cabinet Reynaud (dernier du régime) se divise entre ceux qui veulent continuer la lutte et proposent de transporter le Gouvernement en Afrique du Nord et les autres, majoritaires, qui exigent un armistice immédiat. Après la démission du cabinet, le président Lebrun appelle alors Pétain, lequel obtient l'armistice le 16 juin 1940. Les assemblées réunies à Vichy votent le 10 juillet 1940 une « loi constitutionnelle » qui investit Pétain du pouvoir constituant et lui accorde les pleins pouvoirs (570 voix pour, 80 contre et 20 abstentions). Toutefois, juridiquement, la IIIe République ne disparaît pas en 1940. Selon l'article 1 de l'ordonnance du 9 août 1944 : « La forme du Gouvernement de la France est et demeure la République. En droit elle n'a jamais cessé d'exister ».

c. La période 1940-1946

Le régime « de Vichy » et la Révolution nationale : 1940-1944

Le régime mis en place est basé sur la dictature (négation de l'État de droit et des principes démocratiques et libéraux) et la collaboration (lois antisémites, rafle du Vel d'Hiv, milice, etc.). Le pouvoir, vassalisé par les Allemands, est concentré dans les mains du chef de l'État, le maréchal Pétain, jusqu'en 1942.

À cette date, sous la pression occupante, Laval devient chef du Gouvernement. Prônant une collaboration totale, il s'accapare l'essentiel des pouvoirs. Un certain nombre de ministres sont en place sans rôle majeur et les assemblées ne siègent plus. Aucun texte constitutionnel ne voit le jour durant cette période, même si un projet est élaboré par Pétain en janvier 1944.

La France libre et le Gouvernement provisoire de la République française (GPRF)

Parallèlement à « Vichy », se met en place la France libre autour du général de Gaulle à Londres :

- dès l'été 1940, création à Londres du Conseil de défense de l'Empire ;
- le 24 novembre 1941, celui-ci est remplacé par le Comité national français ;
- au printemps 1943, ce comité fusionne avec le commandement du général Giraud basé à Alger (soutenu par les Américains). C'est la naissance du Comité français de Libération nationale dirigé par de Gaulle qui lui adjoint une Assemblée consultative provisoire ;
- le 24 avril 1944, peu avant le débarquement, est créé le GPRF ;
- le 14 juin 1944, après le débarquement, le général de Gaulle revient pour la première fois en France à Bayeux où il prononce un discours historique de mobilisation. Son Gouvernement se substitue à celui de Vichy au fur et à mesure de la libération ;
- en août 1944, le Gouvernement et l'Assemblée consultative s'installent à Paris ;
- l'ordonnance du 9 août 1944 frappe de nullité les actes pris par Vichy et tente d'organiser de nouvelles institutions.

2 La IVe République (1946-1958)

a. La transition (1945-1946)

Par référendum du 21 octobre 1945 (qui voit le premier vote des femmes), le GPRF demande au peuple français de choisir entre le retour aux lois de 1875 ; l'élection d'une Assemblée constituante aux pouvoirs illimités ou l'élection d'une même Assemblée aux pouvoirs limités. Cette dernière solution est choisie, mettant juridiquement fin à la IIIe République. Il s'ensuit la mise en place de la Constitution provisoire du 2 novembre 1945 qui dure jusqu'à octobre 1946. Elle repose sur deux pouvoirs.

Le pouvoir constituant

L'Assemblée constituante a l'exclusivité du droit d'initiative sur le projet de Constitution. Elle a sept mois pour œuvrer. Passé ce délai, une nouvelle constituante est élue. Sous un mois, le projet doit ensuite être soumis au peuple par référendum et accepté par lui.

Les autres pouvoirs publics

L'organe exécutif est hybride, composé d'un président du Gouvernement provisoire et de ministres. Le premier est élu par l'Assemblée puis constitue son Gouvernement qui doit être approuvé, en même temps que son programme, par cette dernière. Le cabinet est responsable devant l'Assemblée avec laquelle il partage l'initiative des lois, mais il a l'exclusivité en matière budgétaire et, sous condition, un droit de veto suspensif.

- En novembre 1945, le général de Gaulle reçoit l'approbation unanime de la nouvelle Assemblée. Mais devant les blocages socialistes et communistes, il démissionne le 20 janvier 1946.
- Un premier projet de Constitution (fixant un régime d'assemblée) est rejeté le 5 mai 1946.
- Le 16 juin, le général prononce à Bayeux un second discours qui pose les bases de la future Constitution de 1958, marquant ainsi son opposition à celle qui se prépare.
- La Constituante adopte un projet sensiblement différent du précédent qui est approuvé par le peuple le 13 octobre 1946. La IVe République entre en vigueur en 1947.

b. La Constitution du 27 octobre 1946 (1946-1958)

Précédée d'un Préambule qui réactive la Déclaration de 1789, elle pose tout une série de « principes politiques, économiques et sociaux ». L'organisation des pouvoirs publics repose sur un schéma typiquement parlementaire.

Le pouvoir législatif : Assemblée nationale et Conseil de la République

Il est basé sur un bicaméralisme inégalitaire.

L'Assemblée nationale : 619 députés élus pour 5 ans au suffrage universel direct à la proportionnelle. Si cette dernière favorise le multipartisme, c'est essentiellement un tripartisme qui est instauré (PC, SFIO, MRP) et qui fonctionne de façon équilibrée jusqu'en 1947. À cette date, le début de la guerre froide amène le PC à entrer dans l'opposition. L'Assemblée détient une compétence législative exclusive (même budgétaire) et exerce un contrôle élargi sur le Gouvernement.

Le Conseil de la République : 315 membres élus pour 6 ans au suffrage indirect (collège électoral) et renouvelable par moitié. Il représente essentiellement les zones rurales. Son pouvoir législatif est inférieur à celui de l'Assemblée qui a le dernier mot en cas de désaccord. Avant tout « chambre de réflexion », le Conseil n'a pas de compétence réelle en matière de contrôle politique du Gouvernement.

Le pouvoir exécutif

Bicéphale, il associe un président de la République et un président du Conseil des ministres.

Le président de la République : toujours élu pour 7 ans par les Chambres réunies en Parlement, il n'est rééligible qu'une fois. Le président est politiquement irresponsable et tous ses actes sont soumis au contreseing ministériel. Ses seules prérogatives sont le choix du président du Conseil et la démission du Gouvernement. Il y aura deux présidents sous la IVe République : Auriol et Coty.

Le président du Conseil : choisi par le président, il doit être investi à la majorité absolue de l'Assemblée. Dès 1947, le Gouvernement choisi doit aussi être approuvé par l'Assemblée. Principal contresignataire des actes présidentiels, le président du Conseil est le véritable détenteur du pouvoir exécutif. Chef du Gouvernement, il assume aussi la responsabilité de celui-ci devant l'Assemblée. En principe, il est également le chef de la majorité parlementaire mais celle-ci étant le plus souvent fluctuante, sa mission est difficile. Il y aura 21 présidents du Conseil sous la IVe République.

Malgré une tentative de rationalisation du parlementarisme (révision de 1954 sur la fusion des investitures) et la réactivation de la dissolution en 1955, la IVe République souffrira d'une dérive vers le régime d'assemblée et de « la valse des Gouvernements » (30 en 12 ans). Dès lors, le régime se dégrade d'autant plus qu'il ne parvient pas à résoudre les problèmes de la décolonisation, notamment en Algérie. Ainsi, le 13 mai 1958, suite au Putsch d'Alger, René Coty fait appel au général de Gaulle. Il sera le dernier président du Conseil de la IVe République et le fondateur de la Ve République.

Cours

10 L'installation de la Constitution du 4 octobre 1958

1 Mise en place, élaboration et sources du texte

a. Mise en place

Quand il se présente devant les députés, de Gaulle pose deux conditions : être investi des pleins pouvoirs et avoir les moyens de réviser la Constitution. Il est donc investi le 1er juin et, dès le 2 juin, il obtient les pleins pouvoirs. Le 3 juin, une loi constitutionnelle est votée qui donne à de Gaulle la mission de réviser la Constitution mais dans laquelle les parlementaires ont posé des conditions de forme et de fond.

- Sur la forme, il est prévu que le texte constitutionnel doit être soumis à l'avis d'un Comité consultatif constitutionnel (CCC, composé aux 2/3 de parlementaires et de spécialistes des institutions) présidé par P. Reynaud. Il se prononce positivement. Il est aussi prévu que le texte soit soumis au Conseil d'État.
- Sur le fond, le texte doit mettre en œuvre 5 principes : le suffrage universel comme seule source de pouvoir ; la séparation des pouvoirs exécutif et législatif ; la responsabilité du Gouvernement devant le Parlement ; l'indépendance de l'autorité judiciaire et l'organisation de nouveaux rapports avec l'outre-mer.

b. Élaboration

Cadre et procédure étant posés, le Gouvernement de Gaulle met en place un groupe de travail présidé par M. Debré, garde des Sceaux, chargé d'ébaucher un texte. Un comité interministériel, présidé par le général et animé par M. Debré, en arrête les grandes lignes du 13 juin au 1er septembre 1958. Le 29 juillet, le conseil des ministres arrête un avant-projet qui est transmis au CCC et au Conseil d'État. Ces derniers émettent des avis dont certains sont retenus par le Gouvernement. Le 28 septembre, le texte est soumis au peuple par référendum qui l'approuve par 80 % (seuls le PCF et quelques personnalités, dont P. Mendès-France et F. Mitterrand, ont appelé à voter contre). Le 4 octobre, R. Coty promulgue le texte.

c. Sources

Bien évidemment, comme source indirecte, il y a les républiques précédentes dont la Ve République est l'héritière. Mais elle est aussi et surtout l'antithèse de ses devancières.

Il existe trois sources directes :

- le général de Gaulle qui a exprimé ses idées dans le discours de Bayeux du 16 juin 1946, est considéré comme le canevas du texte de 1958. Efficacité des institutions, souveraineté populaire, séparation des pouvoirs, restauration de l'autorité de l'État, chef d'État arbitre dirigeant l'exécutif, bicaméralisme, telles sont les idées force de ce discours ;
- M. Debré qui va s'employer, en concertation avec le général, à la rationalisation du régime et du travail parlementaire. Il a également inspiré la séparation loi/règlement ;

- les ministres d'État, ex-présidents du Conseil, présents au comité interministériel (Mollet, Pflimlin), qui ont notamment œuvré à la prise en compte des mécanismes de mise en jeu de la responsabilité gouvernementale.

2 Caractéristiques de la Constitution de 1958

Lorsqu'il présente le texte constitutionnel au Conseil d'État le 27 août 1958, M. Debré énonce que la première volonté est de « donner à la France un régime parlementaire ». Dès lors, c'est bien une Constitution parlementaire qui est mise en place mais elle contient aussi des ingrédients du régime présidentiel. Le général de Gaulle estimait que : « notre Constitution est à la fois parlementaire et présidentielle ».

Mais il existe dans cette Constitution d'autres caractères spécifiques.

a. Indépendance et prépondérance de l'exécutif

C'est ici l'expression d'une volonté forte du général de Gaulle. Si l'exécutif est bicéphale, il est inégalitaire. En effet le Gouvernement ne procède plus que du président qui le nomme. En même temps, il est responsable devant l'Assemblée. De même, le président bénéficie de pouvoirs propres. Enfin, le Gouvernement possède un domaine d'action, le règlement (art. 37 C.), différent du domaine de la loi (art. 34 C.). La prépondérance de l'exécutif se mesure d'abord par la primauté du chef de l'État qui rompt avec les républiques précédentes (élection au suffrage universel direct dès 1962, pouvoirs propres dont la dissolution). Il se mesure aussi avec l'encadrement de la procédure législative par le Gouvernement (parlementarisme rationalisé).

b. Limitation du domaine de la loi

Désormais, la loi est cantonnée à l'article 34 qui différencie entre les matières où « la loi fixe les règles » et celles où elle « détermine les principes fondamentaux ». Là aussi c'est une rupture avec les IIIe et IVe Républiques durant lesquelles la loi était omnipotente. Il est même introduit un contrôle de la conformité de la loi à la Constitution, confié à un Conseil constitutionnel.

c. Variabilité du régime pratiqué

De 1958 à 1986, sous l'impulsion du général de Gaulle et notamment grâce à l'élection populaire du chef de l'État, c'est un régime présidentialiste qui est pratiqué. Appuyé sur une majorité à l'Assemblée, le chef de l'état joue le rôle prééminent et fait appliquer son programme, sur lequel il a été élu, par le Gouvernement. Tous les successeurs du Général ont, chacun à leur façon, pérennisé voire renforcé ledit présidentialisme.

Il faut attendre la première cohabitation (1986-1988), pour voir le président de la République, confronté à une majorité parlementaire opposée. Il est même « neutralisé » au profit du Premier ministre et de son Gouvernement. Il garde cependant la main sur le « domaine reservé » (défense et diplomatie). On a pu dire que c'était là une application parlementaire de la Constitution. Les deux autres cohabitations (1993-1995 et surtout 1997-2002 dite inversée), l'ont confirmé.

d. La révision de la Constitution

Deux procédures existent, l'une orthodoxe, l'autre hétérodoxe.

La première est définie à l'article 89 C. L'initiative relève soit du président de la République sur proposition du Premier ministre, soit des « membres du Parlement ». Le texte est examiné et voté par les assemblées « en termes identiques ». La révision n'est définitive qu'« après avoir été approuvée par référendum ». Il est également précisé que le chef de l'État peut décider de soumettre la révision au Congrès du Parlement et d'éviter ainsi le référendum. Mais il doit y recueillir la majorité des 3/5e des suffrages exprimés.

Le général de Gaulle a, en 1962, pratiqué une procédure hétérodoxe : la révision référendaire. Pour instaurer l'élection populaire du chef de l'État, il s'est appuyé sur son pouvoir de référendum fixé à l'article 11 C. La validation par les électeurs a légitimé cette procédure nouvelle. En revanche en 1969, c'est en voulant mettre en place une rénovation sénatoriale et la régionalisation par référendum qu'il a échoué et a quitté le pouvoir. En 1994, F. Mitterrand a estimé : « l'usage de l'article 11 C. établi et approuvé par le peuple peut désormais être considéré comme l'une des voies de la révision concurremment avec l'article 89 ».

À ce jour, il y a eu vingt-trois révisions.

Cours

11 Le président de la République

Il est défini au Titre II de la Constitution, après le peuple (Titre I). C'est donc la première institution de l'État.

Dans son discours du 27 août 1958 devant le Conseil d'État, M. Debré présenta le projet de Constitution et insista sur deux axes essentiels : « donner à la France un régime parlementaire » et « le président de la République ». Ce dernier devait être « la clef de voûte » des institutions.

À l'heure où E. Macron est le 8e président de la Ve République (et sauf les périodes de cohabitation) le vœu de M. Debré a été exaucé.

Envisageons d'abord le statut du président avant de nous intéresser à ses pouvoirs.

1 Le statut présidentiel

C'est d'abord un statut électoral avant d'être un statut juridique et politique.

a. Statut électoral

Les articles 6 et 7 de la Constitution définissent ce statut.

L'article 6

« Le président de la République est élu pour cinq ans au suffrage universel direct ». Le quinquennat aurait pu être instauré par G. Pompidou en 1973. Il le fut en 2000 à l'initiative de L. Jospin durant la cohabitation avec J. Chirac. Il est précisé aussi que « nul ne peut exercer plus de deux mandats consécutifs ». Ainsi, battu en 2012, N. Sarkozy pouvait postuler en 2017 (mais n'aurait pu le faire s'il avait été réélu). F. Hollande aurait pu se présenter en 2017 pour un ultime mandat.

Le dernier alinéa de cet article 6 précise que ses modalités « sont fixées par une loi organique ». Les lois organiques sont prévues par la Constitution (art. 46) pour préciser ou compléter cette dernière.

Il existe des **conditions pour être candidat** : être de nationalité française, éligible (avoir ses droits civiques), avoir 18 ans, être inscrit sur une liste électorale, avoir 500 « parrains », présenter une déclaration de situation patrimoniale et avoir un compte bancaire de campagne tenu par un mandataire.

Quelques mots sur le parrainage

Il s'agit de recueillir 500 signatures (être présenté) d'élus locaux (maires, conseillers régionaux, départementaux, élus des assemblées de Corse et de Polynésie française, parlementaires nationaux et européens, représentants des Français de l'étranger pour l'essentiel). Ces signatures doivent venir d'au moins 30 départements différents, sans que plus d'1/10e d'entre elles provienne d'un même département. Cela représente environ près de 47000 parrains dont plus de 36000 maires (pour 2017 ce fut un potentiel de 42000). Le Conseil constitutionnel est chargé de vérifier la légalité de ces parrainages afin que, comme le veut la loi de 1976, la liste soit publiée au JORF. Depuis 1965 (date de la première élection au suffrage universel direct), il y a eu une moyenne de 10 candidats à l'élection présidentielle.

L'article 7

Il fixe l'ensemble des modalités relatives à la campagne électorale officielle et se divise en plusieurs alinéas. Parmi les plus importants, notons :

- alinéa 1 : le président « est élu à la majorité absolue des suffrages exprimés. Si celle-ci n'est pas obtenue au premier tour de scrutin, il est procédé le 14e jour suivant à un second tour ». Cela signifie donc qu'il existe deux tours mais qu'une élection au premier n'est pas exclue. C'est une hypothèse irréaliste eu égard au nombre de candidats ;
- alinéa 3 : « l'élection du nouveau président a lieu vingt jours au moins et trente-cinq jours au plus avant l'expiration des pouvoirs du président en exercice ». La campagne officielle dure donc environ trente jours : quinze jours avant le premier tour (avec une pause la veille de celui-ci). Elle reprend le jour de la publication officielle des deux candidats (qualifiés pour le second tour par le Conseil constitutionnel) pour s'interrompre la veille de ce dernier.

Quelques précisions :

- d'abord, il existe un **principe d'égalité** des candidats assurée essentiellement par la Commission nationale de contrôle de campagne. Elle fut mise en place en 2001, et veille aussi à ce que chaque candidat officiel ait les mêmes facilités de la part de l'État. Cette commission a, en principe, une correspondante dans chaque département et collectivité d'outre-mer. Mais ce principe d'égalité est surtout important en matière d'accès à l'audiovisuel (radios et télé) et c'est alors le rôle du Conseil supérieur de l'audiovisuel. Pendant la campagne officielle, un principe d'égalité stricte entre candidats doit s'appliquer en matière de temps de parole et d'antenne. On se rend compte qu'en dehors de ces temps officiels, la majeure partie des candidats utilisent Internet comme support de campagne (blogs, tweet, facebook, etc.) ;
- bien sûr, avant cette campagne officielle, existe une **campagne officieuse**. Les règles établies par le CSA pour 2007 n'ont pas été efficaces. Disons que plus le scrutin approche, plus l'on entre en campagne. Cela pose un problème particulier pour le président sortant qui se représente. Dès lors qu'il déclare sa candidature, quand est-il président, quand est-il candidat ? Il y a un fâcheux mélange des genres. Une clarification serait nécessaire ;
- un vecteur est devenu essentiel depuis quelques décennies : **les sondages d'opinion**. La loi du 19 février 2002 est venue fixer des règles interdisant, pour l'essentiel, la publication, la diffusion, le commentaire de sondages d'opinion, la veille et le jour du scrutin. Cette interdiction n'exclut pas de poursuivre par internet la diffusion des publications parues ou mises en ligne avant cette date. D'ailleurs, les sites étrangers continuent à publier les sondages. La Commission des sondages créée par la loi du 19 juillet 1977 est

là pour garantir aux citoyens la qualité et l'objectivité des sondages d'opinion. Elle est donc là aussi pour réguler l'activité de ces derniers et peut même faire procéder à des rectifications par voie radiophonique ou télévisuelle. Il faut toutefois se rappeler qu'un sondage comprend une marge d'erreur (de 1 à 4 points selon l'importance du panel choisi) et que c'est une photo de l'opinion à un « instant T » ;

- depuis les années 1990, un certain nombre de lois ont été votées en matière de financement. Pour l'essentiel, chaque candidat doit désormais tenir, on l'a évoqué plus haut, un compte de campagne (retraçant recettes et dépenses) portant sur l'année précédant le scrutin. La vérification du compte est depuis 2007 confiée à la **Commission nationale des comptes de campagne et de financement politiques**, autorité administrative indépendante, créée en 1990. Il existe, en ligne, un « Mémento à l'usage du candidat à l'élection présidentielle et de son mandataire ». Ce compte peut être approuvé, rejeté ou, éventuellement, réformé par ladite commission.

Par ailleurs, les candidats doivent remettre au Conseil constitutionnel, on l'a annoncé plus haut, une déclaration sur l'état de leur patrimoine et s'engagent à déposer, en cas d'élection, une nouvelle déclaration en fin de mandat.

La loi impose aussi un plafonnement des dépenses, distinct pour le 1er et le 2nd. Pour 2017 : 16,851 millions d'euros au 1er, 22,509 millions au 2nd. Une fois les comptes de campagne validés, l'État assure une prise en charge partielle sous la forme d'un remboursement forfaitaire (la moitié du plafond du second tour) aux candidats ayant obtenu au moins 5 % des suffrages exprimés au 1er tour. Pour les autres candidats, le remboursement est égal au 20e du plafond. Depuis 2002, l'État verse une avance de 153 000 euros à chaque candidat dès publication de la liste du premier tour. Les recettes des candidats proviennent des dons faits par les personnes physiques (limités à 4 600 euros déductibles fiscalement) et du financement par les partis politiques (sans plafonnement, ce qui favorise les grands partis et incite même à créer des micros-partis pour en avoir plus).

Les alinéas 4 et 5 portent sur les règles en matière de décès et d'empêchement d'un candidat, tant pour le 1er que pour le 2nd tour. La solution donnée par le Conseil constitutionnel peut aller du report de l'élection à une nouvelle élection.

Le contentieux éléctoral relève au Conseil constitutionnel qui, selon l'article 58 C., « veille à la régularité de l'élection du président de la République. Il examine les réclamations et proclame les résultats ».

b. Le statut juridique et politique

Il faut d'abord envisager celui juridique puis celui politique.

Statut juridique

La cessation de fonctions classique

Logiquement cette dernière se déroule au terme du mandat. N. Sarkozy avait pris ses fonctions le 16 mai 2007 jusqu'au 15 mai 2012, date à laquelle F. Hollande a pris les siennes

La passation de pouvoirs entre l'ancien et le nouveau président ne repose sur aucune règle juridique précise. Elle est une sorte de tradition républicaine reposant avant tout sur les personnalités des principaux intéressés et le contexte politique.

Une cérémonie d'intronisation a lieu dans les salons de l'Élysée, avec l'essentiel des corps constitués, durant laquelle le nouveau président prête serment à la Constitution et prend donc officiellement ses fonctions. Le nouvel élu peut agrémenter cette cérémonie d'un geste symbolique (ex : Mitterrand au Panthéon en 1981 ; N. Sarkozy rendant hommage, en 2007, à Clemenceau, de Gaulle et aux fusillés de la cascade du Bois de Boulogne ; F. Hollande s'inclinant devant les statues de M. Curie et J. Ferry en 2012).

L'interruption de fonctions peut se dérouler selon deux cas de figure prévus à l'article 7

D'abord, l'interruption peut être définitive, soit après démission (de Gaulle en 1969) ou décès (Pompidou en 1974), soit après une destitution votée par le Congrès du Parlement (on y reviendra). C'est l'hypothèse de la **vacance** prévue à l'article 7 C. qui doit être constatée par le Conseil constitutionnel. C'est le président du Sénat qui assure l'intérim jusqu'à la nouvelle élection. Cet intérim permet à ce dernier de disposer des pouvoirs présidentiels « classiques » sauf articles 11 (référendum), 12 (dissolution), 49 et 50 (démission du Gouvernement après censure ou défiance) et 89 (révision). L'intérimaire a le droit de se porter candidat à la présidentielle (Poher en 1969 et 1974).

L'interruption peut aussi être temporaire. C'est l'hypothèse de **l'empêchement** (article 7 C) constatée par le Conseil constitutionnel. Le cas ne s'est jamais présenté même si la question a pu se poser avec les maladies des présidents Pompidou et Mitterrand. également avec l'AVC de J. Chirac en 2005. C'est là encore le président du Sénat qui officierait.

Dernier point sur ce statut juridique, le président de la République est aussi doté de moyens fonctionnels (traitement : 14 910 euros bruts/mois par exemple) et personnels (SGE par exemple) qui rendent incompatible avec son mandat toute fonction ou activité d'aucune sorte. Enfin, le chef de l'État est protégé au niveau pénal. En juillet 2013, le délit d'offense a été supprimé. Il s'agit depuis d'un délit d'injure ou de diffamation envers le président. À titre de personne privée, l'article 9 du Code civil lui permet de jouir de ses droits à l'intimité de la vie privée et à l'image. N. Sarkozy a d'ailleurs réactivé ces droits à plusieurs reprises. On sait depuis N. Sarkozy que le président peut aussi divorcer et se remarier.

Le statut politique : les articles 67 et 68 C

L'article 67 énonce : « le président de la République n'est pas responsable des actes accomplis en cette qualité, sous réserve des dispositions des articles 53-2 et 68 ». Les deux exceptions reposent donc sur les articles 53-2 et 68 C.

L'article 53-2 est celui par lequel la République française reconnaît « la juridiction de la Cour pénale internationale », en vertu du traité signé le 18 juillet 1998. Cette cour a pour mission de juger les responsables de crimes de guerre, crimes contre l'humanité et de génocide. Elle siège à La Haye depuis 2004. Dès lors, si le chef de l'État français commet un des crimes ci-dessus mentionnés, il est passible de ladite cour et doit donc rendre compte de ses actes.

L'article 67 a été revu lors de la seconde loi constitutionnelle de 2007. Il instaure un statut pénal pour le chef de l'État inédit dans nos institutions. Le président bénéficie durant son mandat d'une immunité judiciaire totale. Il est précisé que « tout délai de prescription ou de forclusion est suspendu ». En revanche, un mois après la cessation de son mandat, toutes les procédures judiciaires contre lui peuvent être reprises ou engagées. Ainsi J. Chirac a-t-il été condamné le 15 décembre 2011 et N. Sarkozy déclaré témoin assisté le 22 novembre 2012 et mis en examen dans plusieurs affaires (1ère fois le 1er juillet 2014).

L'article 68 C. est une innovation dans nos institutions. En effet, un peu sur le modèle américain, il est prévu qu'« en cas de manquement à ses devoirs manifestement incompatibles avec l'exercice de son mandat » le président peut être destitué par le Parlement constitué en Haute Cour. Si la destitution est votée, elle est « **d'effet immédiat** ». Que peut être ce manquement ? Par exemple si le président déclenche abusivement l'article 16 C. ou vend les codes nucléaires de la France à une puissance étrangère.

Politiquement, le statut du président relève de ce que le doyen Vedel appelait « le paradoxe de l'irresponsabilité présidentielle ». On l'a dit, politiquement le chef de l'État est en principe irresponsable. Toutefois, il doit assumer une responsabilité politique de fait à savoir devant les électeurs, notamment quand il se représente. Une victoire le conforte, une défaite l'emporte. V. Giscard d'Estaing et N. Sarkozy l'ont appris à leurs dépens. F. Hollande, en ne se représentant pas, a anticipé une très probable défaite. C'est aussi celles qu'il assume, indirectement, en cas de référendum ou de législatives. Mais là, en cas de défaite, pas plus sur le premier que sur les secondes, sa légitimité n'est en cause. On peut aussi dire que, sur des élections locales, les candidats qui portent l'étiquette majorité présidentielle engagent aussi, indirectement, le président.

2 Les pouvoirs présidentiels

Avant d'analyser ceux-ci, on va évoquer les missions au service desquelles ils sont institués.

C'est l'article 5 C. qui en fixe le cadre et donne au chef de l'État trois missions essentielles.

D'abord, selon l'alinéa 1, il est le **garant** de la Constitution. Cela veut dire qu'il peut par exemple saisir le Conseil constitutionnel ou demander la relecture d'un projet de loi à l'Assemblée. Ensuite, il est l'arbitre du bon fonctionnement des pouvoirs publics et de la continuité de l'État. Par exemple, en cas de crise à l'Assemblée, il dissout celle-ci. Enfin, il est le garant de tout ce qui est relatif à la diplomatie et à l'intégrité du territoire. (ex : traités).

Comme on l'a signalé, le président dispose de pouvoirs pour mettre en œuvre ses missions. Ceux-ci sont définis à l'article 19 C. qui différencie d'un côté les pouvoirs partagés, c'est-à-dire contresignés par le Premier ministre et, le cas échéant, par les ministres responsables, et les pouvoirs propres, non contresignés. Ces derniers sont une innovation majeure de la Constitution de 1958 car ils permettent au président de véritablement arbitrer voire décider (seul) quand il le faut.

a. Les pouvoirs propres

La lecture de l'article 19 C. aménage six pouvoirs présidentiels dispensés de contreseing et que le président exerce et assume seul :

- **art. 8-1 : nomination du Premier ministre** et la fin de fonction de celui-ci : « on ne pose pas de condition au président de la République. Il nomme qui il veut, mais à condition de se placer en conformité avec la volonté populaire ». Cette déclaration de F. Mitterrand, de 1986, résume bien l'article 8 quelle que soit la période politique. C'est un pouvoir quasi-discrétionnaire. En logique parlementariste, elle ne peut se faire, en principe, qu'après démission du Gouvernement. Mais en logique présidentialiste, l'éviction de J. Chaban-Delmas ou de M. Rocard, voire de J.M. Ayrault, prouve que le Premier ministre est révocable presque ad nutum par le chef de l'État ;

- **art. 11** : il s'agit du **référendum législatif** qui permet au président de demander aux électeurs de se prononcer sur l'adoption ou non d'une loi. La lecture de l'article montre que l'initiative est essentiellement présidentielle et le champ référendaire est délimité. Il existe aussi le référendum constituant qui permet d'adopter ou de réviser une Constitution et le référendum d'autodétermination. À ce jour ce sont 9 référendums qui ont eu lieu dont le dernier en 2005 (Europe) ;
- **art. 12** : il fixe la procédure de cet acte majeur et classique de l'exécutif en régime parlementaire qu'est **la dissolution**. En France, elle permet au chef de l'État d'abréger, discrétionnairement, le mandat de l'Assemblée nationale. Cinq dissolutions ont eu lieu depuis 1958 : deux sous le général de Gaulle (1962, 1969), deux sous F. Mitterrand (1981,1988) et une sous J. Chirac (1997). On note que si les quatre premières ont été de type classique (solution ou prévention d'une crise de régime), celle de J. Chirac fut d'un nouveau genre puisque ne répondant à aucune crise et surtout donnant lieu, pour la première fois, à un revers électoral pour l'initiateur (3e cohabitation dite « inversée ») ;
- **art. 16** : ce dernier donne au président des **pouvoirs exceptionnels** pour des circonstances exceptionnelles qui ont été voulus par le général de Gaulle. On l'appelle aussi la « dictature constitutionnelle » ou « romaine ». Cet article est soumis à un encadrement juridique (Conseil constitutionnel) et politique (réunion d'office du Parlement) strict. Au surplus il n'a été utilisé qu'une seule fois du 23 avril au 29 septembre 1961 pour résoudre la crise algérienne ;
- **art. 18** : il définit les **messages que le chef de l'État peut adresser indirectement ou directement au Parlement**. Tout d'abord l'alinéa 1 énonce le message classique lu par les présidents de chaque Chambre à la suite d'un événement particulier (élection ou réélection du président de la République). Le dernier message de ce type date du 2 juillet 2002 lorsque J. Chirac s'adressa au Parlement après sa réélection. Depuis la révision de 2008, un alinéa 2 a été rajouté qui permet au chef de l'État de venir prononcer un discours, sans débat, sur un aspect particulier de sa politique devant le Congrès du Parlement à Versailles. N. Sarkozy y est venu en juin 2009, F. Hollande en novembre 2015, E. Macron en juillet 2017. Mais le président privilégie le plus souvent son droit de parole à travers les divers médias (tv, radio, journaux, réseaux sociaux) plus porteurs ;
- **les rapports avec le Conseil constitutionnel : ce sont les articles 54, 56 et 61 qui font du président à la fois une autorité de nomination et de saisine**. Selon les articles 54 et 61, il peut saisir les Sages soit d'un traité qui lui paraît contraire à la Constitution, et dans ce cas cette dernière doit être révisée (art. 54), soit d'une loi ordinaire avant sa promulgation (art. 61). La première hypothèse s'est déjà déroulée (ex : traités d'Amsterdam en 1997 et de la Cour pénale internationale en 1998). À ce jour, F. Hollande en 2015 et E. Macron en 2017 sont les seuls à avoir saisi le Conseil constitutionnel selon la seconde hypothèse. Selon l'article 56, le chef de l'État fait partie des trois autorités (avec les présidents du Parlement) habilitées à nommer chacune trois membres du Conseil. De même désigne-t-il le président des Sages qui a voix prépondérante en cas de partage.

Pour conclure sur ces pouvoirs présidentiels propres, il faut dire un mot sur diverses prérogatives spécifiques. D'abord, le président nomme qui il veut au titre de ses collaborateurs à l'Élysée. Ensuite, il est doté d'un certain nombre de pouvoirs honorifiques. Parmi les plus célèbres : nommer les évêques et archevêques en Alsace-Moselle, procéder à un mariage post-mortem, lever une interdiction à mariage (art. 164 et 171 du Code civil), faire entrer la dépouille d'une personnalité au Panthéon, co-prince de la principauté d'Andorre, protecteur de l'Académie française, chanoine d'honneur de Saint-Jean de Latran à Rome, grand maître de l'ordre national de la Légion d'honneur et de celui du Mérite.

b. Les pouvoirs partagés

C'est une règle très ancienne du régime parlementaire que de faire contresigner les actes du monarque ou du chef de l'État. Le contreseing est la seconde signature apposée à côté de celle de l'auteur de l'acte. La Constitution de 1958 a repris cette règle à l'article 19 en précisant que, sauf les pouvoirs propres désignés ci-dessus, « les actes du président de la République sont contresignés par le Premier ministre et, le cas échéant, par les ministres responsables ». Les contresignataires valident l'acte présidentiel mais surtout endossent la responsabilité de celui-ci. Ces pouvoirs touchent les principaux domaines institutionnels et nationaux :

- **exécutif** : selon l'article 8, alinéa 2 le président nomme et met fin aux fonctions des ministres sur proposition du Premier ministre. En logique présidentialiste, le chef de l'État a la primauté des choix alors qu'en période de cohabitation il s'attache surtout aux ministres du « domaine réservé » (affaires étrangères et défense) ; selon l'article 13 C. le président détient le pouvoir réglementaire principal, cela veut dire deux choses : signature des **ordonnances et décrets délibérés en Conseil des ministres et nominations aux emplois civils et militaires de l'État** selon la liste et les modalités indiquées à l'article 13. La révision de 2008 a instauré l'aval (vote) des commissions permanentes du Parlement pour certaines nominations présidentielles. En matière exécutive, précisons encore que selon l'article 9 C. le chef de l'État « préside le Conseil des Ministres ». Symbole de l'unité du pouvoir exécutif, le président en fixe la composition, décide de sa convocation (en principe le mercredi matin à l'Élysée) et en arrête l'ordre du jour. Certains textes y sont adoptés (projets de loi, ordonnances, décrets présidentiels) et l'engagement de la responsabilité gouvernementale (art. 49 et 50) devant le Parlement y est autorisé ;
- **législatif** : selon l'article 10 le président « promulgue les lois dans les quinze jours qui suivent la transmission au Gouvernement de la loi définitivement adoptée ». Si c'est une obligation présidentielle, le chef de l'État peut profiter du délai de promulgation pour demander une nouvelle délibération, totale ou partielle, de la loi ; selon les articles 30 et 89 C. le président peut influer sur le rythme du travail parlementaire soit par son pouvoir d'ouvrir et clore une session extraordinaire (art. 30) ou de réunir le Congrès (art. 89). Si le président n'a pas, par définition, le pouvoir législatif, la logique présidentialiste fait de lui l'inspirateur de la majeure partie des projets de loi. Enfin F. Mitterrand a inauguré la fonction de **président-législateur** par le retrait du très contesté projet de loi Savary instaurant un service public de l'éducation en 1984. J. Chirac a fait de même en 2006 sur le CPE ;
- **judiciaire** : selon l'article 17 le chef de l'État « a le droit de faire grâce à titre individuel ». Ce pouvoir, d'inspiration monarchique, permet au président de modifier les conditions d'exécution d'une peine d'un condamné, par la remise de tout ou partie de celle-ci. En 2008, N. Sarkozy a fait supprimer la traditionnelle grâce collective (14 juillet notamment), au profit d'une grâce individuelle.

  Selon l'article 64 C. le président de la République est aussi « garant de l'indépendance de l'autorité judiciaire. Il est assisté par le Conseil supérieur de la magistrature (CSM) ».

Toujours au titre de cet article, il désigne aussi deux personnalités qualifiées à ce même CSM. Enfin, encore selon cet article 64, le chef de l'État peut demander un avis au CSM sur un problème judiciaire important ;

- **nation** : l'article 5 C. a révélé que parmi les missions du chef de l'État figurait celle d'être « le garant de l'indépendance nationale, de l'intégrité du territoire et du respect des traités ». Pour mener à bien ces missions (que J. Chaban-Delmas, en 1959, appela **domaine réservé**), le président dispose donc de pouvoirs spécifiques, mais partagés, en matière de diplomatie et de défense. Cela veut d'abord dire que le président de la République est chef de la diplomatie tant européenne qu'internationale (art. 14, 52, 53). En cohabitation, il lui appartient d'y associer le Premier ministre et les ministres concernés (Quai d'Orsay et Affaires européennes). Cela signifie aussi, selon l'article 14 C., qu'il est « le chef des armées ». C'est un décret de 1964 qui fixe les règles en matière d'armement nucléaire français. Le chef de l'État est le seul à avoir le pouvoir d'engager le « feu nucléaire ». On a vu ce qu'il en était de la politique de dissuasion nucléaire (mise en place par le général de Gaulle). F. Mitterrand décida d'arrêter les essais nucléaires dans le Pacifique par le moratoire de 1992 (c'est sous sa présidence qu'il y en a eue le plus : 86). J. Chirac les fit reprendre en 1995 et cesser définitivement en 1996. Le chef de l'État est libre d'engager des troupes françaises sur un lieu de conflit (ex : F. Mitterrand « chef de guerre » dans le Golfe en 1991 ou F. Hollande au Mali en 2015). Tout comme il l'est aussi de refuser, *via* son ministre des Affaires étrangères (D. de Villepin) d'associer la France au conflit en Irak en 2003. En cohabitation, sauf lors de la première en 1986, la prééminence présidentielle en matière militaire n'a pas été contestée. C'est en concertation avec L. Jospin qu'en 2001, J. Chirac fit supprimer le service national.

Le chef de l'État est doté d'un cabinet qui a à sa tête le secrétaire général de l'Élysée (A. Kohler depuis 2017).

Les présidents de 1958 à 2012

Charles de Gaulle	Lille 1890 Colombey-les-Deux-Églises 1970	2 mandats : • 1959-1965 • 1965-1969 (démission)
Georges Pompidou	Montboudif 1911 Paris 1974	1 mandat : 1969-1974 (décès)
Valéry Giscard d'Estaing	Coblence 1926	1 mandat : 1974-1981
François Mitterrand	Jarnac 1916 Paris 1996	2 mandats : • 1981-1988 • 1988-1995
Jacques Chirac	Paris 1932 Paris 2019	2 mandats : • 1995-2002 • 2002-2007
Nicolas Sarkozy	Paris 1955	1 mandat : 2007-2012
François Hollande	Rouen 1954	1 mandat : 2012-2017
Emmanuel Macron	Amiens 1977	1 mandat : 2017-…

12 Cours
Le Gouvernement

Le Gouvernement est, après le président de la République, le second pilier de l'exécutif qui, comme on le sait, est bicéphale sous la Vᵉ République. La Constitution du 4 octobre 1958 aménage les dispositions relatives au Gouvernement dans son Titre III. Le Gouvernement est un organe collégial, formé par les ministres et les secrétaires d'État sous la direction du Premier ministre. Celui-ci a un statut et des missions spécifiques définis aux articles 20 à 24 C.

1 Le statut gouvernemental

Précisons d'abord ce qu'est un ministre. C'est une personnalité nommée au Gouvernement et placée à la tête d'un ensemble administratif dont elle a la responsabilité. Hormis le fait d'être majeur et Français, il n'y a ni condition légale, ni critère de compétences, pour être appelé à des fonctions ministérielles. Le choix relève du « fait du Prince ». Il existe plusieurs catégories de membres du Gouvernement : le Premier ministre (« premier des ministres » selon G. Pompidou), le ministre d'État, le ministre, le ministre délégué auprès du Premier ministre ou d'un ministre et le secrétaire d'État.

a. La nomination et la fin de fonction

Elles ont été précédemment étudiées lors de l'analyse relative aux missions du président de la République (article 8-1). La durée de fonctions du Premier ministre n'est pas fixée mais la pratique présidentialiste de la Vᵉ a montré que, comme l'a confessé Michel Rocard lui-même, l'hôte de Matignon pouvait être « viré », par le président de la République. En revanche il est « indéboulonnable » (V. Giscard d'Estaing) en période de cohabitation. Un Premier ministre peut aussi démissionner (ex : J. Chirac en 1976 de son propre chef).

Nous avons ainsi deux exemples de durée différente à Matignon : B. Cazeneuve est resté 5 mois (décembre 2016-mai 2017) alors que Georges Pompidou y fut un peu plus de six ans (15 avril 1962 au 10 juillet 1968). Pourtant, ce même alinéa 1 de l'article 8 C. prévoit que le président « met fin à ses fonctions sur la présentation par celui-ci de la démission du Gouvernement ».

Selon l'article 50 C., le vote d'une motion de censure ou la désapprobation d'un texte gouvernemental par l'Assemblée nationale amène automatiquement le Premier ministre à « remettre au président de la République la démission du Gouvernement » (ex : démission du Gouvernement Pompidou le 4 octobre 1962).

b. Les incompatibilités

L'article 23 C. prévoit les incompatibilités ministérielles : « les fonctions de membre du Gouvernement sont incompatibles avec l'exercice de tout mandat parlementaire, de toute fonction de représentation professionnelle à caractère national et de tout public ou de toute activité professionnelle ». Le but de cette règle est de préserver le plus possible les ministres du « régime des partis » au Parlement mais aussi d'influences diverses (lobbys) ainsi que de leur assurer une certaine stabilité exécutive. Lorsqu'un parlementaire est nommé ministre, il a, sur la base de l'ordonnance du 17 novembre 1958 (qui définit les modalités d'application), « un mois » pour choisir entre ses fonctions. S'il choisit le poste ministériel (ce qui est le plus souvent le cas !), c'est son suppléant qui le remplace (mais ce dernier est avant tout une « courroie de transmission »). On analysera le statut du suppléant en étudiant le Parlement.

Mais ce régime des incompatibilités est d'application contrastée. En effet, il n'y a pas de règle pour le cumul entre fonctions ministérielles et direction d'un parti politique. Les leaders de parti sont d'ailleurs souvent en poste au Gouvernement. Également il n'y a pas officiellement de règle d'incompatibilités avec l'exercice de mandats locaux. Certains premiers ministres ont tenté d'imposer quelques règles à leurs ministres. Ainsi, Lionel Jospin, à la suite des municipales de 2001, demanda à ceux, élus, de choisir entre leurs fonctions. Jean-Pierre Raffarin en fit de même à partir de 2002. Tout comme J.-M. Ayrault en 2012. Mais même quand les ministres ont tenté de « jouer le jeu », s'ils ont laissé le mandat de maire, ils sont restés adjoints ou simples conseillers, donc toujours influents et cumulards. Jusqu'à ce jour, tous les projets tendant à fixer un régime d'incompatibilités plus strict ont échoué.

Une réglementation en ce sens, comme il en existe dans la plupart des pays européens, serait nécessaire à notre démocratie. E. Macron a demandé à E. Philipe de ne pas conserver son mandat de maire du Havre. La loi de moralisation de la vie publique, adoptée en juillet 2017, pourra être ultérieurement complétée par des réformes constitutionnelles, notamment sur l'interdiction du cumul des mandats dans le temps. Il ne faut pas confondre incompatibilité et inéligibilité. La première ne vicie pas une élection (mais oblige le « cumulard » à un choix), la seconde, prononcée par un juge, si.

Enfin, les membres du Gouvernement sont aussi soumis, dans l'exercice de leurs fonctions, à une responsabilité pénale tant en matière délictuelle que criminelle. Elle est prévue à l'article 68-1 C. qui les rend passibles, depuis 1993, de la Cour de Justice de la République. Nous étudierons cette dernière plus loin.

Au niveau financier, le Premier ministre reçoit 14 910 euros bruts/mois. Un ministre 9 240 euros.

2 Les missions gouvernementales

Il y a celles du Gouvernement et celles du Premier ministre.

a. Celles du Gouvernement

Elles sont fixées à **l'article 20 C**. En premier lieu, il « détermine et conduit la politique de la Nation ». Avec la pratique présidentialiste du régime, nous avons constaté que c'était avant tout le chef de l'État qui « déterminait » ladite politique et le Gouvernement qui la conduisait. Seules les périodes de cohabitation permettent de revenir à la lettre du texte. Plus exactement de s'en rapprocher puisque c'est surtout le Premier ministre qui détermine.

En second lieu, le Gouvernement « dispose de l'Administration et de la force armée ». Cela veut dire que chaque ministre est, depuis la jurisprudence Jamart du Conseil d'État (7 février 1936), chef de son administration. Cela signifie également que dans chaque Gouvernement il y a un ministre des Armées ou de la Défense chargés d'un rôle « technique » d'encadrement et d'application d'une politique définie à l'Élysée. À noter que de 2002 à

2007, Michèle Alliot-Marie fut la première femme dans l'histoire de la République à occuper ce poste. E. Macron y a nommé Florence Parly le 21 juin 2017.

En troisième et dernier lieu, le Gouvernement « est responsable devant le Parlement dans les conditions prévues aux articles 49 et 50 ». La motion de censure est ici la règle la plus connue. C'est un dispositif essentiel en régime parlementaire. Nous l'étudierons lors de l'analyse des rapports Parlement/Gouvernement.

b. Celles du Premier ministre

Elles sont définies à **l'article 21 C**. D'abord « il dirige l'action du Gouvernement ». Cela signifie qu'il est chef du Gouvernement. Il va donc exercer sur l'ensemble des ministres une autorité dont l'ampleur variera avec la personnalité du titulaire. Il va aussi jouer un rôle majeur dans le fonctionnement de l'activité gouvernementale quotidienne : instructions données aux ministres, signature ou visa des principaux textes élaborés par les ministres et bien sûr arbitrages. C'est surtout en matière budgétaire qu'il va exercer ces derniers. Le Premier ministre fait des arbitrages « politiques » pour assurer la cohésion et la solidarité gouvernementale. Cela peut aller jusqu'à la démission d'un ministre ou à un remaniement gouvernemental. Également, et particulièrement en période de cohabitation, le Premier ministre est le leader de la majorité parlementaire.

Par ailleurs le Premier ministre « est responsable de la défense nationale ». Sous l'autorité du chef de l'État, prééminent en la matière on l'a vu, l'hôte de Matignon met « administrativement » en application la politique de défense définie et arrêtée par le président. En période de cohabitation, le Premier ministre joue, avec le Parlement, un rôle important en matière de loi de programmation militaire (fixant sur cinq ans les orientations de la politique de défense ainsi que les moyens consacrés).

Ensuite le Premier ministre « assure l'exécution des lois ». Cela consiste à mettre en œuvre la loi par le biais de décrets d'application qui en explicitent aussi le sens. On sait que l'exécution des lois (lente en France) reste un problème récurrent d'autant plus avec l'inflation législative de ces deux dernières décennies. Dans un rapport de 2016, le Conseil d'État appelait à stopper « l'emballement législatif ».

Également, le Premier ministre, « sous réserve des dispositions de l'article 13, exerce le pouvoir réglementaire et nomme aux emplois civils et militaires ». Cela veut dire qu'il signe les principaux textes exécutifs et notamment les décrets (décret en Conseil d'État, décret simple, décret d'application, certains décrets réglementaire ou individuel) puisque les ministres n'ont pas le pouvoir réglementaire (jurisprudence Jamart précitée) ou alors dérivé (contresignature des actes présidentiels et du Premier ministre, signature des circulaires). Le Premier ministre procède à certaines nominations (dites « résiduelles ») pour des emplois civils et militaires non pourvus par le chef de l'État.

Il est prévu à **l'article 21, alinéa 2** que le Premier ministre puisse « déléguer certains de ses pouvoirs aux ministres ». Cela signifie que sur certains dossiers et lorsqu'il l'estime nécessaire, le Premier ministre transfère, par décret, une ou plusieurs de ses compétences à un ministre. Le temps, en général court, de ladite délégation, le ministre se substitue au Premier ministre tant au niveau des responsabilités que des compétences. Ces délégations sont cependant assez rares.

Enfin, l'hôte de Matignon peut aussi, selon les alinéas 3 et 4 de l'article 21 C., exercer des missions de suppléance du président de la République. Cela concerne « la présidence des conseils et comités prévus à l'art. 15 » (donc en matière de défense) et « à titre exceptionnel (…) la présidence d'un Conseil des ministres en vertu d'une délégation expresse et pour un ordre du jour déterminé ». Ce sont là des hypothèses rarissimes car le chef de l'État tient à ses prérogatives en matière de défense, de même qu'à la présidence du Conseil des ministres.

3 Les services de Matignon

Assez méconnus, ils sont pourtant un rouage fondamental de la vie exécutive et administrative du pays. Ils sont au nombre de trois. D'abord, **les cabinets, civil et militaire**. Le premier regroupe les collaborateurs personnels du Premier ministre. À sa tête, il y a un directeur de cabinet chargé des questions politiques et un chef de cabinet en charge des tâches techniques et administratives. On trouve aussi divers conseillers et chargés de mission. Leur nombre est à l'appréciation du Premier ministre. Le cabinet militaire, plus restreint, assiste et conseille le Premier ministre en matière de défense.

Le deuxième organe de Matignon, certainement le plus important, est **le secrétariat général du Gouvernement**. Créé en 1935, son rôle est triple : organiser administrativement le travail gouvernemental (rapports avec le Conseil d'État, suivi du processus législatif et réglementaire), assurer la transition entre les cabinets ministériels ainsi que les moyens logistiques, conseiller juridique du Gouvernement. On dit du SGG qu'il est « la main invisible de la République ». Plutôt le cœur administratif de l'État !

Enfin, il existe **d'autres organismes et services** rattachés au Premier ministre : le secrétariat général de la Défense nationale (SGDN), le secrétariat général des Affaires européennes (SGAE, ex– SGCI), la direction des journaux officiels, la documentation française, le service d'Information et de diffusion.

Les hôtes de Matignon ont le plus souvent voulu avoir une carrière élyséenne. Excepté G. Pompidou dans les conditions que l'on sait (succession du général de Gaulle démissionnaire en 1969), ceux qui ont parié sur leurs fonctions matignonnaises comme tremplin présidentiel ont généralement échoué : J. Chaban-Delmas en 1974, J. Chirac en 1981 et 1988 (mais il parviendra à se faire élire en 1995 et en 2002), E. Balladur en 1995 et L. Jospin en 2002.

13 Cours
Le Parlement

Il est défini au Titre IV de la Constitution.

Comme sous les républiques précédentes, il est bicaméral avec l'Assemblée nationale et le Sénat. Analysons d'abord le statut puis les attributions du Parlement.

1 Le statut

Il faut distinguer son organisation et son fonctionnement.

a. Organisation

D'abord les élections parlementaires diffèrent entre l'Assemblée nationale et le Sénat.

Les élections

Les **élections législatives** permettent l'élection des **députés**. Selon l'article 24 « le nombre de députés ne peut excéder 577 » qui sont élus au suffrage universel majoritaire uninominal à deux tours. En 1986 il y a eu l'introduction d'une dose de proportionnelle supprimée en 1988. Le projet de révision constitutionnelle voulu par E. Macron souhaite l'instaurer.

Le mandat est de 5 ans. L'ordonnance du 29 juin 2009 a modifié la répartition des sièges de députés : dans 27 départements il a diminué de 33 sièges, dans 15 autres il a augmenté de 17 sièges. Quant aux collectivités d'outre-mer, hors DOM, elles ont 11 sièges (comme les Français de l'étranger). Il existe des conditions d'éligibilité (définies par le Code électoral), un régime d'inéligibilités et des incompatibilités. L'éligibilité est réservée aux candidats âgés de 18 ans, électeurs (sans obligation d'être inscrit là où on se présente), qui ont satisfait aux obligations du service national et qui ne sont pas frappés par une inéligibilité absolue (après une condamnation de justice par ex) ou relative (un fonctionnaire ne peut se présenter là où il travaille). Les candidats doivent aussi faire une déclaration de candidature qui comporte le nom du suppléant.

Le régime des élections est d'abord basé sur une campagne électorale réglementée par le Code électoral (Titre II, chap. 6 art. L. 174 à L. 175). La propagande électorale est basée sur l'égalité des candidats et vise à garantir la sincérité du scrutin. L'accès aux médias (et notamment l'égalité) est soumis au CSA. Depuis une loi de 2002, les sondages sont interdits la veille et le jour du scrutin (contrôle de la Commission des sondages).

Depuis le 1er janvier 2002, les dépenses ont été plafonnées à 38 000 euros/candidat. Depuis la loi de 1995 les personnes morales, sauf les partis politiques, ne peuvent plus financer la campagne d'un candidat. Les adhérents à un parti peuvent financer jusqu'à 7 700 euros avec déduction fiscale. Le plafond est de 4 600 euros pour les autres citoyens. Au-delà de 150 euros, le don doit être en chèque, virement, prélèvement ou CB. Un candidat doit aussi avoir un mandataire financier ou une association de financement. L'État rembourse sous certaines conditions la dépense. Les comptes de campagne des candidats sont soumis à la Commission nationale des comptes de campagne et des financements politiques. Elle peut rejeter les dépassements de plafonds voire interdire à un candidat de se présenter pendant 3 ans maximum.

Le contentieux des législatives est confié au Conseil constitutionnel (art. 59 C.).

Les **sénatoriales** relèvent d'une organisation différente. Selon l'article 24 C., le nombre de sénateurs « ne peut excéder 348 » sur la base d'un scrutin au suffrage universel indirect et d'un mandat de 6 ans, renouvelable par moitié tous les 3 ans. Les conditions d'éligibilité sont les mêmes que pour les députés (sauf l'âge : 24 ans). Le mode d'élection correspond à la mission générale du Sénat fixé par l'article 24 : assurer « la représentation des collectivités territoriales ». Ils sont donc élus, par un collège électoral, au suffrage indirect à la proportionnelle dans le cadre départemental avec sur-représentation des communes rurales. Le collège électoral est formé de grands électeurs : députés, conseillers régionaux, départementaux, délégués des conseils municipaux (majoritaires à plus de 90 %). Il y a de 1 à 12 sénateurs selon la population départementale. L'élection sénatoriale est la seule en France où le droit de vote est obligatoire (l'article L. 318 du Code électoral prévoit une amende de 100 euros en cas d'abstention). En matière financière, les sénatoriales obéissent à des règles spécifiques définies par le Code électoral.

À la suite des législatives de 2017, le parti présidentiel LREM détient la majorité absolue avec 314 sièges. Au Sénat, depuis 2017, c'est le groupe LR qui a la majorité avec 146 sièges.

Contrairement aux législatives, la campagne des sénatoriales est placée sous le sceau de la discrétion et se passe entre notables (art. L. 306 ; L. 308 et R. 155 à R. 160 Code électoral). Les dernières sénatoriales ont eu lieu en septembre 2017 et ont conforté la droite.

Le contentieux de l'élection est aussi soumis au Conseil constitutionnel.

Le statut des parlementaires

- Il faut d'abord parler de la **suppléance**. C'est la personne qui est élue en même temps que le parlementaire et est appelée à le remplacer en cas d'empêchement définitif (décès) ou temporaire (nomination au Gouvernement). C'est seulement quand le titulaire démissionne qu'une élection partielle est organisée. Ce sont les articles 23 et 25 C. qui fixent les règles précises.
- Ensuite, il y a les **incompatibilités**. À la différence des inéligibilités, elles n'empêchent pas de se présenter à l'élection mais obligent le candidat élu à choisir entre son mandat et l'exercice de fonctions incompatibles. Elles visent à préserver l'indépendance de l'élu.

  Il existe des incompatibilités avec une activité publique. Au niveau électif, il est interdit de cumuler avec un autre mandat politique national (député/sénateur, député/député européen par ex). Depuis une loi de 2014, le cumul avec un mandat local a changé. Ainsi, depuis 2017 pour les députés et sénateurs, et 2019 pour les députés européens, le cumul du mandat parlementaire avec une fonction exécutive locale est interdit. Conserver un mandat local est possible (conseiller municipal par exemple). Le cumul avec toute fonction publique est interdit (sauf professeur des universités).

  En principe, le mandat parlementaire est incompatible avec toute activité professionnelle. Mais des exceptions existent dès lors que l'activité n'a pas de lien avec le mandat (ex : notaire, médecin, agriculteur). L'ensemble des règles sur les incompatibilités sont définies par le Code électoral.

  Celui qui est élu parlementaire a 30 jours pour choisir entre ses fonctions. Il s'adresse au bureau de l'Assemblée à laquelle il appartient qui apprécie la situation. En cas de litige, le Conseil constitutionnel est saisi (art. 151 Code électoral).

- Dans l'exercice de ses fonctions, le parlementaire bénéficie aussi de l'immunité. Elles forment une protection fonctionnelle et personnelle visant au libre exercice du mandat. Cela lui permet de bénéficier de l'irresponsabilité (art. 26, al. 1 C.) et de l'inviolabilité (art. 26, al. 2 C.).

Financièrement, un parlementaire jouit d'une indemnité. Au 1er janvier 2019, le montant brut mensuel (indemnité de base, de résidence et de fonction) est de 7 239,91 euros. Les frais de mandat sont définis par les bureaux des assemblées. Sous forme d'avances, c'est 5 373 euros nets pour les députés et 5 900 euros pour les sénateurs. Les parlementaires ont aussi un crédit pour rémunérer leurs collaborateurs (entre 1 et 5 personnes) : 10 581 euros pour un député et 7 638,95 euros pour un sénateur. Enfin, les parlementaires ont certaines facilités de circulation et des moyens bureautiques et de communication.

b. Fonctionnement

Il est basé sur le règlement des assemblées, les divers organes parlementaires et les sessions.

Le règlement des assemblées

C'est une sorte de « loi intérieure » (Esmein) qui comprend les dispositions exclusives que chaque assemblée adopte souverainement, en matière de fonctionnement et discipline. Voté sous forme de résolution, le règlement est soumis automatiquement au Conseil constitutionnel (article 61, alinéa 1 C.). Il est modifiable dans les mêmes conditions. À noter que la révision de 2008 instaure un article 51-1 selon lequel c'est le règlement de chaque assemblée qui fixe un statut de l'opposition.

Les organes parlementaires

Les organes de direction

Au premier chef, il y a les présidents des assemblées (président de l'Assemblée nationale élu pour 5 ans, président du Sénat élu à chaque renouvellement) doté de pouvoirs parlementaires classiques (direction et organisation des débats, règlement, discipline) et de prérogatives constitutionnelles (intérim du chef de l'État par le président du Sénat, consultation sur usage art. 16 ou dissolution). Protocolairement, le président du Sénat est le 2e personnage de la République et celui de l'Assemblée nationale, le 4e (1er le chef de l'État, 3e le Premier ministre).

Le **bureau des assemblées** : un dans chaque assemblée présidée par le président de la Chambre. 22 membres élus au Sénat, 22 à l'Assemblée nationale. Il est composé aussi des vice-présidents, de 6 questeurs (aspects administratifs et financiers) et d'un secrétariat.

La **Conférence des présidents** : c'est la réunion des vice-présidents, des présidents des commissions permanentes et de la commission chargée des affaires européennes, du rapporteur de la commission des finances, des présidents de groupes. Sous la houlette du président de la Chambre, la Conférence a en charge l'ordre du jour des travaux parlementaires. Depuis la révision de 2008 elle a compétence prioritaire deux semaines sur quatre (les deux autres relevant du Gouvernement).

Les organes d'encadrement

Ce sont d'abord les groupes parlementaires. Les parlementaires ont, depuis la IIIe République, le droit de se réunir par affinités politiques. Les règlements des assemblées fixent à 15 le nombre de députés et sénateurs pour créer un groupe. Il y en a 7 à l'Assemblée nationale et 7 au Sénat. La révision de 2008 a reconnu des droits spécifiques pour des groupes d'opposition (art. 51-1). Il n'y a aucune obligation d'adhérer à un groupe. Des parlementaires peuvent donc être « apparentés » à un groupe, ou encore non-inscrits. Ces derniers, tant à l'Assemblée nationale qu'au Sénat, peuvent depuis 2008 se constituer en groupe. Le règlement des assemblées donne aux groupes des moyens matériels supplémentaires (locaux, aide financière par ex). Chaque groupe bénéficie d'un financement selon sa taille.

Les commissions parlementaires sont de plusieurs ordres :

- les **commissions permanentes** élues (examen et amendement des projets et des propositions de loi; depuis 2008 limitées à 8 dans chaque assemblée : articles 42 et 43, alinéa 1 C. ; également les commissions permanentes rendent un avis sur certaines nominations exécutives) ;
- les **commissions spéciales** (désignées par le Gouvernement ou le Parlement pour examiner un texte de loi spécifique, art. 43, al. 2 C.) ;
- les **commissions d'enquête** (crées temporairement par une résolution d'une assemblée en vue d'exercer une mission de contrôle et d'évaluation selon l'article 51-2 C.).

Les missions d'évaluation et de contrôle : à l'Assemblée nationale elles sont deux, l'une compétente en matière budgétaire (MEC), l'autre pour les lois de financement de la Sécurité sociale (MECSS). Depuis 2008, des conseillers à la Cour des comptes assistent aux travaux de ces missions.

Le Comité d'évaluation et de contrôle des politiques publiques (CECPP) : mis en place en 2008, il est composé de 32 membres (essentiellement parlementaires). On le reverra plus loin.

Les missions d'information : mises en place par les commissions permanentes pour étudier les conditions d'application d'une législation, elles ont tendance à se substituer aux commissions d'enquête (ex : missions sur « vache folle » en 1996, sur Rwanda en 1998, sur signes religieux à l'école en 2003).

La commission chargée des affaires européennes mise en place en 2008 dans chaque assemblée, elle vise à assurer l'information des assemblées et des commissions permanentes sur les divers travaux des institutions européennes.

Les sessions

Selon la Constitution il existe plusieurs sessions.

La session ordinaire

Selon l'article 28 C. « le Parlement se réunit de plein droit en une session ordinaire qui commence le premier jour ouvrable d'octobre et prend fin le dernier jour ouvrable de juin ». Il est également prévu que le nombre de jours de session « ne peut excéder 120 ». Le règlement de chaque assemblée fixe le nombre de semaines de séance. Des « jours supplémentaires de séance » peuvent être demandés par le Premier ministre, après consultation du président de l'assemblée concernée, ou par une majorité parlementaire.

Les sessions extraordinaires

L'article 29 C. énonce qu'une session extraordinaire peut être réunie sur demande du Premier ministre ou d'une majorité parlementaire, sur la base d'un ordre du jour déterminé.

Selon l'article 30 C., c'est le chef de l'État qui ouvre et clôt, par décret, les sessions extraordinaires. Dans la pratique, le général de Gaulle (refus en 1960) et certains de ses successeurs (F. Mitterrand en 1986 et 1993) ont considéré qu'ils disposaient ici d'une compétence discrétionnaire tant sur l'opportunité de la session que sur son ordre du jour.

Les sessions de plein droit

Expressément prévues par la Constitution dans trois hypothèses : après des législatives engendrées par une dissolution (art. 12 C.), durant l'article 16 C., pour entendre un message ou une déclaration présidentielle (art. 18 C.).

2 Attributions

Selon l'article 24 C. « le Parlement vote la loi. Il contrôle l'action du Gouvernement. Il évalue les politiques publiques ». Ce sont là les trois missions principales du Parlement.

a. Le vote de la loi

Plusieurs points sont à étudier ici.

Le domaine de la loi

L'article 34

La Constitution de 1958 a, pour la première fois en France, cantonné la loi à un domaine défini à l'article 34 C. Selon cet article, la loi a deux missions majeures :

- fixer les règles : droits civiques, droits civils, règles pénales, règles en matière d'imposition, régimes électoraux, fonction publique, etc. ;
- déterminer les principes fondamentaux : défense nationale, collectivités territoriales, environnement, droit commercial, droit du travai, etc.

Le domaine de la loi est vaste. Il est aussi extensible puisque le dernier alinéa de l'article 34 C. précise que ses dispositions « pourront être précisées et complétées par une loi organique ». Son extension a aussi été validée par le Conseil constitutionnel qui a défini le domaine de la loi non seulement sur la base de l'article 34 mais aussi par rapport à la Déclaration de 1789 et au Préambule de 1946. De même, le Conseil a parfois accepté des empiétements du législateur sur le domaine réglementaire.

L'article 37 C.

Le domaine législatif doit aussi être apprécié en fonction de celui du règlement fixé à l'article 37 C. et selon lequel : « les matières autres que celles qui sont du domaine de la loi ont un caractère réglementaire ». Ce pouvoir réglementaire est détenu par les autorités exécutives (président de la République, Premier ministre), par leurs représentants (préfets) et par les autorités administratives indépendantes (CNIL, CSA). Ce pouvoir réglementaire réside donc dans la possibilité d'édicter des normes générales et impersonnelles (décret, arrêtés, circulaires par exemple). Il s'oppose donc au pouvoir législatif. C'est un pouvoir réglementaire dit autonome (non limité à l'application des lois) pour des domaines ne concernant en principe pas la loi.

Mais la répartition loi/règlement n'est pas toujours aisée.

Si législateur et Gouvernement ont donc leur domaine propre, les frontières sont poreuses et il appartient d'assurer un **contrôle de la délimitation**. D'abord par un contrôle du respect du domaine réglementaire par le Conseil constitutionnel. Ce dernier va parfois arbitrer une procédure d'irrecevabilité posée par le Gouvernement ou le président de l'Assemblée saisie (art. 41, al. 1 C.). Mais c'est surtout lors de son contrôle de constitutionnalité que le Conseil peut déclarer, de façon préventive, réglementaire les aspects d'une loi qui le nécessitent. Signalons que quand un texte législatif intervient hors du domaine de l'article 34 C., le Gouvernement peut « réglementariser » le texte par décret pris après avis du Conseil d'État (art. 37, al. 2 C.). Enfin, quand le Gouvernement estime qu'une disposition législative empiète sur le domaine réglementaire, il peut demander au Conseil constitutionnel de déclarer cette disposition réglementaire (art. 37, al. 2 C.).

Il existe aussi **le contrôle indirect du respect du domaine législatif** par le Conseil d'État. Dans un premier cas, c'est par le biais du recours pour excès de pouvoir (*cf.* 2e partie) déclenché par un administré contre un règlement ayant empiété sur la loi. Le second cas est celui d'une loi, ayant échappé au contrôle du Conseil constitutionnel, qui transfère abusivement des compétences du législatif vers le réglementaire. En raison de la théorie de la loi-écran, le Conseil d'État, incompétent en matière de constitutionnalité de la loi, ne pouvait rien faire jusqu'en 2008. Depuis cette date, la question prioritaire de constitutionnalité lui permet d'agir comme on le reverra durant l'étude sur le Conseil constitutionnel.

Le vote de la loi (ordinaire)

Il obéit à huit étapes principales :

- **l'initiative du texte** appartient selon l'article 39 C. au Premier ministre et aux parlementaires. Dans le premier cas on parle de projet de loi (85 % des textes), dans le second de proposition (15 %). L'initiative parlementaire est limitée par les irrecevabilités (art. 40 et 41 C.) ;
- **le dépôt du texte** se fait sur le bureau d'une des Chambres. Depuis la révision de 2008, il existe un délai minimum avant la discussion du texte de loi (art. 42, al. 3 : entre 4 et 6 semaines) ;
- **la discussion du texte** : d'abord devant la commission permanente compétente. Celle-ci examine le texte, l'amende puis établit un rapport afin d'éclairer l'examen en séance. La révision de 2008 prévoit que c'est le texte adopté par la commission saisie qui devra être examiné en séance (art. 42, al. 1 C.). La commission peut aussi se faire assister par des experts (dans le domaine du texte de loi à discuter) ;
- **l'inscription à l'ordre du jour** : depuis 2008 il existe selon l'article 48 C., un ordre du jour « partagé » entre Gouvernement et Parlement, et entre majorité et opposition (minoritaires). Une loi organique de 2009 prévoit que la Conférence des présidents peut constater que les modalités de présentation des projets de loi (exposé des motifs, étude d'impact) ne sont pas respectées. Le Conseil constitutionnel peut arbitrer ;
- **l'examen du texte en séance** : avant la discussion, opposition et majorité peuvent tenter d'écarter le texte par des motions d'irrecevabilité : exception d'irrecevabilité (art. 44 du règlement intérieur du Sénat et 34-1 C., rejet préalable à l'Assemblée nationale), question préalable (rejet de la délibération pour texte « inopportun », art. 44 du règlement intérieur du Sénat), motion de renvoi en commission (pour nouveau rapport). La discussion sur le texte se fait article par article et les amendements sont discutés puis votés. Chaque article est mis aux voix individuellement. Amendements et articles sont adoptés à la majorité des suffrages. Depuis 2008, il existe une procédure d'examen simplifiée ;

- **le droit d'amendement** est réglementé par la Constitution (art. 40, 41, 45, al. 1, 44, al. 2 C.). Depuis 2009 ce droit est limité dans le temps puisque les amendements parlementaires sont en principe irrecevables après le début de l'examen du texte en séance publique. Le droit d'amendement est aussi encadré par le Conseil constitutionnel. Mais ce droit d'amendement est souvent transformé, notamment par l'opposition, en procédure dilatoire ;
- **le vote du texte** : l'assemblée concernée doit s'exprimer à la majorité des suffrages exprimés. Rappelons que l'article 27, alinéa 1 C. pose le principe selon lequel « le droit de vote des parlementaires est personnel ». Mais l'alinéa 2 autorise « la délégation de vote ». Celle-ci est très utilisée et explique aussi l'absentéisme parlementaire ;
- **la navette** : une fois le texte adopté, il doit être envoyé à l'autre assemblée « en vue de l'adoption d'un texte identique » (art. 45, al. 1 C.). Celle-ci va en principe apporter des modifications au texte. Dès lors un va-et-vient (navette) se fait entre les deux assemblées jusqu'à ce qu'elles adoptent un texte identique. Si un désaccord persiste, le Premier ministre peut, selon l'article 45, alinéa 2 C., mettre en place une commission mixte paritaire à l'issue de laquelle, si le désaccord persiste, il donne le dernier mot au texte de l'Assemblée nationale. Il existe deux principales procédures pour « accélérer » l'adoption d'une loi :
  - le vote bloqué (art. 44 al. 3 C.),
  - l'engagement de responsabilité du Gouvernement sur le vote d'un texte (art. 49, al. 3 C., *cf.* plus loin).

Promulgation et publication

Une fois adopté, le texte est transmis à l'Élysée pour que le président procède, selon l'article 10 C., à la promulgation de celui-ci. Une fois la promulgation réalisée, le texte devient exécutoire c'est-à-dire que la loi existe et qu'ordre est donné aux autorités publiques françaises de l'observer et de la faire observer. La publication au JORF (papier et internet) permet de porter la loi à la connaissance des citoyens et de leur rendre opposable. Dès lors « nul n'est censé ignorer la loi ». Depuis 2004, en principe, les lois entrent en vigueur sur tout le territoire le lendemain de leur publication.

Exécution des lois

On l'a noté, elle relève du Premier ministre (art. 21 C.) sur la base de décrets d'application ou dérivés, qui en explicitent le sens. En 2004 et en 2009 l'Assemblée nationale a mis dans son règlement des normes afin de mieux contrôler l'application des lois. Au bout de 6 mois, deux députés (dont l'un d'opposition) remettent à la commission permanente compétente un rapport à cette fin. Il existe au Sénat une commission d'application des lois qui fait un rapport annuel. Le pourcentage de lois rendues applicables dans l'année de leur adoption se situe à environ 25 %.

Les autres textes de loi

Les lois constitutionnelles (art. 89 C.), organiques (art. 46 C.), de finances (art. 47 C.), de financement de la Sécurité sociale (art. 47-1 C.), de ratification des traités internationaux (art. 53 C.), des traités européens (art. 88-5 C.) obéissent à des procédures d'adoption spécifiques définies par la Constitution et des lois organiques.

b. Le contrôle de l'action gouvernementale

Il se fait essentiellement par trois modes : les déclarations gouvernementales, les questions au Gouvernement et enfin les procédures des articles 49 et 50 C.

Les déclarations gouvernementales

De nature ponctuelle et informative, elles sont soit obligatoires (référendum de l'article 11 C., consultation d'une collectivité d'outre-mer de l'article 72-4 C., déclaration de guerre de l'article 35 C.) soit facultatives (tenue d'un conseil européen). Selon l'article 50-1 C. le Gouvernement peut y procéder de sa propre initiative ou à la suite d'une demande parlementaire, « sur un sujet déterminé ». Suivi d'un débat, un vote (sans engagement de responsabilité) peut avoir lieu. Il existe aussi la déclaration de politique générale ou d'engagement de responsabilité que l'on verra plus loin.

Les questions

Elles proviennent d'une des plus anciennes pratiques parlementaires. Elles sont de deux types :

- **questions orales** : selon l'article 48 C, alinéa 6 C. « une séance par semaine au moins, y compris pendant la session extraordinaire prévue à l'article 29, est réservée par priorité aux questions des membres du Parlement et aux réponses du Gouvernement ». Les questions sont avec (mais sans vote de confiance) ou sans débat. Il existe aussi depuis 1974, à l'initiative du président Giscard d'Estaing, les questions au Gouvernement (dites aussi questions d'actualité) les mardis et mercredis après-midi. Elles sont télévisées. Il y a enfin les questions à un ministre (dites questions ciblées) ;
- **questions écrites** : organisées par le règlement intérieur de chaque assemblée, elles ont un double objectif pour les parlementaires : obtenir des ministres des renseignements afin de répondre à certains problèmes soumis par leurs électeurs et bénéficier de consultations juridiques (par exemple en matière fiscale) qui engagent l'administration.

La responsabilité politique du Gouvernement devant l'Assemblée nationale

À noter que le Sénat est quasiment exclu de ces procédures qui sont définies aux articles 49 et 50 C.

L'article 49 C. comporte trois procédures :

- article 49, alinéa 1 : **la question de confiance** est une procédure qui donne au Premier ministre le droit de venir engager la responsabilité de son Gouvernement « sur son programme ou éventuellement sur une déclaration de politique générale ». C'est un droit et, non plus comme sous les républiques précédentes, un devoir. Selon le Conseil constitutionnel, **programme** et **déclaration de politique générale** sont assimilables. Cette procédure est devenue un geste de cohérence du Gouvernement envers la (sa) majorité parlementaire. Elle implique donc une présomption de confiance ;
- article 49-2 : **la motion de censure** : l'initiative vient des députés qui, spontanément, mettent en cause la responsabilité du Gouvernement. Les conditions de vote sont strictes. Son adoption entraîne la démission de ce dernier. Si une cinquantaine de textes de motion de censure ont été déposés depuis 1958, une seule a été votée, en octobre 1962 contre le Gouvernement Pompidou ;

- **le 49-3** : l'engagement de la responsabilité gouvernementale sur le vote d'un texte. C'est la synthèse des deux précédentes procédures. Elle permet surtout de faire adopter un texte sans vote. C'est aussi un moyen de pression du Gouvernement sur sa majorité, notamment quand celle-ci est instable, voire de test pour l'opposition. Depuis 1958, le 49-3 a été utilisé 91 fois sur 52 textes. À noter que depuis 2008, hors budget et loi de finances de la Sécurité sociale, le 49-3 ne peut être utilisé que sur un seul texte au cours d'une même session ;
- l'article 50 C. prévoit que lorsque le Gouvernement n'a pas obtenu la confiance ou a subi une censure, il doit démissionner.

c. L'évaluation des politiques publiques

Les premières tentatives

Évaluer une politique publique répond à un impératif budgétaire et à une volonté de rationalisation de l'action publique.

De 1968 au début des années 1980, une première procédure est mise en place avec la rationalisation des choix budgétaires (RCB). En 1983 est créé un Office parlementaire des choix scientifiques et technologiques avec un domaine évaluation. Le Gouvernement Rocard en créant le RMI (1988) met en place un dispositif d'évaluation des actions menées et un Conseil scientifique de l'évaluation. Au niveau local, les contrats de plan État/région sont évalués dès 1993. À la fin des années 1990 sont mises en place la Société française d'évaluation et la Mission d'évaluation et de contrôle. Au début des années 2000 la loi d'Organisation relative aux finances publiques et la Révision générale des politiques publiques sont des outils de modernisation de la dépense et de l'action publique avec mission d'évaluation (décembre 2012).

La concrétisation

En 2007, pour la première fois en France, est créé un Secrétariat d'État à la prospective et à l'évaluation des politiques publiques. Il sera supprimé en 2009.

La révision constitutionnelle de 2008 intègre l'évaluation dans trois articles :

- article 24 C. : le Parlement évalue les politiques publiques ;
- article 47-2 C. : la Cour des comptes assiste le Parlement dans sa mission d'évaluation ;
- article 51-2 C. : possibilité de commissions d'enquête parlementaires pour aider aux évaluations.

14 Cours
Les autres institutions de la Ve République

Il s'agit du Conseil constitutionnel, de l'autorité judiciaire, de la Haute Cour, de la Cour de justice de la République, du CESE, du défenseur des droits.

1 Le Conseil constitutionnel

Il est organisé, pour la première fois en France, au Titre VII de la Constitution. Examinons d'abord son statut puis ses missions.

a. Statut

Composition

Elle est décrite à l'article 56 C. Il y a 9 membres nommés (3 par le président de la République, 3 par le président de l'Assemblée nationale, 3 par celui du Sénat). Parmi ses membres, le chef de l'État désigne le président du Conseil constitutionnel. Les membres nommés prêtent serment sur la Constitution. Il y a aussi les membres de droit et à vie que sont les anciens présidents de la République (V. Giscard d'Estaing, N. Sarkozy et F. Hollande), seul le premier siège. Cette catégorie pourrait disparaître.

Au 1er octobre 2019, le Conseil est composé de : M. Fabius (président), Mmes Bazy-Malaurie, Maestracci, Luquiens, Lottin et MM Pinault, Mézard, Pillet, Giscard d'Estaing et Juppé.

Organisation

La durée des fonctions est fixée à 9 ans non renouvelables. L'article 57 C. prévoit des incompatibilités avec toute fonction gouvernementale et parlementaire (y compris européenne). Une loi organique prohibe aussi de cumuler avec tout mandat local. De même qu'une loi organique fixe des interdictions avec tout poste dans un parti politique ou toute nomination (ou avancement si le conseiller est fonctionnaire) à un emploi public. Il existe aussi des restrictions avec le métier d'avocat. Les conseillers constitutionnels perçoivent une indemnité mensuelle d'environ 13 200 euros.

Le Conseil constitutionnel bénéficie d'une structure administrative légère qui repose essentiellement sur un secrétariat général dont le rôle est essentiel (actuellement Laurent Vallée). Les conseillers ont une secrétaire.

Membres de droit et à vie du Conseil institutionnel

Valéry Giscard d'Estaing	membre depuis 2004
Nicolas Sarkozy	ne siège plus depuis janvier 2013
François Hollande	n'a jamais siégé

b. Missions

Le Conseil constitutionnel a deux types de mission.

Juge électoral

- Selon l'article 58 C. le Conseil constitutionnel est en charge de la « régularité de l'élection du président de la République ». On a eu précédemment l'occasion de le développer. Il est aussi en charge de l'examen et de la proclamation des résultats.
- Selon l'article 59 C. le Conseil constitutionnel « statue en cas de contestation, sur la régularité de l'élection des députés et des sénateurs ».
- Selon l'article 60 C. le Conseil constitutionnel « veille à la régularité des opérations de référendum ».

Le Conseil constitutionnel développe ainsi toute une jurisprudence en matière électorale.

Juge constitutionnel

C'est la mission la plus importante qui repose sur deux articles.

- Selon l'article 61, alinéa 1 C. le Conseil constitutionnel a d'abord en charge de juger automatiquement de la conformité à la Constitution du texte référendaire de l'article 11 C. ainsi que des règlements des assemblées parlementaires. Ensuite selon l'alinéa 2 il doit juger, sur saisine du président de la République, du Premier ministre, des présidents du Parlement ou soixante parlementaires, de la conformité des lois ordinaires à la Constitution. Le Conseil constitutionnel doit en principe statuer sous un mois, délai qui peut être réduit à 8 jours par le Gouvernement. De la même façon il examine les traités (art. 54 C.).
- La révision de 2008 a mis en place, pour la première fois en France, **la question prioritaire de constitutionnalité** (QPC) définie à l'article 61-1 C. Elle permet à un justiciable, devant toute juridiction, de saisir indirectement le Conseil constitutionnel, ce qui entraîne la suspension du procès. Une loi organique du 10 décembre 2009 (entrée en vigueur le 1er mars 2010) est venue préciser les conditions d'application de cette procédure et a posé un double filtre :
  - la juridiction saisie (Conseil d'État ou Cour de cassation) vérifie si la disposition contestée est applicable au litige ou à la procédure ou au fondement des poursuites. De même elle vérifie si elle n'a pas déjà été validée par le Conseil constitutionnel (sauf changement de circonstances) et si la question n'est pas dépourvue de caractère sérieux ;
  - la juridiction saisie a 3 mois pour statuer. Elle renvoie au contrôle du Conseil constitutionnel si les deux premières conditions sont présentes et si la question a un caractère sérieux. Si au bout de ce délai elle ne s'est pas prononcée, le Conseil constitutionnel est automatiquement saisi.

Dans sa jurisprudence, le Conseil constitutionnel peut soit déclarer conforme, soit déclarer non conforme totalement ou partiellement les dispositions dont il est saisi, soit émettre des réserves d'interprétation (sorte de feu orange). Dans le cadre d'une QPC, le jugement du Conseil constitutionnel est signifié à la juridiction d'origine et le procès peut reprendre.

Selon l'article 62, alinéa 3 les décisions du Conseil constitutionnel ne sont pas susceptibles de recours (sauf devant le juge européen) et « s'imposent aux pouvoirs publics et à toutes les autorités administratives et juridictionnelles ».

2 L'autorité judiciaire

Elle est organisée au Titre VIII de la Constitution.

Selon le souhait du général de Gaulle en 1958, il n'était pas question que la justice soit un pouvoir mais seulement une autorité. Il s'agit donc d'un service public dont les membres (les magistrats) bénéficient de garanties d'indépendance et relèvent d'un statut spécifique.

- Rappelons d'abord que, selon l'article 64 C., « le président de la République est garant de l'indépendance de l'autorité judiciaire ». Dans la majeure partie des démocraties occidentales, le lien a été coupé entre le pouvoir politique et le pouvoir judiciaire. Ce qui permet à ce dernier d'être un rempart contre l'éventuel arbitraire du politique. En France le lien subsiste (notamment pour les magistrats du parquet auxquels la Cour européenne des droits de l'Homme ne reconnaît pas l'indépendance et leur conteste même la qualité de magistrats, arrêts de 2008, Medvedyev, et 2010, F. Moulin). Il existe de nombreux et récurrents débats sur l'indépendance de la justice. L'alinéa 4 de l'article 64 C., en prévoyant l'inamovibilité des magistrats du siège, assure leur indépendance. Dans sa mission, le chef de l'État est assisté du Conseil supérieur de la magistrature (CSM).
- L'article 65 C. définit le CSM. C'est une autorité constitutionnelle qui comprend deux formations compétentes, l'une à l'égard du siège (présidée par le 1er président de la Cour de cassation), l'autre à l'égard du parquet (présidée par le procureur général près la Cour de cassation). Chacune d'elles est composée majoritairement de non-magistrats. Leur rôle principal est de participer à la gestion de carrière des magistrats (nomination). Chacune d'elles statue aussi comme instance disciplinaire. Notons que depuis 2008 les justiciables peuvent saisir le CSM du comportement dommageable d'un magistrat à l'occasion d'un procès. Le CSM peut être aussi consulté par l'exécutif (chef de l'État, ministre de la Justice) mais il peut aussi demander audience à ce dernier (mêmes personnes).
- Chaque année le CSM produit un rapport d'activités. Signalons enfin que depuis la révision de 2007, l'article 66-1 C. constitutionnalise l'abolition de la peine de mort.

3 Haute Cour et Cour de Justice de la République

a. Haute Cour (HC)

Elle est définie au Titre IX de la Constitution sur la base de l'article 68.

Selon cet article, c'est la réunion du Parlement en vue de juger de la destitution du chef de l'État. On a vu précédemment ce qu'il en était de la faute qui pouvait conduire le président de la République en exercice à être ainsi jugé (art. 68, al. 1 C.). Plusieurs étapes existent (al. 2, 3 et 4) : le vote d'une proposition de réunion de la Haute Cour par l'une des assemblées, la transmission à l'autre Chambre qui a quinze jours pour se prononcer, la réunion de la Haute Cour présidée par le président de l'Assemblée nationale qui statue sous un mois à bulletins secrets (à la majorité des 2/3 avec seule prise en compte des votes favorables et sans délégation de vote possible). La décision de destitution est d'effet immédiat : le président est « démissionné » sur-le-champ.

b. La Cour de Justice de la République (CJR)

Elle est prévue au Titre X de la Constitution relatif à la responsabilité pénale des membres du Gouvernement.

Cette juridiction a été créée en 1993 à la suite de l'affaire du sang contaminé et de diverses autres affaires politico-financières qui ont émaillé la fin du second mandat de F. Mitterrand.

- L'article 68-1 C. institue pour la première fois en France une responsabilité pénale des membres du Gouvernement dans l'exercice de leurs fonctions. Elle vise les crimes et délits. Une CJR est installée à cette fin qui obéit aux règles du Code et de la procédure pénale.
- Selon l'article 68-2 C. cette Cour comprend quinze membres (12 parlementaires élus dont 6 au Sénat et 6 à l'Assemblée nationale, et 3 magistrats de la Cour de cassation). La procédure permet à tout citoyen qui s'estime victime d'un crime ou délit commis par un membre du Gouvernement, de saisir **la commission des requêtes**. Celle-ci ordonne le classement ou transmet au procureur général près la Cour de cassation pour saisine de la CJR. La commission peut aussi demander au dit procureur de saisir d'office la CJR.

À ce jour, une dizaine d'affaires ont été jugées et d'autres sont en attente. Un projet de révision impulsé par E. Macron prévoit de supprimer cette cour.

4 Le Conseil économique, social et environnemental (CESE)

Hérité de la IVe République, il est défini au Titre XI C. (art. 69, 70 et 71). Le CESE est composé de 233 membres nommés pour 5 ans (majoritairement par les syndicats puis par le milieu associatif et le Gouvernement) renouvelables une fois non consécutivement. Les fonctions sont incompatibles avec tout mandat parlementaire. Le Conseil a un président et un bureau de 18 membres. Il est subdivisé en 9 sections et siège au Palais d'Iéna à Paris.

Son rôle est essentiellement consultatif : donner des avis, obligatoires ou facultatifs, sur les textes de nature économique, environnementale et sociale. La saisine peut être gouvernementale, parlementaire ou par pétition citoyenne. Le CESE peut aussi s'autosaisir. Annuellement il rend un rapport public sur ses activités.

5 Le défenseur des droits

C'est une création issue de la révision de 2008 et qui a mis en place le Titre XI bis de la Constitution. Le défenseur vient regrouper 4 autres institutions : Médiateur de la République, défenseur des enfants et Commission nationale de déontologie de la sécurité, HALDE.

C'est une autorité constitutionnelle indépendante. Son président (J. Toubon depuis 2015) est nommé par le chef de l'État pour 6 ans non renouvelables. Il est assisté de 3 collèges (déontologie de la sécurité, droits des enfants, discrimination et égalité) et de délégations en province. Le défenseur est aussi membre de la CNIL et de la CADA. Ses fonctions sont incompatibles avec toute autre fonction publique ou privée et tout mandat électif.

Quant à son rôle, selon l'article 71-1 C., il consiste à veiller au respect des droits et libertés par les administrations d'État, les collectivités locales, les établissements publics ainsi que tout organisme investi d'une mission publique. Le défenseur est saisi par toute personne qui s'estime lésée par un des organismes cités ci-dessus. Il peut aussi se saisir d'office. Il peut demander toute information à toute personne physique ou morale mise en cause devant lui. Il procède par vérifications et peut faire des recommandations, des médiations, des transactions, voire des amendes transactionnelles. Chaque année, le défenseur publie un rapport d'activités dans lequel il peut suggérer des réformes législatives ou réglementaires. Il peut aussi être consulté par le Gouvernement ou le Parlement.

Entraînement

QCM

1. De combien d'éléments est composé l'État ?

❒ **a.** 3
❒ **b.** 4
❒ **c.** 5

2. Qui a dit l'« État c'est nous » ?

❒ **a.** Louis XIV
❒ **b.** Max Weber
❒ **c.** Lénine

3. Combien de formes d'État existe-il ?

❒ **a.** 2
❒ **b.** 3
❒ **c.** 4

4. Lorsque l'État n'intervient que dans le domaine régalien, on parle :

❒ **a.** D'état providence
❒ **b.** D'état gendarme
❒ **c.** D'état centralisé

5. En matière d'aides sociales, « on dépense un pognon de dingue ». Qui est l'auteur de cette phrase ?

❒ **a.** E. Philippe
❒ **b.** E. Macron
❒ **c.** M. le Pen

6. Selon la Constitution de 1958, la souveraineté nationale appartient au peuple qui l'exerce par :

❒ **a.** Le référendum
❒ **b.** Ses représentants
❒ **c.** Les 2

7. Il existe en France une élection où l'abstention est passible d'une amende, laquelle ?

❒ **a.** Prud'hommales
❒ **b.** Sénatoriales
❒ **c.** Syndicales
❒ **d.** Aucune

8. Quel est le scrutin le plus efficace ?

❒ **a.** Majoritaire
❒ **b.** Proportionnel
❒ **c.** Mixte

9. Le droit de manifester est :

- ❒ **a.** Inscrit dans la Constitution
- ❒ **b.** Pas inscrit
- ❒ **c.** Consacré par le Conseil constitutionnel

10. Les libertés publiques sont protégées au niveau européen par :

- ❒ **a.** La Cour de justice de l'Union européenne
- ❒ **b.** La Cour européenne des droits de l'homme
- ❒ **c.** Les 2

11. Un régime politique est toujours inscrit dans une Constitution écrite :

- ❒ **a.** Vrai
- ❒ **b.** Faux

12. La séparation stricte des pouvoirs se pratique :

- ❒ **a.** En Grande-Bretagne
- ❒ **b.** En France
- ❒ **c.** Aux États-Unis

13. Le président américain désigne :

- ❒ **a.** Le Gouvernement
- ❒ **b.** Les membres de la Cour suprême
- ❒ **c.** Les 2

14. En Angleterre, les électeurs désignent :

- ❒ **a.** La Chambre des Lords
- ❒ **b.** La Chambre des Communes
- ❒ **c.** Le Premier ministre

15. La France pratique un régime :

- ❒ **a.** Parlementaire
- ❒ **b.** Présidentiel
- ❒ **c.** Présidentialiste

16. La IIIe République prend fin en :

- ❒ **a.** 1940
- ❒ **b.** 1944
- ❒ **c.** 1945

17. Les missions du président de la République sont définis dans la Constitution à :

- ❒ **a.** L'article 5
- ❒ **b.** L'article 19
- ❒ **c.** L'article 16

18. Le pouvoir d'engager les forces nucléaires que détient le président de la République est un pouvoir :

- ❒ **a.** Propre
- ❒ **b.** Partagé

19. Qui détermine et conduit la politique de la Nation ?

- ❒ **a.** Le président de la République
- ❒ **b.** Le Premier ministre
- ❒ **c.** Le Gouvernement

20. Quelle est la mission du Parlement ?

- ❒ **a.** Voter la loi
- ❒ **b.** Evaluer les politiques publiques
- ❒ **c.** Contrôler le Gouvernement

QRC

Expliquez les éléments suivants :

1. L'État unitaire
2. Le scrutin majoritaire
3. Le régime parlementaire
4. L'élection du président de la République française
5. Les fonctions du Conseil constitutionnel

Corrigé

QCM

1. **a. 3.** Territoire, population et pouvoir.
2. **c. Lénine.**
3. **a. 2.** Fédéral et unitaire.
4. **b. État gendarme.** Il est uniquement basé sur les fonctions régaliennes par opposition à l'État providence.
5. **b. E. Macron.**
6. **c. Les 2** (art. 3 C.).
7. **b. Sénatoriales.** Elle est de 100 euros.
8. **a. Majoritaire.** Par opposition au scrutin proportionnel.
9. **b. et c.** Il n'est pas inscrit et est consacré par le Conseil constitutionnel sur la base de droits exposés dans le Préambule de 1946 (liberté d'aller et venir, de penser, etc.).
10. **b. La Cour européenne des droits de l'Homme.**
11. **b. Faux.** La Grande-Bretagne par exemple.

12. c. Aux États-Unis.

13. c. Les 2.

14. b. La Chambre des Communes.

15. c. Présidentialiste. C'est-à-dire un peu des deux régimes.

16. c 1945. Depuis le référendum du 21 octobre 1945.

17. a. L'article 5.

18. b. Partagé. Il n'est pas dans la liste des pouvoirs propres définis à l'article 19.

19. c. Le Gouvernement. Selon l'article 20.

20. a. b. et c. Les 3 (article 24).

QRC

1. L'État unitaire

Un seul pouvoir politique s'applique sur l'ensemble d'un territoire. Il y en a deux types :

- l'État basé sur la concentration des pouvoirs en un seul lieu (en principe la capitale) et qui ignore la réalité territoriale (ex-URSS, Chine) ;
- l'État basé sur la déconcentration. Meilleure prise en compte du niveau territorial. Existence au niveau local d'agents de l'État (ex : préfet) pour assurer une cohésion. Un État unitaire peut être décentralisé (ex : France).

2. Le scrutin majoritaire

Lors d'une élection on attribue un (scrutin uninominal) ou plusieurs sièges (scrutin plurinominal) à celui ou celle ayant obtenu le plus de voix. Ce scrutin peut être uninominal à un tour (ex : Grande Bretagne) ou à deux tours (ex : France). C'est un scrutin efficace (une majorité dirige) mais injuste (la minorité n'est pas assez ou pas représentée).

3. Le régime parlementaire

Basé sur une collaboration souple et équilibrée des pouvoirs : pouvoir exécutif, législatif et judiciaire. Chacun a ses missions mais il existe, en cas de problème, des moyens d'action réciproque : le Parlement peut censurer le Gouvernement et ce dernier peut dissoudre le premier (exemple : la Grande-Bretagne).

4. L'élection du président de la République française

C'est une élection au suffrage universel direct. Le mandat est de 5 ans renouvelable une fois. L'essentiel de la procédure est fixé aux articles 6 et 7 de la Constitution.

5. Les fonctions du Conseil constitutionnel

Elles sont de deux ordres. Il est juge électoral (présidentielle, législative, sénatoriale et référendum *cf.* art. 58, 59 et 60) mais également le gardien de la constitutionnalité des lois et traités (art. 54 et 61). Depuis 2008 il peut être saisi par des citoyens (question prioritaire de constitutionnalité).

Partie 2

Notions essentielles de droit administratif

Le droit administratif est un droit spécifique. Il rassemble les règles applicables à l'Administration. Cette dernière est, formellement, l'ensemble des services publics qui concourent à administrer le pays. Par extension, l'Administration ce sont les agents et les organismes (État, collectivités locales, établissements publics) qui assurent les interventions de la puissance publique et les missions de service public.

L'Administration, dont la mission essentielle est de pourvoir aux besoins de l'intérêt général, a donc des relations quotidiennes avec les administrés. Le droit administratif est donc aussi celui qui régit lesdites relations.

Le droit administratif est spécifique aussi par ses origines. Il est issu de la séparation des autorités administratives et judiciaires posée par la loi d'août 1790 et réaffirmé par le décret du 16 fructidor an III (2 septembre 1795). Pour prémunir l'administration naissante des risques de dérives de la part des tribunaux judiciaires (hérités des parlements de l'Ancien Régime), la Constitution du 22 Frimaire an VIII (13 décembre 1799) institue des juridictions spécialisées dans le contentieux de l'administration (conseils de préfecture et Conseil d'État).

La construction de ce droit fut lente puisqu'il faut attendre la fin du XIXe pour voir d'abord un aboutissement jurisprudentiel. La première pierre est apportée par l'arrêt Rothschild du Conseil d'État (6 décembre 1855). Mais c'est le célèbre arrêt Blanco émis par le Tribunal des conflits le 8 février 1873 qui va consacrer l'autonomie du droit administratif. La responsabilité de l'État, pour des dommages causés par son activité, ne relève pas du droit civil. Elle a « ses règles spéciales qui varient suivant les besoins du service et la nécessité de concilier les droits de l'État avec les droits privés ». Cet arrêt est fondamental pour deux raisons. D'abord, il consacre la possibilité de mettre en cause la responsabilité de l'État pour des dommages causés par ses activités. Ensuite, il met en place un régime de responsabilité différent de celui de droit commun. Les bases du droit administratif sont jetées. Et cette construction jurisprudentielle constitue l'autre spécificité du droit administratif.

Six points vont être étudiés ici : l'organisation administrative, le principe de légalité, les actes administratifs, l'activité administrative, la responsabilité administrative, la justice administrative et des éléments du droit de la fonction publique.

Cours 15
L'administration d'État

L'État est, on l'a dit, une personne morale titulaire de la souveraineté qui a le monopole de la contrainte organisée. C'est aussi l'ensemble des gouvernants par opposition aux gouvernés.

Cette administration d'État repose sur l'administration centrale puis sur celle territoriale.

Il s'agit d'abord des autorités exécutives puis des organes spécifiques et enfin des autorités administratives indépendantes.

1 Les autorités exécutives

a. Le président de la République

On l'a vu dans la précédente partie, il détient selon l'article 13 C. le pouvoir réglementaire. Cela veut dire essentiellement la signature des ordonnances et des décrets en Conseil des ministres, les nominations aux hauts emplois de l'État (préfets par ex). Il a donc une autorité sur ces emplois. Et rappelons qu'en tant que chef des armées et de la diplomatie, il exerce un rôle prééminent sur leurs administrations. Le président s'appuie, on l'a dit, sur un cabinet (20 ou 30 membres), un état-major particulier et surtout le secrétaire général de l'Élysée.

b. Le Premier ministre

Sous réserve de l'article 13 C., il exerce au titre de l'article 21 C. le pouvoir réglementaire. Il dirige également le Gouvernement qui dispose de l'administration. Il procède aussi à un certain nombre de nominations. Le Premier ministre est donc le véritable chef de l'administration. Son cabinet (civil et militaire) est important. Surtout, il s'appuie sur d'autres organes que l'on a aussi étudiés : secrétariat général du Gouvernement, secrétariat général des Affaires européennes, service d'information du Gouvernement, secrétariat général de la Défense nationale, directions (JO, documentation française, direction générale de la fonction publique, DATAR par ex). Matignon est le cœur administratif de l'État.

c. Les ministres

Il y a plusieurs catégories de ministres : le ministre (de plein exercice ou d'État), le ministre délégué (auprès du Premier ministre ou d'un ministre) et le secrétaire d'État. Les ministères ou départements ministériels forment l'ossature administrative de l'État. Le ministre est assisté d'un cabinet et son ministère est divisé en directions, elles-mêmes subdivisées en sous-directions. Chaque ministre est d'ailleurs considéré par le Conseil d'État comme le chef de service de son ministère (7 février 1936, Jamart). À cet égard, il participe du pouvoir réglementaire (circulaires, directives) et par le biais du contreseing (art. 19 et 22 C.). Mais un ministre n'a pas de pouvoir réglementaire direct. Il peut annuler ou réformer les décisions prises par ses subordonnées (Conseil d'État, 30 juin 1950, Quéralt). Chaque ministre a autorité hiérarchique sur l'administration qui relève de ses compétences.

2 Les organes spécifiques

Ce sont essentiellement des organes consultatifs et de contrôle.

a. Organes consultatifs

On en dénombre une centaine et ils ont pour mission de conseiller, d'éclairer le Gouvernement, son administration voire le Parlement. L'avis est tantôt facultatif, tantôt obligatoire. La Constitution de 1958 en prévoit un : le Conseil d'État. La fonction originelle du Conseil d'État était consultative. Il la conserve en donnant des avis juridiques et administratifs au Gouvernement tant en matière législative que réglementaire. Depuis 2008, le Parlement peut aussi soumettre une proposition de loi au Conseil d'État. Un ministre, comme le Premier ministre d'ailleurs, peut, quand il le souhaite, le consulter. Signalons enfin que la section du Rapport et des Études du Conseil d'État publie annuellement un rapport. On trouve aussi tout une série d'organes consultatifs plus secondaires (ex : agences, conseils supérieurs).

b. Organes de contrôle

Ils ont la mission de contrôler la bonne marche des services publics et la régularité de leur fonctionnement. Ce sont d'abord les corps d'inspection : Inspection générale de l'administration, des finances, des affaires sociales, des Ponts et Chaussées, de l'Éducation nationale, le Contrôle général des armées, etc.

L'organe de contrôle le plus important reste la **Cour des comptes.** Juridiction financière créée en 1807, elle est composée de magistrats inamovibles et donc indépendants.

L'article 47-2 C. attribue à la Cour des compétences constitutionnelles d'assistance pour contrôler l'exécution du budget de l'État et celui de la Sécurité sociale. De même, elle assiste le Parlement dans l'évaluation des politiques publiques. Enfin, la Cour juge et certifie les comptes publics. Son rapport annuel dénonce le plus souvent les gaspillages et la mauvaise gestion de l'argent public. Mais elle établit aussi d'autres rapports. Selon l'article 47-2 C. lesdits rapports contribuent « à l'information des citoyens ». Elle est assistée, localement, par les chambres régionales des comptes. Enfin c'est en principe à la Cour qu'un nouveau président élu va demander un audit des comptes de l'État (ex : E. Macron en 2017).

3 Les autorités administratives indépendantes (AAI)

On en recense une quarantaine et les premières ont été créées dans les années 1970 en s'inspirant de l'exemple anglo-saxon. Leur but est de réguler quelques secteurs stratégiques. On parle d'autorité car elles ont de véritables pouvoirs dont trois principaux :

- d'influence (avis, recommandation, rapports, injonction) ;
- décisionnel (décisions individuelles : règlement, recommandations, normes, autorisations, nominations) ;
- coercitif (investigation, recueil d'information, vérifications, action en justice, sanctions administratives).

Les autorités administratives indépendantes ont les moyens de leur indépendance :

- collégialité (10 à 20 membres) ;
- mode de désignation (décret ou arrêté, nomination, élection) ;
- garanties (mandat en principe non renouvelable, irrévocabilité, incompatibilités) ;
- absence de contrôle administratif dans l'exercice du mandat (ni instruction, ni ordre, pas de compte à rendre).

Cette indépendance a cependant quelques limites :

- budget rattaché au Gouvernement ;
- Gouvernement représenté en leur sein ;
- et surtout contrôle du juge administratif.

Le Conseil constitutionnel a rappelé que les pouvoirs des autorités administratives indépendantes ne devaient pas remettre en cause celui du Gouvernement à définir la politique nationale dans les domaines concernés (Conseil constitutionnel, 3 août 1993). Chaque autorité administrative indépendante publie un rapport annuel sur ses activités.

Les autorités administratives indépendantes se trouvent dans trois principaux domaines :

- libertés publiques (Commission nationale informatique et libertés, Commission d'accès aux documents administratifs, Conseil supérieur de l'audiovisuel, Hadopi par ex) ;
- économie et finances (Autorité des marchés financiers, Autorité de la concurrence, Médiateur de l'énergie, Autorité de régulation des communications électroniques et des Postes, Autorité de régulation des activités ferroviaires par ex) ;
- rapports administration/administrés (Commission nationale de contrôle des interceptions de sécurité, Commission nationale du débat public, Commission consultative du secret de la Défense nationale par ex).

Il en est d'autres comme l'Autorité de sûreté nucléaire, le Comité consultatif national d'éthique, l'Autorité de régulation des jeux en ligne. L'utilité de certaines de ces autorités administratives indépendantes n'est pas toujours effective.

Cours

16 L'administration territoriale

1 Déconcentration et décentralisation

a. Déconcentration

La déconcentration consiste à reconnaître un pouvoir de division à des agents locaux nommés par le pouvoir central. Ces agents sont nommés au pouvoir central (préfets, recteurs).

La déconcentration désencombre les niveaux supérieurs de l'administration et permet un certain rapprochement entre administration et administrés. Le décret du 7 mai 2015, portant charte de la déconcentration renouvelle la première charte adoptée en juillet 1992 sur la base de la loi ATR du 6 février 1992.

Cette charte de 2015 attribue notamment aux préfets des moyens pour rendre plus efficaces les politiques publiques de l'État au niveau territorial.

Une Conférence nationale de l'administration territoriale de l'État (CNATE) a été créée en ce sens.

b. Décentralisation

C'est un système d'administration consistant à permettre à une collectivité humaine (décentralisation territoriale) ou à un service (décentralisation technique) de s'administrer eux-mêmes, notamment par des conseils élus, sous un certain contrôle de l'État (préfet) et en les dotant d'autorités propres (conseil municipal) et de ressources (taxes).

L'autonomie des collectivités territoriales a été véritablement consacrée par la loi du 2 mars 1982 et des textes qui ont suivi (loi constitutionnelle de 2003). Depuis cette dernière, la Constitution dispose que la France a une organisation décentralisée (bien qu'étant un État unitaire).

Les services de l'État sont aussi présents territorialement dans le cadre de la déconcentration. En principe, ils se basent sur des divisions géographiques qui servent aussi aux collectivités décentralisées. La RGPP a engendré une refonte de l'administration territoriale lancée en 2007-2008. À ce titre, le décret du 16 février 2010 donne une place essentielle au préfet de région.

La déconcentration est le maître mot ici. On y reviendra mais elle a précédé la décentralisation en consistant à confier des pouvoirs de décision à certaines autorités publiques sur le territoire au sein de différentes circonscriptions administratives.

Cette administration territoriale repose sur deux organes principaux : préfets et administrations locales.

2 Préfets

Il est le principal dépositaire de l'autorité de l'État au niveau départemental (préfet de département) mais aussi régional (préfet de région). C'est également un acteur majeur de la politique de décentralisation.

- Au niveau **statutaire**, la fonction préfectorale relève, pour l'essentiel, du statut général de la fonction publique (loi du 11 janvier 1984). On a vu précédemment que le préfet était un des hauts emplois de l'État nommé par le président de la République au titre de l'article 13 C. C'est un emploi dit « à la discrétion du Gouvernement ». Cela signifie aussi qu'un préfet est révocable *ad nutum.* Cependant les 4/5ᵉ des préfets doivent être recrutés au sein du corps des sous-préfets et des administrateurs civils hors-classe. C'est donc essentiellement *via* l'ENA. Leur désignation discrétionnaire et leur rôle de représentant de l'État les obligent à une loyauté et à une réserve sans faille. Ce qui n'empêche pas, à chaque changement de président, voire de Gouvernement (alternance politique), des mouvements plus ou moins prononcés de préfets. C'est un peu le *spoil system* américain. Cela signifie aussi qu'ils sont, parmi les hauts-fonctionnaires, ceux qui ont le moins de garanties de carrière (avancement au choix, mutation *sine die*, sanctions disciplinaires directes, mise en disponibilité, hors cadre ou en congé spécial de pure opportunité).
- Au niveau de leur **rôle**, celui-ci est défini à l'article 72, alinéa C. : « dans les collectivités territoriales de la République, le représentant de l'État, représentant de chacun des membres du Gouvernement, a la charge des intérêts nationaux, du contrôle administratif et du respect des lois ». Il a aussi la responsabilité des principaux services déconcentrés de l'État au niveau du département et de la région. Le préfet a aussi, on le reverra plus loin, la charge du contrôle administratif des principaux actes des collectivités locales, qui depuis 1982, n'est plus une tutelle mais un contrôle dit *a posteriori*.

Le préfet s'appuie sur différents services déconcentrés qu'il dirige et qui constituent l'administration locale.

3 L'administration locale

Les services déconcentrés sont ceux qui sont chargés, au niveau territorial, de mettre en pratique la majeure partie des tâches relevant de chaque ministre. Tant au niveau zonal (ex : zone de défense et de sécurité), qu'interrégional, interdépartemental, régional ou départemental, on compte une cinquantaine de services déconcentrés. L'essentiel de leur champ d'action se situe au niveau départemental mais on les trouve aussi aux autres niveaux.

a. Le département

Lesdits services sont les services de l'État au sein du département.

Le décret du 3 décembre 2009 met en place les directions départementales interministérielles (DDI) placées sous l'autorité des préfets départementaux mais relevant du Premier ministre (sauf en outre-mer). Ainsi, outre les services de la sécurité publique (police et gendarmerie) et la direction départementale des finances publiques, les préfets ont donc aussi autorité sur les deux principales DDI :

- direction des territoires (et de la mer pour les zones littorales) compétentes en matière de politiques d'aménagement et de développement durables des territoires ;

- direction de la cohésion sociale et de la protection des populations qui peut être scindée en deux dans les départements les plus peuplés : direction départementale de la cohésion sociale (DDCS) et direction départementale de la protection des populations (DDPP).

Le préfet est assisté de son directeur de cabinet (affaires sensibles) et de divers services regroupés au sein de la préfecture et placés sous la responsabilité du secrétaire général et des différents chefs de service. Il y a aussi les sous-préfets voire des sous-préfets spécialisés qui sont les délégués du préfet dans l'arrondissement.

Il existe 3 circonscriptions administratives à l'intérieur du département :

- la commune au sein de laquelle le maire est aussi agent de l'État ;
- l'arrondissement (250 en France, cadre majeur des services déconcentrés de l'État) ;
- le canton (subdivisions de l'arrondissement qui est notamment le lieu d'implantation des brigades de gendarmerie et de perception financière).

b. La région

La région est aussi une circonscription administrative de l'État. À sa tête il y a le préfet de région qui est le préfet départemental où la région a son chef-lieu. Il a un double rôle : responsabilité des fonctions stratégiques de l'État (pilotage des diverses politiques publiques avec le relais du Comité de l'administration régionale) et direction des services déconcentrés de l'État dans la région (DRFP, DRAAF, DRAC, DREAL, DRIRE, DRJSCS, ARS).

Certaines directions régionales ont des unités au niveau départementales (direction départementale du travail par ex). Le préfet de région peut aussi s'appuyer sur le SGAR.

Les 13 nouvelles régions ont amené des changements notamment quant au préfet de région. Depuis, 13 préfets sont donc à la tête des régions françaises et détiennent des pouvoirs similaires aux autres préfets mais avec un rayon d'action plus important.

c. La commune

Elle est la plus petite circonscription administrative de l'État au niveau territorial. À ce titre, elle est le siège de services tels que : état civil, élections, pompes funèbres, exécution des lois, etc. C'est le maire qui agit ici en tant qu'agent de l'État, comme on le reverra.

d. Les services à compétences nationales

Il existe une nouvelle entité de service de l'État : les services à compétence nationale (SCN). Créés en 1997, ils sont au nombre d'une centaine. Ils sont rattachés à un ministre et ont diverses fonctions : gestion, études techniques, formation, activités de production de biens ou de prestation de services. Par exemple : musées nationaux, casier judiciaire, direction des services de la navigation aérienne, service des retraites de l'État, service des PV à Rennes.

17 Les actes administratifs unilatéraux (AAU)

Une des missions essentielles de l'administration est de prendre des décisions. Celles-ci s'imposent par la seule volonté de leur auteur qui a en charge, rappelons-le, l'intérêt général. C'est l'acte administratif unilatéral qui est son vecteur principal. Il a pour objet de conférer des droits et d'imposer des obligations aux administrés. L'acte administratif unilatéral démontre l'inégalité, objective, dans les rapports administration/administrés. Étudions d'abord les caractéristiques puis le régime juridique de l'acte administratif unilatéral.

1 Caractéristiques de l'acte administratif unilatéral

L'acte administratif unilatéral est donc un acte juridique émanant d'une autorité administrative qui fait grief et peut être soumis au juge administratif. La décision exécutoire est une variété d'acte administratif unilatéral qui a un caractère obligatoire sans formalité particulière. Elle est « la règle fondamentale du droit public » (Conseil d'État, 2 juillet 1982, Huglo). C'est une prérogative de puissance publique entraînant directement le résultat prescrit. On parle de **privilège du préalable,** non exclusif d'un recours administratif non suspensif.

a. Les divers actes administratifs unilatéraux

- Il y a d'abord les décisions explicites ou expresses en principe écrites (décret, arrêtés) mais aussi orales (ordre verbal) voire électroniques (Conseil d'État, 9 novembre 2005, Meyet).
- Ensuite il y a les décisions implicites ou tacites qui naissent du silence de l'administration, c'est-à-dire de l'absence de réponse de l'administration pendant 2 mois à une demande. La loi du 12 décembre 2013 a consacré un nouveau principe selon lequel ce silence vaut désormais accord.
- Les décisions implicites d'acceptation ou d'autorisation : le silence de l'administration après une demande vaut accord (art. R. 460-5 Code de l'urbanisme : certificat de conformité). Le délai débute à compter de la réception par l'autorité du dossier complet (Conseil d'État, 26 juillet 1982, Maillet).
- Les actes de gestion privée, pris par des personnes publiques (exerçant une activité industrielle et commerciale ou exploitant le domaine privé) sont des actes de droit privé.
- Les actes pris par des organes administratifs voire politiques dans les domaines législatifs ou réglementaires ne sont pas administratifs (ex : décisions émanant de l'art. 16 C. et intervenant dans le domaine de la loi, Conseil d'État, 2/3.1962, Rubin de Servens ; Conseil d'État, 12 février 1960, soc. Eky).
- Les documents-types (statuts, contrats-types) sont des actes administratifs unilatéraux (Conseil d'État, 2 juillet 1982, Conseil national de l'Ordre des architectes).
- Les mises en demeure sont désormais considérées comme des actes administratifs (Conseil d'État, 27 mai 1988, Min. des Affaires étrangères c/Hess).

b. Les mesures administratives internes

Elles sont de plusieurs ordres.

Les circulaires

Ce sont des instructions, notes de service qui contiennent des recommandations, instructions, précisions adressées par des chefs de service à leurs subordonnés. L'administration n'a pas obligation de prendre une circulaire pour interpréter le droit en vigueur (Conseil d'État, 17 décembre 2008, Cots). Un arrêt du Conseil d'État de 2002 (18 décembre 2002, Mme Duvignères) a mis fin à la classique distinction entre les circulaires réglementaires (Conseil d'État, 29 janvier 1959, Notre Dame du Kreisker) et les circulaires interprétatives (Conseil d'État, 11 avril 1951, Fédération nationale de fabricants français de vêtements). Désormais, on oppose la circulaire impérative attaquable et celle non impérative sans grief et donc intouchable. Ainsi, la quasi-totalité des textes ministériels pourront être contrôlés par le juge dès lors qu'ils comportent majoritairement des dispositions impératives. Le Conseil d'État a donc incité le Gouvernement et son administration à contrôler de près, *a priori* et *a posteriori*, ses propres mesures. Le délai de recours contre une circulaire court dès sa publication (Conseil d'État, 12 janvier 2009, Syndicat national pénitentiaire FO).

Les directives

Ce sont des normes d'orientation fixant de façon préalable les principes qui guideront l'action administrative dans certains secteurs. Elles visent à améliorer, rationaliser, l'action administrative. Le chef de service donne à ses subordonnés ainsi qu'à lui-même, une sorte de ligne de conduite. Selon le Conseil d'État, la directive ne doit pas modifier, par elle-même, **la situation juridique des intéressés** (11 décembre 1970, Crédit Foncier de France). L'autorité destinataire d'une directive conserve une marge d'appréciation (Conseil d'État, 18 novembre 1977, Ent. Marchand). Depuis la loi du 17 juillet 1978 les directives sont publiées. Simple mesure d'ordre intérieur, la directive n'est examinée par le juge que par voie d'exception lors d'un recours contre une décision en faisant application.

Les mesures d'ordre intérieur

Règles de vie administrative d'un service (ex : modification d'emploi du temps d'un professeur ou avertissement simple à l'armée), le juge les considère en principe comme non exécutoires et ne faisant donc pas grief (sauf si elle porte atteinte au statut juridique des agents). Certaines mesures peuvent toutefois causer des torts aux usagers et le juge exerce son contrôle sur celles qui font grief (ex : refus de passage d'un élève en classe supérieure ou certaines punitions pénitentiaires, Conseil d'État, 14 décembre 2007, Min. de la Justice c/M. Boussouar, 3 arrêts : CE, 27 janvier 2005 Ramirez Sanchez c/France). Le juge tend à développer son contrôle dans ce domaine notamment sur les mesures valant actes préparatoires à une décision.

2 Le régime juridique de l'acte administratif unilatéral

Les actes administratifs obéissent à des règles de forme et de fond précises. Ils bénéficient aussi d'une exécution spécifique.

a. Règles de fond

L'élaboration

Il y a d'abord les règles de compétence. Elles sont d'ordre public c'est-à-dire invocables à tout moment d'un procès par les parties ou d'office par le juge. Quant à leur contenu on distingue : l'obligation pour l'administration de décider (Conseil d'État, 18 juin 1954, Dame Flament), le parallélisme des formes : une autorité qui a pris une décision est seule compétente pour la modifier ou l'abroger (Conseil d'État, 13 mars 1953, Teissier), les délégations de compétence (3 conditions : autorisation par un texte ; sur la base d'une décision en principe explicite, expresse et publiée ; délégation partielle de compétences). Sur la délégation on distingue : la délégation de pouvoir (qui s'attache à la fonction et non à la personne, Conseil d'État, 5 mai 1950, Buisson et 12 décembre 1969, André) et la délégation de signature (attachée en principe à la personne qui exerce pour le compte et au nom du délégant certaines attributions).

Le juge exerce un contrôle sur la compétence et peut relever 3 types d'incompétences : matérielle, territoriale, temporelle. Toutefois, le juge peut admettre un affranchissement des règles de compétence dans deux cas : la théorie du « fonctionnaire de fait » (Conseil d'État, 5 mars 1948, Marion) et en cas d'urgence (Conseil d'État, 5 octobre 1979, Chambre d'agriculture de la Charente).

Les procédures

Il existe deux sortes de procédure : celles **consultatives** et celles **contradictoires.** Dans le premier cas, l'administration prend des avis de spécialistes, d'experts, de commissions, pour l'éclairer. Il existe alors diverses sortes d'avis : non obligatoire, obligatoire, conforme. La loi du 17 mai 2011 a instauré des « consultations ouvertes » dites aussi grand public (associations, particuliers sur internet).

Les procédures contradictoires permettent à une personne, préalablement à une décision, de présenter ses observations. Ces procédures sont aménagées par les textes et la jurisprudence dans trois cas : respect des droits de la défense (avec son corollaire la « communication du dossier ») érigé en principe général du droit par le Conseil d'État (5 mai 1944, dame veuve Trompier-Gravier et 26 octobre 1945, Aramu), les mesures prises *intuitu personae* (Conseil d'État, 24 juin 1949, Nègre), les relations administrations/administrés notamment basées sur l'accès aux documents administratifs (obligation d'accuser réception des demandes pour l'administration, réorientation des demandes mal orientées, incitations aux administrés de régulariser une demande entachée d'un vice de forme ou de procédure (loi du 17 mai 2011), favoriser l'échange d'informations entre administrations (loi du 17 mai 2011), procédure contradictoire préalablement à un acte individuel soumis à obligation de motivation (loi du 12 avril 2000, Conseil d'État 3, avril 2002, Soc. Labo'life Espana).

Notons qu'en matière d'accès aux documents administratifs, c'est la loi du 17 juillet 1978 (modifiée par la loi du 12 avril 2000 et par l'ordonnance du 6 juin 2005) qui fait autorité en donnant aux usagers le droit d'accès aux documents administratifs. Tout refus doit être arbitré par la CADA avant que d'être examiné par le juge.

b. Les règles de forme

En principe, une décision administrative se présente sous forme écrite et explicite. Elle est composée de formalités non substantielles (par ex. visa = ensemble des textes législatifs ou réglementaires sur lesquelles la décision se fonde ou avis) et de formalités substantielles (signature, contreseing quand il est obligatoire et surtout la motivation). L'obligation de motiver implique pour l'autorité qui prend certaines décisions, de préciser clairement les motifs (= raisons) qui l'animent. « Pas de motivation sans texte » selon l'adage.

C'est la loi du 11 juillet 1979 qui a instauré la motivation des actes administratifs et l'amélioration des relations administrés/administration. Selon cette loi deux catégories de textes sont à motiver : les décisions individuelles défavorables à leurs destinataires (ainsi que, depuis la loi du 17 janvier 1986, celles refusant une autorisation, et les décisions de rejet des recours administratifs préalables obligatoires selon la loi du 17 mai 2011) et celles dérogeant aux lois et règlements (droit du travail et urbanisme). L'urgence absolue et le secret sont les principales causes dérogatoires à l'obligation de motivation.

Quant à ses caractéristiques, la motivation doit en principe être précise et complète notamment sur les faits (Conseil d'État, 24 juillet 1981, Belasri). Un défaut (absence ou insuffisance) de motivation est un vice de forme passible de l'annulation de la décision par le juge.

3 L'exécution des actes administratifs unilatéraux

Plusieurs étapes sont à analyser ici.

a. L'entrée en vigueur

Les actes administratifs sont d'abord soumis à une **obligation de publicité.** C'est l'opération qui permet de porter l'acte à la connaissance des administrés. Elle les rend opposables et invocables à ces derniers. Ainsi l'acte entre en vigueur et le délai de recours contentieux court. Cette publicité se fait selon deux procédures.

- La **notification** des actes individuels : elle se fait par LRAR. Le juge admet qu'en cas de pluralité de personnes, une publication peut se faire en complément (permis de construire par ex). Les décisions individuelles favorables entrent en vigueur dès leur signature sans attendre la notification (Conseil d'État, 19 décembre 1952, Mattéi). Celles défavorables doivent être notifiées. Depuis le décret du 29 juin 2004 certains actes (ex : certaines nominations) sont publiés uniquement par voie électronique, dans le cadre de la dématérialisation.
- La **publication** des actes réglementaires : les actes des principales autorités administratives (Premier ministre, chef de l'État) sont publiés au JORF, version papier, mais aussi depuis le 1er juin 2004, sous forme électronique. Les actes des autorités déconcentrées le sont dans un recueil des actes administratifs départementaux (arrêté préfectoral). Les actes des collectivités territoriales le sont par affichage mais aussi dans un recueil spécial voire sur support numérique. L'entrée en vigueur d'un acte réglementaire est conditionnée par cette publication. Toutefois celle-ci ne suffit pas toujours à déclencher son application. L'entrée en vigueur peut se faire après la publicité. (ex : règlement). Certains actes des collectivités décentralisées sont subordonnés, pour s'appliquer, à l'avis du préfet après publication.

Le Conseil d'État exige que l'administration publie dans un « délai raisonnable » les règlements qu'elle édicte (12 décembre 2003, Syndicat des commissaires et hauts fonctionnaires de la police nationale).

La non-rétroactivité des actes administratifs : en principe les actes ne peuvent produire des effets remontant à une date antérieure à celle de leur entrée en vigueur (Conseil d'État,

25 juin 1948, société Journal l'Aurore). C'est un principe général du droit. Il existe 3 exceptions :

- l'habilitation législative (Conseil d'État, 16 mars 1956, Garrigou) ;
- les mesures de régularisation (Conseil d'État, 16 mars 1925, Rodière) ;
- les actes réglementant une situation née avant leur adoption (ex : décret de titularisation, Conseil d'État, 8 novembre 1974, Association des élèves de l'ENA).

b. La fin des actes administratifs

Sauf précision législative ou dans l'acte lui-même, un acte administratif a en principe des effets perpétuels. Seuls l'abrogation ou le retrait peuvent y mettre fin et impliquent des conséquences en matière de droits acquis.

L'abrogation

Elle permet à l'administration, par une décision nouvelle, de modifier sa réglementation ou les actes individuels, tout en garantissant une certaine stabilité des situations juridiques. Elle met fin à l'existence d'une décision pour l'avenir seulement. Il faut distinguer l'abrogation des actes réglementaires et celle des actes non réglementaires :

- **actes réglementaires :** ils peuvent être modifiés ou abrogés à tout moment (Conseil d'État, 17 juillet 1950, Delteil). Le principe est que les administrés n'ont aucun droit acquis au maintien d'un règlement, légal ou illégal. Quand ils sont illégaux et qu'elle est sollicitée, l'administration doit abroger lesdits actes (Conseil d'État, 3 février 1989, Alitalia). C'est un principe général du droit. La loi du 20 décembre 2007 oblige le pouvoir réglementaire à abroger les règlements illégaux ou devenus sans objet, soit d'office, soit à la demande d'un administré concerné. Cela vise aussi à inciter l'administration à actualiser sa production réglementaire ;
- **actes non réglementaires :** l'administration est libre d'abroger à tout moment les actes non réglementaires. Mais il faut distinguer ceux créateurs de droit (nominations, titre de séjours, permis de construire) et ceux qui ne le sont pas (autorisations de police, d'occupation du domaine public, actes obtenus frauduleusement). Dans ce dernier cas (sauf les règles de compétence, de forme et de procédure), la liberté est totale pour ceux non créateurs de droits (Conseil d'État, 22 décembre 1989, Morin ; 29 novembre 2002, Assistance pub. des hôpitaux de Marseille).

Il y a plus de difficulté pour les actes créateurs de droits. Ils ne peuvent être abrogés que s'ils sont irréguliers et dans le délai du recours contentieux qui est en principe de 2 mois (Conseil d'État, 21 janvier 1991, Pain). Il en va de même pour les décisions individuelles illégales (Conseil d'État, 6 mars 2009, M.C.). Sinon l'acte ne peut être modifié que par la voie de l'« acte contraire » dans le respect du parallélisme des formes.

Le retrait

Le retrait est la suppression rétroactive de l'acte notamment lorsque l'administration s'est trompée.

Comme le retrait fait disparaître rétroactivement l'acte (qui n'a alors jamais existé ni produit d'effet), il faut veiller aux droits acquis des administrés. Il faut également distinguer les actes légaux et illégaux :

- **retrait des actes légaux :** quand il ne crée pas de droits, le retrait est possible à tout moment sans condition. Quand il y a création de droits, le retrait est soumis à des conditions (loi, décret, décision de justice, pas de remise en cause de droits acquis par des tiers, Conseil d'État 23 juillet 1974, Min. de l'Intérieur c/sieur Gay) ;
- **retrait des actes illégaux :** non créateur de droits, il est retirable à tout moment. Créateur de droits, le retrait est soumis à des conditions strictes définies par le juge. Jusqu'en 2001 ce dernier considérait que l'objet du retrait étant de faire cesser l'illégalité, le retrait ne pouvait intervenir que durant le délai contentieux de 2 mois (Conseil d'État, 3 novembre 1922). Lorsque la publicité était incomplète ou irrégulière, le délai ne courait pas et l'acte était retirable à tout moment (Conseil d'État, 6 mai 1966, Ville de Bagneux). Le Conseil d'État a d'abord évolué en estimant que l'auteur d'un acte ne pouvait se prévaloir de sa propre erreur dans la notification pour le retirer (Conseil d'État, 24 octobre 1997, Mme de Laubier). Puis le législateur est intervenu.

La loi du 12 avril 2000 autorise le retrait pour illégalité de décisions implicites d'acceptation sous certaines conditions. C'est en 2001 que la jurisprudence Cachet est remise en cause. En effet le Conseil d'État fixe les nouvelles conditions de retrait des décisions individuelles explicites créatrices de droits que l'administration estime irrégulières (Conseil d'État, 26 octobre 2001, M. Ternon) : 4 mois de délai et plus de retrait dès qu'une action contentieuse est déclenchée. Mais cet arrêt ne vise ni les règlements, ni les actes particuliers (déclaration d'utilité publique par exemple), ni les nominations pour ordre, ni les actes frauduleux ou pécuniaires.

Dans un avis du 12 octobre 2006, le Conseil d'État a précisé que le retrait d'une décision implicite d'acceptation n'ayant fait l'objet d'aucune mesure de publicité, dont le délai légal est de 2 mois, est possible au-delà de celui-ci, dès lors qu'un recours contentieux est formé.

Quant aux décisions implicites de rejet, leur retrait pour illégalité est possible pendant le délai de recours contentieux (2 mois à la date de la décision, Conseil d'État, 26 janvier 2007, SAS Kaefer Wanner).

c. Le respect des décisions administratives

Les décisions administratives ont un caractère obligatoire tant pour les fonctionnaires que pour les administrés. Pour les faire respecter, il existe des sanctions pénales (art. R. 610-5 du Code pénal) et administratives (pécuniaires). Mais dans certains cas l'administration doit recourir à l'exécution forcée c'est-à-dire parfois le recours à la contrainte. Une décision du Tribunal des conflits (2 décembre 1902, Soc. Immobilière de Saint-Just) a posé 3 conditions :

- une autorisation expresse de la loi (ex : loi du 3 juillet 1877 sur les réquisitions militaires, loi du 22 juillet 1987 sur la sécurité civile) ;
- lorsqu'il n'y a aucune autre solution (absence de règle pénale par ex) ;
- lorsqu'il y a urgence.

Si l'administration sort de ce cadre, elle commet une voie de fait (atteinte à une liberté fondamentale ou au droit de propriété) qui relève du juge judiciaire (Conseil d'État, 18 novembre 1949, Carlier). La Cour de cassation a estimé que la seule constatation d'une voie de fait ouvre droit à réparation (Civ. 3e, 9 septembre 2009, Mme Pongérard). Le Tribunal des conflits a récemment réactivé la voie de fait notamment en matière de passeport et de zone d'attente (TC, 23 mai 2005, Haut-commissaire de la République en Polynésie française).

18 Cours
Les contrats administratifs

L'administration utilise deux types de contrat, les contrats de droit commun et les contrats administratifs. Dans le premier cas elle passe donc, comme les citoyens ordinaires, des contrats de droit privé qui relèvent du juge judiciaire. C'est le cas pour les services publics industriels et commerciaux. Mais ce sont surtout des contrats dérogatoires au droit commun qui sont passés par l'administration. Ce sont les contrats administratifs (ex : marchés publics). Ces derniers se définissent par des critères spécifiques et relèvent d'un régime spécial.

1 Les critères

Un contrat peut être administratif par détermination de la loi ou qualifié comme tel par le juge.

a. Par détermination de la loi

Il existe des contrats qui sont administratifs à la suite d'une qualification législative. C'est le cas des marchés de travaux publics (loi du 28 Pluviose an VIII) qui laissent une large part aux prérogatives de puissance publique. C'est encore le cas des contrats d'occupation du domaine public et de vente d'immeubles (art. L. 3331-1 du Code général de la propriété des personnes publiques : exploitation d'un café ou d'une partie de plage). C'est le cas des contrats de partenariat public/privé (ordonnance du 17 juin 2004). Enfin, la loi MURCEF (mesures urgentes de réformes à caractère économique et financier) du 11/12/2001 a soumis l'ensemble des marchés passés par les personnes publiques ou leurs mandataires et relevant du Code des marchés publiques, aux règles du contrat administratif (Conseil d'État, avis, 29/7/2002, Soc. MAJ Blanchisseries de Pantin). Le juge se reconnaît le pouvoir de requalifier tout contrat (Conseil d'État, avis, 16/5/2001, M^{elles} Joly et Padroza).

Mais c'est essentiellement le juge qui a dégagé deux critères pour qualifier un contrat d'administratif.

b. Les critères jurisprudentiels

Il y en a deux : le critère organique et le critère alternatif. Le premier présuppose la présence d'une personne publique au contrat. Le second celle d'une clause exorbitante du droit commun (CEDC) ou la participation à l'exécution même du service public (PEMSP).

Le critère organique

Pour qu'un contrat soit administratif, il faut que l'un des contractants soit une personne publique. C'est une condition nécessaire mais insuffisante.

Les contrats passés entre des personnes privées

Ils sont en principe de droit privé. Mais le Tribunal des conflits a admis une exception : le contrat conclu entre une société d'économie mixte concessionnaire d'autoroutes (personne privée) et des entrepreneurs (privés) pour la réalisation de travaux publics, est public et donc confié au juge administratif (TC, 8 juillet 1963, Soc. Ent. Peyrot). Quelques années plus tard, le Conseil d'État (30 mai 1975, Soc. d'Équipement de la région Montpelliéraine) et à nouveau le TC (7 juillet 1975, commune d'Agde) ont étendu la jurisprudence Peyrot aux travaux d'aménagement urbain. Plus tard, le Conseil d'État a estimé que la nature administrative d'un contrat autoroutier reposait essentiellement sur l'objet du contrat (3 mars 1989, Soc. des autoroutes de la région Rhône-Alpes).

Les contrats entre personnes publiques

Jusqu'en 1983 ils étaient administratifs si, outre la présence de personnes publiques, ils contenaient des clauses exorbitantes du droit commun ou une participation à l'exécution même du service public. En 1983, le TC a estimé qu'« un contrat conclu entre deux personnes publiques revêt en principe un caractère administratif » (21 mars 1983, UAP). Il y a donc présomption simple d'« administrativité ». C'est-à-dire que des exceptions peuvent exister. Ainsi un contrat qui, par son objet, ne fait naître que des rapports de droit privé, relève de ce dernier (ex : contrat de gestion du domaine privé d'une collectivité). Mais, de plus en plus, le juge se réfère au critère alternatif.

Le critère alternatif

Il s'agit soit de la clause exorbitante du droit commun, soit de la participation à l'exécution même du service public. Depuis la loi MURCEF de 2001, ce critère a perdu une part de son intérêt (Conseil d'État, 3 juin 2009, OPAC du Rhône).

La clause exorbitante du droit commun

C'est le plus ancien critère défini par le Conseil d'État (31 juillet 1912, Granits Porphyroïdes des Vosges) : un contrat est administratif dès qu'il comporte une clause exorbitante du droit commun. Il existe plusieurs types de clause exorbitante du droit commun : clause inhabituelle dans les contrats privés (ex : tarifs imposés, exonérations fiscales, cahier des charges), clause mettant en œuvre des prérogatives de puissance publique (droit de contrôle de l'administration, pouvoir de résiliation). La faculté pour les parties de mettre fin au contrat n'est pas une clause exorbitante (TC, 12 décembre 2011, commune de Nouméa).

Le critère de la clause exorbitante du droit commun a été renouvelé avec la notion de régime exorbitant du droit commun (Conseil d'État, 19 janvier 1973, soc. Rivière du Sant). Dès lors, un contrat peut être administratif si son régime est exorbitant du droit commun. Ledit régime peut-être implicite au contrat. Le juge se base alors sur l'« environnement juridique » du contrat voire une « ambiance de droit public » pour le caractériser. On l'a dit, la loi MURCEF en soumettant au Code des marchés publics un grand nombre de contrats, a relativisé la notion de clause exorbitante du droit commun.

La PEMSP (participation à l'exécution même du service public)

Le Conseil d'État a, dans un premier temps, reconnu implicitement cette clause en validant le but de service public dans un contrat de concession (4 mars 1910, Thérond). C'est plus tard qu'il a consacré explicitement celle-ci (20 avril 1956, Époux Bertin). En l'espèce, il a estimé qu'un contrat verbal passé par des particuliers avec une administration pour venir en aide à des réfugiés russes en 1944, avait « pour objet de confier (...), aux intéressés l'exécution même du service public (du rapatriement) ». C'est cet arrêt Bertin qui a aussi permis au Conseil d'État de poser la règle du critère alternatif : est administratif le contrat comportant une clause exorbitante du droit commun ou dont l'objet est de l'exécution même du service public. Par participation à l'exécution même du service public il faut entendre une participation directe qui peut se manifester dans 3 types de contrats : ceux où le cocontractant participe à l'exécution même du service public (ex : délégation de service public), ceux comportant une participation directe à l'exécution du service public (certains contrats d'embauche), ceux étant une modalité d'exécution du service public (contrats de fourniture de biens ou de service, Conseil d'État, 26 juin 1974, Soc. La Maison des Isolants de France ; contrats d'aide aux entreprises en difficulté TC, 23 octobre 2000, Matois).

En matière de contrats d'embauche, le TC a posé la règle selon laquelle les agents des services publics administratifs étaient des agents publics quel que soit leur emploi (25 mars 1996, Berkani). Le Conseil d'État l'a confirmé (26 juin 1996, commune de Cereste c/Moreschi). Mais le TC a cependant fixé par la suite une limite législative à ce principe (23 novembre 2009). La loi du 12 avril 2000 a posé la règle selon laquelle les agents administratifs de catégorie C non titulaires pouvaient bénéficier d'un CDI de droit public. Cependant, le législateur a qualifié de contrats de droit privé ceux faisant participer le cocontractant à l'exécution d'un service public administratif (emplois-jeunes, emploi-solidarité, etc.).

En revanche ne sont pas administratifs les contrats fixant une simple participation aux besoins ponctuels d'un service (ex : fourniture de matériel).

2 Le régime juridique du contrat

Il faut envisager d'abord la formation du contrat puis l'exécution et enfin le contentieux.

a. La formation du contrat

L'administration est soumise à certaines contraintes et elle n'est pas toujours libre de choisir son cocontractant (sauf délégation de service public). Notamment pour les marchés publics régis par le Code du même nom (Conseil d'État, 21 février 2011, Ophis, communauté d'agglo c/ClermontCommunauté).

Présentation des contrats

En principe, le contrat se présente sous forme écrite notamment pour les marchés publics. Il y a d'abord des clauses relatives à l'objet du contrat et au prix. Il existe ensuite des cahiers des charges, sorte de modèles, que les parties suivent essentiellement pour sécuriser le marché. Il existe 2 sortes de documents au sein des cahiers des charges :

- les « documents généraux » : cahiers des clauses administratives générales et cahiers des clauses techniques générales ;
- les documents particuliers : cahiers des clauses administratives particulières et cahiers des clauses techniques particulières.

On dénombre 3 principales catégories de contrats.

Les marchés publics (MP)

Le Code de marchés publics (dont la dernière réforme date du 23 juillet 2015 et est effective depuis le 1er semestre 2016) définit le marché public : « contrat conclu à titre onéreux avec des personnes publiques ou privées par des personnes morales de droit public (...), pour répondre à leurs besoins en matière de travaux, de fournitures ou de services » (art. 1 du CMP).

Il existe 3 types de marchés publics : fournitures (produits ou matériels : produits alimentaires, produits de bureau, etc.), services (formation de personnel, études, etc.) et travaux (bâtiments, génie civil, etc.). Les personnes soumises aux marchés publics sont : l'État et ses établissements publics administratifs, les collectivités territoriales et leurs établissements publics et les mandataires des personnes publiques. Ce sont « les pouvoirs adjudicateurs » (art. 2 CMP). À noter qu'une ordonnance du 23 juillet 2015 transpose deux directives européennes en fixant de nouvelles règles sur les marchés publics.

Les contrats de délégation de services publics (CDSP)

Mis en place par la loi LMURCEF (2001), la délégation de services publics est « un contrat par lequel une personne morale de droit public confie la gestion d'un service public dont elle a la responsabilité à un délégataire public ou privé » (art. L. 1411-1 et suiv. du CGCT). La rémunération est « substantiellement » liée aux résultats d'exploitation du service (Conseil d'État, 30 juin 1999, SMITOM). Le choix du délégataire se fait *intuitu personae*. Le rôle du délégataire est de construire des ouvrages ou d'acquérir des biens pour le service. Il existe 2 principaux types de délégation de services publics : les contrats de concession (réalisation d'un équipement public et la gestion qui y est attachée), les contrats d'affermage (la personne publique ayant réalisé investissements et travaux confie l'exploitation à un « fermier »). Ce sont là des contrats dits aux risques et périls du délégataire.

Notons que le caractère de délégation de services publics des contrats de gérance et de régie intéressée est contesté car ils ne sont plus basés sur une rémunération substantielle (Conseil d'État, 16 avril 1996, commune de Lambesc). Les contrats de délégation de services publics obéissent à des règles précises : liberté d'accès à la commande publique, égalité de traitement des candidats, transparence des procédures. À ce dernier titre les délégations de services publics sont soumises à une publicité préalable y compris au niveau communautaire (loi du 29 décembre 1993). Le Conseil d'État impose d'ailleurs une obligation générale d'information des candidats sur les critères de sélection des offres avant leur dépôt (23 décembre 2009, établissement public de Versailles).

Les contrats de partenariat public/privé (CPPP)

D'inspiration libérale, ils sont inspirés des *Private Finance Initiative* mis en place en Grande-Bretagne en 1992. Institués par l'ordonnance du 17 juin 2004, ils ont été modifiés par la loi du 28 juillet 2008 puis celle du 17 février 2009. Une circulaire du 17 février 2009 permet aux collectivités territoriales de mieux appliquer ce type de contrats. Ils visent à associer l'entreprise privée aux services publics. L'article L. 1414-1 du CGCT précise que le contrat de partenariat public/privé permet à une personne publique de confier à une entreprise la mission globale de financer, concevoir, construire, maintenir et gérer des ouvrages ou des équipements publics et services concourants aux missions de service public de l'administration, dans un cadre de longue durée et contre un paiement effectué par la personne publique et étalé dans le temps. Cela vise : prisons, hôpitaux écoles, systèmes informatiques, etc.

Les contrats de partenariat public/privé représentent un enjeu d'environ 10 milliards d'euros. Un seuil minimal devrait être mis en place pour ces PPP.

Modes de passation

Nous allons envisager essentiellement les contrats de marchés publics. Plusieurs procédures existent.

L'appel d'offres (AO)

C'est le mode de passation normal des marchés. L'article 33 du CMP précise que c'est « la procédure par laquelle le pouvoir adjudicateur choisit l'attributaire, sans négociation, sur la base de critères objectifs préalablement portés à la connaissance des candidats ». Il existe deux types d'appel d'offres que l'administration choisit librement : l'appel d'offres ouvert quand tout candidat peut remettre une offre, l'appel d'offres restreint quand les candidats sont présélectionnés. Les critères de choix des offres sont définis dans l'avis d'appel public à la concurrence ou dans le règlement de la consultation. Le Conseil d'État autorise que ces critères soient modifiés par la suite (29 juin 2005, Commune de la Seyne/Mer). Ces mécanismes sont obligatoires pour les MP dépassant un certain seuil (135 000 euros HT pour les marchés d'État et 210 000 euros pour ceux des collectivités locales). Publicité et mise en concurrence sont obligatoires.

La procédure négociée

L'article 34 du CMP la définit : « procédure dans laquelle le pouvoir adjudicateur négocie les conditions du marché avec un ou plusieurs opérateurs économiques ». Publicité et mise en concurrence ne sont pas obligatoires.

Le dialogue compétitif

La personne publique établit un programme fonctionnel précis avec les résultats à atteindre et les besoins à satisfaire. Puis elle engage un dialogue direct avec les candidats et choisit le titulaire du marché. Le Conseil d'État veille au respect du principe d'égalité (Conseil d'État, 13 mai 1987, Soc. Isofi Isolation). Cette procédure s'applique surtout aux marchés complexes.

La procédure du concours

Après mise en concurrence et avis d'un jury, la personne publique choisit un projet ou un plan. On retrouve cette procédure notamment en matière de construction d'ouvrage public (choix d'architecte par exemple).

La procédure dite d'acquisition dynamique

Le marché n'excédant pas certains seuils, est passé selon des modes de publicité et de mise en concurrence fixés d'après l'objet et les caractéristiques dudit marché. Entièrement dématérialisée (électronique), cette procédure vise les marchés de fourniture courante.

La procédure adaptée

L'article 28 du CMP prévoit que sous les seuils des procédures formalisées, le marché peut être passé selon des modalités « librement fixées par le pouvoir adjudicateur en fonction de la nature et des caractéristiques du besoin à satisfaire, du nombre ou de la localisation des opérateurs économiques susceptibles d'y répondre ainsi que des circonstances de l'achat ». Cette procédure remplace celle des marchés sans formalités préalables.

Transparence des procédures

La mise en place d'un droit européen des marchés publics dans les années 1980, basé sur le principe de transparence, a influencé la réglementation française. La transcription de directives (en matière de marchés publics sur : eau, énergie, transports et télécoms) a permis d'améliorer les règles en deux domaines : publicité préalable et mise en concurrence. Après plusieurs lois intervenues dès les années 1990 (3 janvier 1991, 29 janvier 1993), l'article 55 du CMP prévoit une procédure de détection des **offres anormalement basses**. Il s'agit aussi de prévenir les ententes illicites entre sociétés. Le Conseil d'État est vigilant tant sur les règles communautaires que nationales (3 novembre 1997, Million et Marais).

Cette volonté de transparence joue aussi par l'extension et l'amélioration des possibilités offertes aux concurrents écartés de l'obtention d'un contrat, de saisir le juge : référé précontractuel et référé contractuel (ordonnance du 7 mai 2009, *cf.* plus loin).

De nouvelles règles d'entrée en vigueur des nouveaux textes transposant les directives européennes de mars 2014 ont été mises en place. Ainsi l'ordonnance n° 2015-899 du 23 juillet 2015 relative aux marchés publics (MP) et ses décrets d'application (n° 2016-360, MP et n° 2016-361, marchés de défense ou de sécurité) du 25 mars 2016 sont entrés en vigueur le 1er avril 2016. Ils s'appliquent aux MP pour lesquels une consultation est engagée ou un avis d'appel public à la concurrence est envoyé à la publication au 1er avril 2016.

Les nouveaux textes ne s'appliquent aux marchés subséquents et aux marchés spécifiques lorsque la procédure en vue de la passation de l'accord-cadre ou du système d'acquisition dynamique sur la base desquels lesdits marchés sont passés, a été engagée avant le 1er avril 2016.

La dématérialisation complète des procédures de passation des MP ne s'applique en principe qu'à compter du 1er avril 2016 (pour les centrales d'achat) et du 1er octobre 2018 (pour les autres acheteurs). L'accès aux données essentielles des MP (art. 107 du décret n° 2016-3560 du 25 mars 2016) devra être offert par les acheteurs sur leur profil au plus tard le 1er octobre 2018. Depuis 2018 a été mis en place un Code de la commande publique en remplacement du CMP.

b. L'exécution du contrat

Le contrat administratif est le lieu d'une confrontation inégale entre les parties, entre des intérêts privés et l'intérêt public. Si l'administration, en charge du dernier, est la partie dominante, les intérêts privés sont tout de même protégés. Il appartient au juge administratif d'arbitrer les conflits.

Les pouvoirs de l'administration

L'administration les détient en permanence, même s'ils ne figurent pas dans le contrat, et elle ne peut y renoncer. Ils sont de 4 ordres :

- **un pouvoir de direction et de contrôle :** l'administration veille à la bonne exécution du contrat mais peut aussi adresser au cocontractant des instructions et des « ordres de services ». Ce pouvoir vaut surtout pour les marchés publics ;
- **un pouvoir de modification unilatérale :** contrairement aux contrats de droit privé, ceux de droit public obéissent au principe de mutabilité : l'administration peut modifier unilatéralement le contrat au nom de l'intérêt général (Conseil d'État, 10 janvier 1902, Cie du gaz de Deville-les-Rouen ; 21 mars 1910, Cie générale française des tramways ; 2 février 1983, Union des transports publics urbains et régionaux). Il existe 3 exceptions : pas de modifications des éléments fondamentaux du contrat, ni des éléments financiers et compensation financière pour toute charge supplémentaire nouvelle ;
- **un pouvoir de sanction :** l'administration peut infliger unilatéralement des sanctions au cocontractant. Prononcées après mise en demeure, elles sont proportionnées à la

gravité des manquements et sont de 3 types : sanctions pécuniaires (pénalités de retard, amendes), coercitives (mise sous séquestre, mise en régie, exécution par défaut), résiliation du contrat ;

- **un pouvoir de résiliation :** quand l'intérêt du service l'exige, l'administration peut résilier le contrat sans le consentement du cocontractant (Conseil d'État, 2 mai 1958, Distillerie Magnac-Laval ; 2 février 1987, TV6). En principe ce dernier a droit à une compensation intégrale pour le préjudice subi. Le Conseil d'État a même ouvert au cocontractant un recours en contestation de validité de la résiliation du contrat ainsi que le droit de demander la reprise du lien contractuel (21 mars 2011, Commune de Béziers).

Les droits et obligations du cocontractant

Le contractant a d'abord deux obligations principales : exécution personnelle du contrat (mais la loi du 31 décembre 1975 permet de le céder voire de le sous-traiter) et non interruption du contrat (même si faute de l'administration).

Au niveau des droits, il en existe deux principaux :

- **en matière d'exécution**, le cocontractant bénéficie de tous les moyens pour exécuter le contrat (y compris une situation de monopole) ;
- **en matière financière**, le cocontractant a droit à l'équilibre financier du contrat, au paiement intégral du prix de sa prestation (le contrat de marché public prévoit des avances forfaitaires et des acomptes) et à des suppléments face à des difficultés imprévisibles (théorie des suggestions imprévues, ex : roche dure en cas de travaux publics).

Le respect de l'équilibre du contrat est soumis à deux théories jurisprudentielles :

- **le « fait du prince » :** c'est l'aléa administratif résultant de deux causes : soit l'exercice par une autorité publique extérieure au contrat de prérogatives de puissance publique à l'encontre du cocontractant (ex : taxation par l'État de matières premières nécessaires au contrat), soit l'autorité publique contractante prend lesdites mesures (ex : changement du sens de circulation sur une commune). Cette autorité publique (le **prince**) aggrave donc les conditions d'exécution du contrat. Le juge peut alors verser une indemnité compensatrice pour le préjudice subi ;
- **l'imprévision :** c'est l'aléa économique dû à des bouleversements économiques étrangers aux parties mais qui imposent au cocontractant, au moins temporairement, une surcharge ingérable. C'est le Conseil d'État qui a instauré cette notion (30 mars 1916, Cie générale d'éclairage de Bordeaux) qui vise à assurer, autant que faire se peut, la continuité du contrat et le partage de l'aléa entre les parties. Trois conditions existent : imprévisibilité des faits (guerre, cataclysme naturel, crise économique), faits indépendants de la volonté des parties (Conseil d'État, 5 novembre 1982, soc. Propétrol), bouleversement effectif de l'exécution du contrat (un simple déficit ne vaut pas). Étant donné que l'on est alors dans une phase quasi « extracontractuelle », le juge va œuvrer à garder l'équilibre financier global du contrat. Il versera une indemnité d'imprévision représentant la part aléatoire, hors contrat, supportée par le cocontractant (environ 90 %). Cette indemnité d'imprévision est temporaire. Si le rétablissement de la situation est impossible, soit un nouveau contrat est passé, soit on bascule dans un cas de force majeure justifiant la résiliation du contrat (Conseil d'État, 9 décembre 1932, Cie des Tramways de Cherbourg).

c. La fin du contrat

Elle résulte de 3 situations :

- **l'échéance normale :** les parties ont exécuté leurs obligations et, à l'expiration du contrat, celui-ci s'achève ;
- **la résiliation** (*cf.* précédemment) ;
- **l'annulation par le juge :** s'il est saisi d'une action en nullité d'un contrat, le juge de plein contentieux intervient. Il peut soulever d'office deux cas de nullité, illicéité du contenu du contrat ou grave vice (consentement par ex). Autrement, le juge décide soit de la continuité du contrat, soit de sa résiliation. S'il est saisi d'une exception de nullité, le juge analyse l'exécution du contrat. Il apprécie, au vu des vices soulevés, les conséquences de l'annulation sur la continuité ou la validité de celui-ci (Conseil d'État, 9 avril 2010, commune de Levallois-Perret). Pendant très longtemps seules les parties à un contrat pouvaient en principe demander au juge de l'annuler (Conseil d'État, 1er octobre 1905, Martin). En 2007 le Conseil d'État a opéré un revirement en ouvrant cette possibilité aux concurrents évincés de la passation d'un contrat (16 juillet 2007, Soc. Tropic). Ces derniers peuvent même saisir le juge en référé qui peut ordonner, à titre conservatoire, la suspension de l'exécution du contrat (référé-suspension). Ce **recours Tropic** a été confirmé par le **référé-contractuel** institué par l'ordonnance du 7 mai 2009 (transposant une directive européenne du 11 décembre 2007). Ce référé reste cependant secondaire par rapport au référé précontractuel (institué par la loi du 29 janvier 1993 dite « anti-corruption », modifiée par celle du 30 juin 2000 et visant les obligations en matière de publicité et de concurrence) qui demeure la voie principale de contestation des procédures de passation des marchés publics.

Cours

19 La notion de service public

Le service public est la principale raison d'être de l'administration. Durant des siècles, le service public fut le fondement de toutes les spécificités du droit administratif puis la notion a évolué.

1 La notion de service public

La notion est polymorphe. Classiquement le service public se définit par 3 éléments :

- **organique :** des moyens humains et matériels affectés à une même tâche par une personne publique ;
- **matérielle :** une activité d'intérêt général contrôlée par l'administration ;
- **juridique :** des modes d'action dérogatoires au droit commun.

C'est le juge qui a d'abord dégagé la notion de service public (TC, 8/2/1873, Blanco qui consacre l'expression service public ; Conseil d'État, 6 février 1903, Terrier et 4 mars 1910, Thérond sur les critères du service public).

L'interventionnisme croissant de l'État (nationalisations) mais aussi l'intrusion de modes de gestion privée dans la sphère étatique (privatisations), ont amené une évolution de la notion de service public. De même, la construction européenne a imposé l'ouverture du service public à la concurrence. Ce qui fait qu'il existe plusieurs types de service public.

La distinction principale se fait entre les services publics administratifs (SPA) et les services publics industriels et commerciaux (SPIC). En principe, les premiers obéissent à une gestion publique alors que les seconds ont une logique privée. Les rapports entre les SPA, leurs usagers, leurs personnels et les tiers relèvent du droit public. Ceux entre les SPIC et ces mêmes catégories sont soumis au droit privé. Il existe aussi des services publics sociaux (SPS) et des services marchands et non marchands.

a. SPA/SPIC

La distinction textuelle

La qualification donnée par la loi s'impose et fixe le régime applicable au service ainsi que le juge compétent pour trancher le contentieux. La qualification donnée par un règlement est plus relative. Elle ne lie pas le juge qui se base alors sur la nature réelle de l'activité.

La distinction jurisprudentielle

C'est le juge qui a dégagé les 3 critères pour identifier un service public :

- l'objet du service : le SPIC a une activité analogue à une entreprise privée mais ce critère a été limité par le Conseil d'État qui a considéré qu'une activité d'inspiration commerciale (l'ancien bac de l'île de Ré) avait un caractère administratif (Conseil d'État, 10 mai 1975, Desnoyez et Chorques) ;

- l'origine des ressources financières : si elles proviennent des redevances versées par les usagers, c'est un SPIC. Mais si elles sont issues de recettes fiscales ou de subventions publiques, on est en présence d'un SPA (Conseil d'État, 16 novembre 1956, union syndicale des industries aéronautiques) ;
- les modalités de fonctionnement : certaines peuvent révéler le caractère administratif du service (gestion directe par personne publique, absence de bénéfices, gratuité, monopole). En revanche une majorité de procédés de droit privé relève en principe d'un SPIC.

b. Services publics sociaux (SPS)

C'est le juge qui a d'abord consacré en tant que service public à gestion privée, une colonie de vacances du ministère de l'Industrie en raison de son objet social (TC, 22 janvier 1955, Naliato). Le contentieux de l'accident survenu à un enfant avait même été confié au juge judiciaire. Mais par la suite les juges n'ont pas confirmé et ont préféré, au cas par cas, soumettre ces services sociaux spécifiques au régime de droit public (Conseil d'État, 27 janvier 1971, Caisse des écoles de la Courneuve ; TC, 4 juillet 1983, Gambini).

Il s'avère donc que les SPS ne sont pas une catégorie à côté des SPA et des SPIC.

c. Les services marchands et non marchands

C'est le droit communautaire qui a mis en place cette distinction. Les entreprises publiques ou privées œuvrant sur le marché intérieur doivent respecter les règles de la concurrence (CJCE, 23 avril 1991, Hofner ; COM 2000-580). Dès lors, les services marchands correspondent donc au SPIC mais aussi à certains SPA (logement social, cantines scolaires) qui sont soumis à la concurrence ainsi qu'au Conseil de la concurrence. Les services non marchands (sans activité économique = la majorité des SPA : justice, police, sécurité sociale) ne sont pas soumis en principe à cette concurrence mais le sont au juge administratif.

De son côté, le Code de commerce soumet les acteurs économiques, y compris certaines personnes publiques, à la concurrence (art. L 410-1 et s).

2 Le régime juridique du service public

S'il est encore largement dérogatoire au droit commun (droit de la fonction publique, contrats, domanialité publique par ex), certains services s'inspirent de plus en plus de modes de gestion privée (SPIC) et recourent à des contrats civils et commerciaux. Et le recul voire le désengagement de l'État au profit de modes de gestion privée, s'est accéléré depuis quelques années.

a. La création des services publics

Avant 1958, le juge estimait que le service public ne pouvait en principe être créé ou supprimé que par voie législative (Conseil d'État, 13 novembre 1953, industries du commerce de la chasse). La Constitution de 1958 n'en fait pas une compétence législative expresse (l'art. 34 C. n'envisage par ex que « la création de catégories d'établissements publics et les nationalisations »). Dès lors c'est le pouvoir réglementaire qui doit en principe intervenir. Il s'avère que les administrés n'ont droit ni à la création, ni au maintien d'un service public (Conseil d'État, 18 mars 1977, chambre de commerce de La Rochelle), sauf disposition constitutionnelle ou législative. Par ailleurs, ils ont droit aussi au fonctionnement normal et régulier du service public existant. En cas de carences, une voie de recours est ouverte devant le juge administratif (Conseil d'État, 21 décembre 1906, Syndicat de propriétaires et contribuables du quartier Croix de Seguey-Tivoli).

Il s'avère que, selon le Conseil constitutionnel, la création et la suppression des services publics nationaux relèvent du législateur (16 janvier 1982, nationalisations ; 25-26 juin 1986, privatisations). De même, afin de respecter l'édification d'un marché intérieur européen tendant à la réduction des monopoles publics, c'est au législateur de supprimer lesdits monopoles au fur et à mesure de l'ouverture des domaines concernés (transport aérien, poste, etc.).

La création ou la suppression de services publics locaux relève des collectivités territoriales depuis la loi de 1982. Notamment à travers la notion d'intérêt public local (Conseil d'État, 23 juin 1972, soc. de la plage de la forêt, 31 mai 2006, ordre des avocats au barreau de Paris) qui permet la création de service public pour répondre à un besoin non satisfait par le privé (camping municipal, cabinet dentaire par ex). Mais l'État ou les collectivités locales ont dû longtemps respecter scrupuleusement la liberté du commerce et de l'industrie (Conseil d'État, 30 mai 1930, chambre du commerce et de l'industrie de Nevers). Sous l'influence du droit communautaire, le Conseil d'État a assoupli les règles et estimé que les activités de service public définies par la loi échappaient aux règles des entreprises commerciales (31 mai 2004, AOK).

On peut désormais dire que l'intervention économique d'une personne publique est légale si la concurrence créée est nécessaire à la satisfaction de l'intérêt général.

b. Les lois du service public

On les appelle aussi **lois de Rolland** et elles sont basées sur trois principes.

Continuité

C'est d'abord un principe de valeur constitutionnelle (Conseil constitutionnel, 25 juillet 1979). Il suppose que la création du service public procède d'un besoin permanent : une fois en place, le service public doit fonctionner de façon continue. Selon le Conseil d'État c'est même un principe fondamental (13 juin 1980, Bonjean). Ce principe doit cohabiter avec l'exercice du droit de grève consacré par le Préambule de 1946 (interdit dans le service public avant 1946). Ainsi certains agents sont interdits de grève (Conseil d'État, 7 juillet 1950, Dehaene : policiers, magistrats, militaires par ex). En tout état de cause pour les autres agents, un service minimum peut-être imposé par l'administration (Conseil d'État, 9 décembre 2003, Mme Aiguillon).

Ces dernières années un encadrement du droit de grève a été mis en place. Depuis la loi du 21 août 2007, un service minimum a été instauré dans les transports terrestres réguliers de voyageurs. C'est la même chose avec la loi du 23 juillet 2008 sur le service minimum d'accueil dans les écoles.

Mutabilité

On parle aussi du principe d'adaptation du service public. Il signifie que pour répondre aux besoins de la collectivité qui évoluent, le service public doit s'adapter. Cela veut dire que personne ne peut se prévaloir d'un droit acquis au maintien d'un statut en vigueur. Agents et usagers des SPA sont dans une situation **légale et réglementaire** fixée par les lois et décrets (Conseil d'État, 12 février 1982, Université de Paris VII). Seuls les agents contractuels peuvent prétendre à une indemnité compensatrice en cas de changement de statut. Les usagers doivent supporter automatiquement les hausses de tarifs sous réserve du principe de non-rétroactivité (Conseil d'État, 25 juin 1948, Soc. Journal l'Aurore). L'administration est théoriquement libre de supprimer certains services publics (Conseil d'État, 27 janvier 1961, Vannier) sauf ceux que la loi rend obligatoire (domaines régaliens). L'État reste responsable des dysfonctionnements de ses services publics sous le contrôle du juge. C'est le juge qui concilie ce principe de mutabilité avec d'autres concernant le droit des contrats (liberté contractuelle, sécurité juridique, libre administration des collectivités par exemple Conseil d'État, 8 avril 2009, Cie générale des eaux c/commune d'Olivet).

Égalité devant le service public

Rappelons qu'il est issu du principe d'égalité défini par la déclaration de 1789 (art. 7). De même, le principe d'égalité devant la loi a été érigé en principe à valeur constitutionnelle par le Conseil constitutionnel. Le juge administratif en a fait un principe général du droit (PGD). Dès lors, ce principe implique que tous les administrés se trouvant dans une situation similaire vis-à-vis du service public doivent avoir le même traitement. Cela veut dire aussi qu'une discrimination est possible entre les personnes qui ne sont pas dans des situations comparables. Trois situations existent :

- entre les agents publics : égalité d'accès à la fonction publique (Conseil d'État, 26 mai 1954, Barel ; 10 avril 2009, El Haddioui), égalité de traitement des fonctionnaires d'un même corps (Conseil d'État, 26 octobre 1979, Milan, 10 janvier 2005, Hardy et Le Cornec ; 26 juin 2009, Raffiet Quarello) ;
- entre usagers du service public : en principe égalité de traitement envers ceux qui sont en situation identique service (Conseil d'État, 9 mars 1951, Soc. des Concerts du conservatoire). Mais l'administration peut discriminer les usagers dans des situations différentes (Conseil d'État, 10 mai 1974, Denoyez et Chorques) ou quand l'intérêt général le justifie (Conseil d'État, 24 avril 1964, SA de livraisons industrielles et commerciales). Lorsque les discriminations sont injustifiées, le juge sanctionne (Conseil d'État, 6 janvier 1967, Ville d'Elbeuf, 10 juillet 1995, Contremoulin). Désormais les collectivités publiques peuvent donc moduler les tarifs de tous leurs services publics administratifs et facultatifs selon le revenu des usagers (Conseil d'État, 29 décembre 1997, 2 arrêts, communes de Gennevilliers et de Nanterre) ;
- un **corollaire** existe en rapport avec l'égalité : la neutralité (Conseil constitutionnel, 18 septembre 1986, service public de l'audiovisuel, Conseil d'État, avis, 27 novembre 1989, foulard islamique ; Conseil d'État, 20 octobre 1999, Ait Ahmad ; Conseil d'État, avis, 3 mai 2000, Melle Marteaux, foulard islamique au sein des agents de l'État ; loi du 15 mars 2004 ; Conseil d'État, 5 décembre 2007, 2 arrêts, M. Singh, M. et Mme G. ; loi du 11 octobre 2010 sur le niqab). L'obligation de neutralité impose aux agents publics, à titre personnel et dans leurs actes, d'agir uniquement dans l'intérêt du service public. Principe constitutionnel, elle n'est pas pour autant un élément constitutif de l'obligation de réserve. Également, sa neutralité implique l'impartialité. Le problème majeur en matière de neutralité, ce sont les signes religieux. La jurisprudence, on l'a vu, s'est multipliée en se durcissant. Tout signe ostentatoire est interdit à tout agent du service public. L'infraction à ce principe jurisprudentiel constitue une faute (grave) sanctionnable notamment par une mesure de suspension (compatible avec l'article 9 de la CEDHLF).

Traditionnellement on présente aussi dans les **lois de Rolland** la gratuité. C'est un principe en voie de disparition.

La police administrative

La Déclaration de 1789 énonce en son article 12 que « la garantie des droits de l'homme et du citoyen nécessite une force publique; cette force est donc instituée pour l'avantage de tous, et non pour l'utilité particulière de ceux à qui elle est confiée ». Cette force publique n'est autre que l'ancêtre de la police. Dès lors, on mesure le rôle originel et toujours actuel de cette dernière : protéger les droits et libertés des citoyens. Les autorités de police sont, rappelons-le : le Premier ministre sur l'ensemble du territoire (Conseil d'État, 8 août 1919, Labonne), le ministre de l'Intérieur (supérieur hiérarchique des préfets et personnels de police), les préfets (préfets de police) et sous-préfets, le président du CD, le maire.

Du point de vue fonctionnel, la police désigne un service public régalien dont le but est de maintenir l'ordre public, soit préventivement (police administrative), soit de façon répressive (police judiciaire).

1 Caractères généraux

On distingue la police administrative générale (PAG) des polices administratives spéciales (PAS).

a. La police administrative générale

Il faut d'abord analyser son **but** : il s'agit de prévenir les atteintes à l'ordre public c'est-à-dire que la police administrative générale est là pour éviter tout trouble au dit ordre (Conseil d'État, 22 octobre 2003, Soc. des Sablières de la Pêche).

C'est avant tout par son caractère préventif, voire dissuasif, que la police administrative générale se distingue notamment de la police judiciaire qui a, elle, un caractère répressif (rétablissement de l'ordre public à la suite d'une infraction).

Les différentes polices

Police	administrative	judiciaire
Objet	prévention du désordre	répression du désordre
Compétence	pouvoir exécutif	autorité judiciaire
Contentieux	juge administratif	juge judiciaire

En pratique, la distinction n'est pas toujours aisée. D'abord parce que, pour l'essentiel, les agents sont les mêmes, et ensuite parce que les deux polices sont parfois imbriquées. Par exemple un contrôle d'alcoolémie est fait dans le cadre de la police administrative générale. Si l'automobiliste cherche à s'y soustraire en prenant la fuite ou en fonçant sur les policiers, l'opération devient judiciaire. D'autres opérations sont mixtes : la suspension d'un permis de conduire mêle droit administratif (suspension sur le champ en cas de grand excès de vitesse) et droit pénal (convocation devant une juridiction pénale, Conseil d'État, 19 mars 2003, Leclère). Le critère essentiel de distinction se trouve dans la finalité de l'opération, de l'acte, dans l'intention de leur auteur, dans leur rapport avec une infraction pénale déterminée (Conseil d'État, 11 mai 1951, Baud, 24 juin 1960, Soc. Frampar).

La **notion d'ordre public** a évolué : la police administrative générale veille à la préservation de 3 domaines classiques : tranquillité, sécurité et salubrité (art. L. 131-2 du Code des communes). Mais l'évolution de la société (transports, chômage, émigration, droit communautaire, urbanisation, etc.) a donné de nouvelles perspectives à l'ordre public. Ainsi a-t-on vu apparaître la notion d'« **esthétique publique** » visant la préservation de l'environnement aussi bien naturel qu'architectural (Conseil d'État, 3 juin 1938, Usines Renault; 18 février 1972, Chambre syndicale des entreprises artisanales du bâtiment de Haute-Garonne; 5 novembre 2008, communes de Saint-Nazaire et Carene). Il y a eu aussi une prise en compte de la « **morale publique** » (ordre moral). Ainsi le caractère immoral d'un film peut justifier l'interdiction de projection par un maire (Conseil d'État, 18 décembre 1959, Films Lutetia; 26 juillet 1985, ville d'Aix-en-Provence). De même, la police administrative générale peut mettre fin à des troubles issus d'activités contraires aux bonnes mœurs (Conseil d'État, 30 septembre 1960, Jauffret; 19 juin 1974, Broutin). C'est aussi sur le respect de la dignité humaine que la police administrative générale est intervenue (Conseil d'État, 27 octobre 1995, 2 arrêts, commune de Morsang-sur-Orge et ville d'Aix-en-Provence : à propos de jeux forains de lancer de nains).

Enfin, la protection des individus contre eux-mêmes mais aussi celle des tiers usagers de la route ont été incluses dans l'ordre public (Conseil d'État, 4 juin 1975, Bouvet de Maisonneuve : à propos du port du casque et de la ceinture de sécurité).

En revanche, le juge est vigilant pour poser des limites aux autorités de police administrative tentées d'user de leurs pouvoirs à des fins autres que celles fixées par la loi ou la jurisprudence (CAA Versailles, 6 décembre 2004, communes de Pierrefitte, Stains et Villetaneuse : à propos de coupures d'électricité dans des logements sociaux; ou encore la censure d'arrêtés municipaux anti-mendicité, tribunal administratif Pau, 22 novembre 1995, Couveinhas Jacques, ou « couvre-feu »).

b. Les polices administratives spéciales

Elles ont un objet particulier, selon l'activité, les personnes, les lieux et le but. Également elles sont régies par des textes spécifiques : police de la pêche, des jeux, des nomades, des étrangers, des aéroports, des débits de boissons, du cinéma, etc. Elles ont comme but de préserver un aspect de l'ordre public. Les autorités compétentes sur ces polices sont différentes des autorités classiques. Par exemple c'est le ministre de la Culture qui est compétent sur la police du cinéma. C'est le préfet qui l'est sur les gares et aéroports. Mais c'est le ministre des Transports qui gère la police des chemins de fer.

Ces polices ont parfois recours à des règles spécifiques pour agir. Ainsi, face à un édifice menaçant en ruine sur la voie publique, le préfet prend un « arrêté de péril » qui oblige les propriétaires à effectuer les travaux ou à sécuriser.

Il faut préciser enfin qu'il existe un concours des polices. En matière de police générale, l'autorité inférieure peut, sous certaines conditions, compléter les prescriptions de l'autorité supérieure seulement en les aggravant et en respectant les circonstances locales (Conseil d'État, 18 avril 1902, commune de Néris-les-Bains). La coopération se fait aussi entre polices spéciales et générales. En principe, l'existence d'une police spéciale n'est pas exclusive de l'action de la police générale quand les circonstances locales l'imposent. Là encore il ne peut y avoir qu'aggravation.

2 Le régime juridique

Les mesures de police ont un double caractère juridique.

a. Nécessaire

Toute mesure de police doit être prise en vue du maintien de l'ordre public. Mais pour protéger les libertés publiques des abus, le juge examine deux points principaux :

- si le trouble est vraiment grave et si l'ordre public ne peut être maintenu que par une interdiction, la mesure est légale (« affaires » Dieudonné). Autrement elle est annulée (Conseil d'État, 19 mai 1933, Benjamin) ;
- si l'ordre public ne peut être maintenu « par une mesure moins rigoureuse » ou si celle-ci est « nécessaire », la mesure est légale (Conseil d'État, 14 janvier 1976, Ollivon et Mauvais)

L'administration a l'obligation impérieuse de prendre les mesures de police pour appliquer une réglementation existante (Conseil d'État, 14 décembre 1962, Doublet). Elle a la même obligation pour prendre des mesures de police initiale (Conseil d'État, 29 juin 1983, Maignan). On peut s'interroger sur l'existence de « zones de non-droit » dans certaines cités où la police n'est pas toujours en mesure de maintenir l'ordre public.

b. Limité

Essentiellement par le principe de légalité et le contrôle du juge. Seul le législateur peut mettre en place un régime d'autorisation ou de déclaration préalable (Conseil d'État, 22 juin 1951, Daudignac). En principe les interdictions générales et absolues sont illégales (Conseil d'État, 5 février 1961, commune de Mougins) sauf si des circonstances le justifient (Conseil d'État, 24 octobre 1986, Fédération française des sociétés de protection de la nature). Un principe existe : **la liberté est la règle, la restriction de police l'exception** (Conseil d'État, 17 août 1917, Baldy).

21 Cours
La responsabilité des fonctionnaires

Les dommages causés par l'administration aux administrés proviennent le plus souvent d'un acte, d'un ou plusieurs de ses agents. Jusqu'en 1870, **la garantie des fonctionnaires** imposait l'autorisation du Conseil d'État pour poursuivre un des leurs (supprimée par décret du 19/9/1870). C'est le juge qui a posé les bases de la responsabilité différenciée des fonctionnaires, entre faute de service et faute personnelle (TC, 8 février 1873, Blanco).

1 Faute personnelle et faute de service

Faute personnelle : c'est celle que l'on dit aussi détachable du service, de la fonction administrative exercée. Comme l'indiquait le commissaire du Gouvernement Laferrière c'est celle qui révèle « l'homme avec ses faiblesses, ses passions, ses imprudences (…) alors la faute est imputable au fonctionnaire (…) et l'acte, perdra son caractère administratif, ne fait plus obstacle à la compétence judiciaire » (TC, 5 mai 1877, Laumonnier-Carriol). Cette faute est, en principe, dépourvue de tout lien avec le service. Elle est commise pour un mobile personnel (vengeance, haine, passion; Conseil d'État, 13 mai 1991, Soc. Mutuelles Unies). Mais elle peut aussi avoir un lien indirect, matériel ou moral, avec le service (commise pendant celui-ci ou hors de celui-ci mais avec un moyen offert par lui, ex : voiture de fonction). Le juge se base alors sur l'intention ou la gravité de la faute (Conseil d'État, 11 mai 1953, Oumar Samba; TC, 9 juillet 1953, Delaitre et dame Bernardas). Et il peut alors faire un lien entre faute personnelle et faute disciplinaire

Faute de service : c'est la faute professionnelle qui révèle un fonctionnaire qui, comme tout être humain, peut être sujet à l'erreur. Elle a un domaine large qui permet de garantir au mieux les réparations aux victimes (solvabilité de l'administration) et de laisser une marge de manœuvre aux agents dans l'exercice de leurs fonctions. Mais une faute disciplinaire peut ne pas être une faute personnelle.

Le contentieux n'est pas le même selon la faute. Celle de service est arbitrée par le juge administratif. Celle personnelle par le juge judiciaire.

2 La responsabilité des agents face à leur administration

Le dommage à un tiers peut être issu soit d'une faute personnelle, soit d'une faute de service, soit à une combinaison des deux. On parle, dans ce dernier cas, du cumul de responsabilités de la personne physique ou morale qui peut déboucher sur des actions récursoires.

a. La théorie du cumul

Elle permet de se retourner contre l'administration dans un certain nombre de cas où a été commise une faute personnelle. Ce cumul implique qu'au moins deux fautes distinctes aient été réalisées (personnelles, de service) pour causer un seul et même dommage. Le plus souvent une faute ou une carence de service (défaut de surveillance, fermeture anticipée) ont amené l'agent à fauter personnellement (Conseil d'État, 3 février 1911, Anguet). Ainsi le procès Papon fournit un bon exemple. Les victimes et/ou leurs associations ont pu mettre en cause la responsabilité personnelle de l'ancien secrétaire général de la préfecture de Gironde, en charge du service des questions juives, mais aussi celle de l'État français, initiateur d'une politique de collaboration et de déportation (Conseil d'État, 12 avril 2002, Papon). La victime peut, à sa convenance, demander réparation soit à l'administration devant le juge administratif, soit à l'agent fautif devant le juge judiciaire. La première solution étant la plus sûre au niveau financier.

Le cumul de responsabilités est en principe lancé par une seule faute, présentant les caractères d'une faute personnelle de l'agent mais n'ayant été rendue possible que par la mise à disposition de moyens, pouvoirs, instruments par le service (Conseil d'État, 26 juillet 1918, époux Lemonnier ; 2 mars 2007, Banque française de l'océan Indien). Il y a donc aussi confusion entre faute personnelle et de service. L. Blum, commissaire du Gouvernement, estima que « le service a conditionné l'accomplissement de la faute » (jurisprudence Lemonnier). Dès lors, la victime peut demander réparation soit à l'administration, soit à l'agent, soit aux deux, afin d'obtenir réparation intégrale. Si le juge exige une faute personnelle commise en dehors du service, celle-ci doit l'avoir été avec les moyens du service (Conseil d'État, 18 novembre 1949, Delle Mimeur ; 26 octobre 1973, Sadoudi). On parle aussi de « faute non dépourvue de tout lien avec le service » (TC, 26 mai 1954, Moritz). Une faute personnelle détachable du service mais indirectement reliée à lui (ex : le policier qui tire avec son arme de service contre l'amant de sa femme) entraîne en principe une double condamnation de l'agent : par la juridiction judiciaire et par celle administrative.

b. Les actions récursoires

Le cumul des responsabilités n'implique pas celui des indemnités. Il a pour objet principal de permettre à la victime d'un dommage d'engager la responsabilité de l'administration toujours solvable. Quitte à ce que soient enclenchées les actions récursoires :

- de l'administration contre son agent : longtemps elle fut interdite (Conseil d'État, 28 mars 1926, Poursines) au profit de l'application du régime disciplinaire. C'est dans les années 1950 que le juge va la consacrer et admettre cette action récursoire de l'administration contre son agent quand elle a réparé le dommage après une faute personnelle de celui-ci (Conseil d'État, 28 juillet 1951, 2 arrêts, Laruelle et Delville). En cas de cumul de fautes ayant provoqué le dommage, l'indemnisation se répartit entre l'administration et l'agent proportionnellement à la gravité des fautes commises. Si l'agent ne peut invoquer une faute de service ou s'il n'y a à l'origine du dommage qu'une faute personnelle, la charge totale de l'indemnité est assumée par l'agent. En présence d'une pluralité d'auteurs de fautes personnelles, chaque agent est responsable en fonction de la faute commise (Conseil d'État, 22 mars 1957, Jeannier). Le juge agit en 2 temps : condamnation de l'administration puis répartition de l'indemnité entre celle-ci et son agent (possibilité de sous-répartition si plusieurs agents) ;
- de l'agent contre l'administration : un agent public peut être condamné pour faute personnelle par un tribunal judiciaire, alors qu'il y a aussi ou seulement faute de service. Il peut alors demander à l'administration, et à son juge, de lui rembourser tout ou partie des sommes versées à la victime (jurisprudence Delville). La loi du 13 juillet 1983 sur les droits et obligations des fonctionnaires consacre cette jurisprudence (art. 11).

22 Cours
La responsabilité de l'administration

On va envisager ici les notions de responsabilité pour faute et sans faute.

1 La responsabilité pour faute

Il y a d'abord ce qu'on appelle **les caractères de la faute**. Le principe majeur ici est que la responsabilité de l'administration n'est engageable que si le dommage est causé par un comportement fautif du service public. Il existe un grand nombre de fautes possibles, ce qui empêche une définition précise. On peut évoquer une carence, une défaillance voire un dysfonctionnement dans l'organisation ou le fonctionnement du service public. Ce peut être un acte matériel, juridique, une action négative (retard, abstention, négligence par ex), ou bien sûr une faute de ou du service. Il revient le plus souvent au juge d'en fixer les contours et de la déterminer. De sa jurisprudence se dégagent plusieurs axes importants :

- une faute n'est pas nécessairement constitutive d'une illégalité : par exemple l'erreur de diagnostic médical dans un hôpital public ou le défaut d'entretien d'un édifice public ;
- si toute décision illégale est constitutive d'une faute, elle n'est pas automatiquement de nature à engager la responsabilité de l'administration. (Conseil d'État, 7 décembre 1979, Les fils d'Henri Ramel) ;
- la faute doit être prouvée (avec l'aide du juge parfois) ou peut être présumée (Conseil d'État, 7 mars 1958, Dejous, 9 décembre 1988, Cohen).

Il y a ensuite la distinction **faute lourde ou faute simple**. Une faute simple (dite aussi légère) suffit en principe pour engager la responsabilité de l'administration. C'est un domaine de plus en plus vaste façonné essentiellement par le juge. On peut dire, pour simplifier, que la faute simple est la marge d'erreur accordée à toute activité publique sans qualification ou difficulté particulière : services de secours, lutte contre l'incendie, aide médical, activité pénitentiaire, licenciement de salariés protégés, activités des services fiscaux, etc.

Une faute lourde (dite aussi grave) vise des domaines ou des situations sensibles : **certaines activités de police administrative générale** notamment celles de maintien de l'ordre (Conseil d'État, 10 février 1905, Tomaso Grecco ; 20 octobre 1972, Ville de Paris c/Marabout) mais aussi de **polices spéciales** (aérodromes, chasse) ; les activités de tutelle et de contrôle (Conseil d'État, 29 mars 1946, caisse d'assurances sociales de Meurthe et Moselle, 6 octobre 2000, min. de l'Intérieur c/commune de Saint-Florent, 3 mars 2004, Min. de l'Emploi et de la Solidarité c/4 parties, 4 espèces).

Les activités médicales méritent un développement spécifique. Jusqu'aux années 1990 le juge différenciait l'organisation et le fonctionnement du service assujettis à une faute simple et les actes médicaux ou chirurgicaux, relevant d'une faute lourde. Par un revirement de Jurisprudence le Conseil d'État a opté pour la faute simple en matière d'actes médicaux (Conseil d'État, 8 avril 1992, époux V) et il l'a même étendu en augmentant le champ des obligations des médecins lors de ces mêmes actes (Conseil d'État, 14 février 1997, époux Q.). Dans les années 2000, préfigurant la loi Kouchner (2002), le juge a posé de nouvelles exigences en matière de droit à l'information des patients (Conseil d'État, 5 janvier 2000, consorts Telle, Assistance publique-Hôpitaux de Paris ; 19 mai 2004, CRAM Île de France, CPAM Val-de-Marne).

Le Conseil d'État a aussi décidé d'indemniser proportionnellement à l'importance de la chance perdue (21 décembre 2007, Centre hospitalier de Vienne). En revanche le Conseil d'État estime que n'est pas une faute, l'acte médical fait à un patient contre sa volonté quand il est indispensable à sa survie (26 octobre 2001, Mme X.). Rappelons que la responsabilité hospitalière peut même parfois être engagée sans faute sur la base d'un risque exceptionnel (Conseil d'État, 9 avril 1993, Bianchi).

Autre secteur de faute lourde : **le fonctionnement du service public de la justice**. C'est une loi du 5 juillet 1972 qui instaure ici la responsabilité de l'État « par une faute lourde ou un déni de justice » en matière juridictionnelle. À l'instar de la Cour de cassation, le Conseil d'État estime que seule une faute lourde engage, en principe, la responsabilité de l'État dans « l'exercice de la fonction juridictionnelle » (29 décembre 1978, Darmont, 14 janvier 1998, Dagorn). Le Conseil d'État a consenti une évolution sur deux points sous pression du droit européen. D'abord sur la notion de délai raisonnable (non encore définie) : le service public de la justice peut voir sa responsabilité engagée, sans faute, pour non-respect du délai raisonnable pour juger (28 juin 2002, Magiera ; art. 6, § 1 de la CUDH). Ensuite, le Conseil d'État estime que pour le service public de la justice, fonction régalienne par excellence, l'État est responsable des préjudices subis par les justiciables du fait de services non régaliens (Conseil d'État, 27 février 2004, Mme Popin). Rappelons ici que, depuis la révision de 2008, chaque justiciable peut saisir le CSM du comportement fautif d'un magistrat (art. 65 C.).

2 La responsabilité sans faute

Cette responsabilité, spécifique au droit administratif, est en quelque sorte subsidiaire en matière administrative. Il n'y a pas de faute à l'origine du dommage et la responsabilité administrative est engagée de plein droit. Il suffit d'un lien de causalité entre l'activité administrative et le dommage que la victime doit prouver. Cette responsabilité se partage en trois catégories.

a. La responsabilité pour risque

La responsabilité administrative est engagée dès lors qu'un risque se réalise dans le déroulement, parfois aléatoire, d'une activité de l'administration. Trois domaines sont ici concernés.

Les dommages des collaborateurs de l'administration

Il faut séparer les collaborateurs permanents et ceux occasionnels. Pour les premiers, au cas où leur dommage de service ne soit pas pris en charge, une loi de 1898 prévoit une réparation des accidents du travail. Comme les salariés du privé, les fonctionnaires bénéficient d'un système de réparation forfaitaire (pension et taux d'invalidité). Les collaborateurs occasionnels, subissant un dommage pendant leur tâche, sont indemnisés sur la base du risque encouru par leur participation, le plus souvent bénévole, à l'exécution du service public (Conseil d'État, 22 novembre 1946, commune de Saint-Priest-la-Plaine ; 12 octobre 2009, Mme Chevillard et consorts Bancherelle). Peu importe qu'ils aient été réquisitionnés ou aient agi spontanément. La participation doit être effective (Conseil d'État, 3 octobre 1980, Gambini, 27 juillet 1990, Bridet), justifiée (Conseil d'État, 25 septembre 1970, commune de Batz-sur-Mer) et assimilable à une mission de service public (lutte contre l'incendie, secours aux victimes d'accidents, concours à des fêtes traditionnelles).

Les dommages dus à la dangerosité des activités

Les administrés ou les agents peuvent être amenés à côtoyer des choses ou à pratiquer des activités dangereuses. Les premières sont constituées par les explosifs (Conseil d'État, 28 mars 1919, Regnaut-Desroziers), les armes à feu (Conseil d'État, 24 juin 1949, consorts Lecomte, Franquette et Daramy), voire certains ouvrages publics (réseaux de gaz et d'électricité, centrales nucléaires) ainsi que les produits sanguins viciés (26 mai 1995, consorts N'Guyen). Les méthodes dangereuses visent les risques sociaux dus à l'assistance éducative (Conseil d'État, 11 février 2005, Axa courtage), à l'éducation surveillée (Conseil d'État, 3 février 1956, Thouzellier), à la psychiatrie (Conseil d'État, 13 juillet 1967, département de la Moselle) et aux prisons (Conseil d'État, 27 février 1985, dame Henry). Les personnes exposées à une situation dangereuse du fait des obligations qui leur sont faites peuvent engager la responsabilité de l'État (Conseil d'État, 16 octobre 1970, époux Martin : dommages subis par des fonctionnaires restés au Laos pendant la guerre; 6 novembre 1968, dame Saulze : institutrice enceinte exposée à une épidémie de rubéole).

La responsabilité de l'État du fait des manifestations

Cela concerne les attroupements et rassemblements. Depuis la loi du 7 janvier 1983 et celle du 9 janvier 1986 (contentieux confié au juge administratif), l'État est civilement responsable de tout dommage issu des crimes et délits dus à ce genre d'événements (art. L. 22116-3 du CGCT; Conseil d'État, avis, 20/2/1998, soc. ESCA). Toutefois l'État peut intenter une action récursoire contre la collectivité fautive (commune en principe). Il s'avère que le régime de réparation a été étendu aux violences urbaines (Conseil d'État, 29 décembre 2000, AGF) et de façon plus large aux dommages causés par tout rassemblement spontané (Conseil d'État, 13 décembre 2002, assurance Lloyd's). Tout ce qui n'est pas issu de délit ou crime n'est, en principe, pas couvert.

b. La responsabilité pour rupture de l'égalité devant les charges publiques

Inspirée du principe d'égalité inscrit dans la Déclaration de 1789, elle l'est aussi du Préambule de 1946 proclamant « l'égalité de tous les Français devant les charges qui résultent des calamités nationales ». Cette responsabilité joue quand l'administration fait supporter, au nom de l'intérêt général, des charges spéciales à certaines personnes. Cela implique trois hypothèses où le dommage doit être anormal et spécial.

La responsabilité du fait de mesures individuelles

La responsabilité de l'administration peut être recherchée dans plusieurs cas : le refus de prêter le concours de la force publique pour exécuter un jugement (Conseil d'État, 30 novembre 1923, Couitéas), la renonciation à une procédure d'expulsion (Conseil d'État, 23 décembre 1970, EDF c/Farsat), le défaut d'application d'un règlement (Conseil d'État, 7 mai 1971, ministre de l'Économie et Bordeaux c/Sastre).

La responsabilité du fait des lois, des règlements et des conventions internationales

L'adoption d'une loi peut entraîner des dommages et donc une réparation dès lors que celle-ci n'est pas exclue par cette même loi (Conseil d'État, 11 juillet 1990, soc. Stambouli) ou par l'activité (illégale) de la victime. Le préjudice doit être grave, spécial et anormal pour la victime (Conseil d'État, 14 janvier 1938, Soc La Fleurette). Ce principe vaut aussi pour les règlements (Conseil d'État, 22 février 1963, commune de Gavarnie, 4 octobre 2010, commune de Saint-Sylvain-d'Anjou) et les traités (Conseil d'État, 8 février 2007, Gardedieu).

La responsabilité du fait des travaux publics

Si des administrés subissent un dommage du fait de ces travaux ou même de l'existence d'un ouvrage, ils ont droit à une indemnité (Conseil d'État, 22 octobre 1971, époux Blandin ; 16 octobre 1992, SA garage de Garches).

23 Les juridictions administratives

Elles sont de plusieurs types.

1 Le tribunal administratif (TA)

Il a pour ancêtres les conseils de préfecture départementaux créés par la loi du 28 Pluviôse An VIII. En 1926 il devient interdépartemental. Ce sont les décrets du 30 septembre et 28 novembre 1953 qui le créent tel qu'on le connaît aujourd'hui.

a. Composition

Les tribunaux administratifs sont au nombre de 42 dont 31 en métropole. Leurs membres appartiennent au corps des tribunaux administratifs et des cours administratives d'appel. Ils sont indépendants. Les tribunaux métropolitains couvrent plusieurs départements. Chaque tribunal administratif est composé d'un président assisté de vice-présidents dont les fonctions sont administratives (direction des services, affectation et avancement des conseillers) mais surtout contentieuses. Les tribunaux administratifs sont subdivisés de 1 à 17 chambres. La chambre est la formation de jugement ordinaire qui se compose, en principe, ainsi : 1 président, 1 conseiller rapporteur, 1 conseiller, 1 commissaire du Gouvernement et 1 greffier. Pour les affaires d'importance exceptionnelle le tribunal administratif peut se réunir en formation plénière (tous les membres de la juridiction).

b. Attributions

Elles sont d'abord consultatives : donner des avis sur des questions posées par les préfets et sous-préfets (art. R. 212-1 du Code de justice administrative). Elles sont surtout contentieuses. En effet l'article L. 211-1 du CJA en fait le juge de droit commun de premier ressort du contentieux administratif. Ainsi il connaît des contestations contre les actes et décisions de l'administration sauf celles confiées au Conseil d'État. Il juge aussi du contentieux en matière d'impôts directs ainsi que celui des élections cantonales et municipales. Le CJA fixe les règles en matière de compétence (*ratione loci* et *ratione materiae*).

Le délai moyen pour traiter une affaire est d'un an et demi.

2 La cour administrative d'appel (CAA)

C'est l'échelon juridictionnel administratif le plus récent puisque créé par la loi du 31 janvier 1987. Les CAA sont entrées en vigueur au 1er janvier 1989. L'objectif premier était de désengorger les tribunaux administratifs. Elles sont au nombre de huit : Paris, Lyon, Bordeaux, Nantes, Nancy, Marseille, Douai, et Versailles. Elles recouvrent plusieurs tribunaux administratifs et donc plusieurs régions.

a. Composition

La cour administrative d'appel est présidée par un conseiller d'État, les autres membres appartiennent au corps des tribunaux administratifs et des cours administratives d'appel.

Subdivisée en chambres (3 à 10), la cour administrative d'appel statue le plus souvent en formation ordinaire (3 à 5 membres) mais aussi parfois en formation plénière pour les affaires importantes (président de la cour administrative d'appel, présidents de chambres, conseiller-rapporteur voire magistrat départageur).

b. Attributions

La cour administrative d'appel a d'abord des attributions consultatives basées sur des avis donnés aux préfets de région (art. R. 212-1 CJA). Elle a surtout des attributions contentieuses : examen des appels formés contre les jugements de plein contentieux des tribunaux administratifs (responsabilité, fiscal, contrats, reconduite à la frontière), de contraventions de grande voirie (art. L. 774-8 CJA), des recours pour excès de pouvoir contre les actes non réglementaires (urbanisme, expropriation) mais aussi certains actes réglementaires. Un décret du 24 juin 2003 a étendu les pouvoirs d'ordonnance du président de la cour administrative d'appel, supprimé l'appel pour certains litiges (art. R. 222-13 CJA) et renforcé l'obligation du ministère d'avocat.

La durée moyenne de jugement d'une affaire est de deux ans et demi.

3 Le Conseil d'État (CE)

Créé par Napoléon Ier avec vocation consultative, le Conseil d'État est la juridiction suprême de l'ordre administratif.

a. Organisation

Il a un effectif d'environ 300 membres, dont une centaine œuvre hors du conseil (détachement, disponibilité, « pantouflage » dans le privé). Ils sont majoritairement recrutés au sortir de l'ENA et se répartissent au sein des sections administratives et de la section du contentieux. C'est le Premier ministre qui est, théoriquement, président du Conseil d'État. En pratique c'est le vice-président qui le préside. Avec les sept présidents de section, ils forment le bureau du Conseil d'État. Les autres membres sont : les conseillers d'État en service ordinaire, ceux en service extraordinaire (nommés pour 4 ans mais œuvrant seulement dans le domaine consultatif), les maîtres des requêtes, les auditeurs.

b. Fonctions

Le Conseil d'État est depuis l'origine un **conseiller de l'État**. La Constitution consacre cette fonction (QPC à l'art. 61-1, décrets en conseil d'État par ex). Ainsi, *via* ses sections administratives, le Conseil d'État donne des avis au Gouvernement sur la régularité juridique de textes (projets de loi) voire sur l'opportunité administrative d'autres projets. Les décrets en CE nécessitent l'avis obligatoire de ce dernier. De même la section du rapport et des études émet des rapports qui éclairent le Gouvernement mais aussi l'ensemble des pouvoirs publics.

Mais le Conseil d'État est surtout devenu un des deux principaux ordres de juridiction. Ses **fonctions contentieuses** sont exercées au sein de la section du contentieux, dont le président est assisté de 3 vice-présidents. Plusieurs formations existent. Celle de base est la **sous-section** (au nombre de 10) avec un président, 2 assesseurs (conseillers d'État), des rapporteurs et deux rapporteurs publics. La sous-section a un secrétariat. Elle est en principe une formation d'instruction. Il existe une autre formation : la **section**. Elle est présidée par le président de la section du contentieux auquel s'ajoutent 3 vice-présidents, les présidents de sous-sections et le rapporteur. La section statue sur les affaires les plus importantes ou de difficulté particulière.

Enfin il y a l'instance la plus élevée : **l'assemblée du contentieux** comprenant le vice-président du Conseil d'État, les présidents de sections, les 3 vice-présidents de la section du contentieux, les présidents des sous-sections ayant traité initialement l'affaire, les 4 présidents de sous-section les plus anciens dans la fonction. L'assemblée du contentieux juge les affaires qui présentent des difficultés juridiques spéciales ou politiquement sensibles.

Au contentieux le Conseil d'État est : juge de premier et dernier ressort (ex : recours pour excès de pouvoir contre les décrets), juge d'appel (certains jugements de tribunal administratif, ex : élections municipales), juge de cassation (de jugements des juridictions spécialisées, *cf.* plus loin, et des arrêts de cour administrative d'appel), juge des référés, juge du recours dans l'intérêt de la loi.

Enfin le Conseil d'État a aussi une fonction d'inspection des autres juridictions administratives, à visée essentiellement qualitative. La durée moyenne pour traiter une affaire est de trois ans.

4 Les juridictions spécialisées

Elles ont vocation à intervenir sur des domaines ou des litiges spécifiques et relèvent, soit par l'appel, soit par la cassation, du Conseil d'État. Leur fonctionnement obéit à des textes qui leur sont propres. Le Conseil d'État les a harmonisées en les soumettant à la procédure administrative générale (12 mai 1961, soc. La Huta) et en particulier au principe du droit au procès équitable (art. 6, § 1 de la CEDH), à la publicité des débats (Conseil d'État, 14 février 1996, Maubleu), et aux voies de recours (cassation).

Parmi ces juridictions citons : Cour des comptes, chambres régionales des comptes (réformées par la loi du 13 décembre 2011 et le décret du 23 février 2012 en chambres régionales et territoriales des comptes à compter du 1er avril 2012), Cour de discipline budgétaire et financière, CSM, Conseil supérieur de l'Éducation, Conseil national de l'Enseignement supérieur et de la Recherche et Conseils nationaux des ordres professionnels. Il faut aussi en citer deux plus secondaires : la Commission des dommages de guerre (réparation des dommages dus à une guerre) et le Conseil des prises (maritimes en temps de guerre).

24 Cours
Les grands principes du contentieux administratif

L'existence de deux ordres de juridictions peut entraîner des conflits de compétence. Ces derniers sont tranchés par le Tribunal des conflits (TC). C'est la plus haute juridiction après le Conseil constitutionnel qui est placée au-dessus des deux ordres. Il est composé paritairement de membres du Conseil d'État (4) et de la Cour de cassation (4). Présidé par le ministre de la Justice, le TC ne siège que pour « vider le conflit », c'est-à-dire départager les opinions divergentes des juridictions administrative et judiciaire sur une affaire.

Après avoir examiné le précontentieux, on examinera les grandes lignes de la procédure contentieuse avant de voir les recours.

1 Le précontentieux

On parle aussi de la prévention contentieuse ou, comme en droit privé, des modes alternatifs de résolution des conflits. Il en existe deux principaux.

a. Les recours administratifs de droit commun

Ils permettent aux administrés de s'adresser directement à l'administration dans certaines situations (par ex. contestation d'impôts, refus de permis de construire). Il en existe deux :

- le **recours gracieux** : adressé directement à l'autorité qui a pris la décision en demandant de modifier ou supprimer celle-ci. Il repose avant tout sur des considérations d'opportunité ;
- le **recours hiérarchique** : adressé au supérieur de l'autorité ayant pris la décision. La demande est identique.

Il faut préciser que ces recours sont devenus une sorte de « **préalable obligatoire** » à toute démarche contentieuse (Conseil d'État, 28 septembre 2005, M. Louis ; 10 mars 2006, soc. Leroy-Merlin).

b. Les autres modes de « négociation » avec l'administration

La majorité des administrations publiques ou des organismes parapublics ont mis en place un **médiateur** (Poste, SNCF, rectorats par exemple). Celui-ci, saisi par l'administration ou un administré, va négocier une solution amiable avec l'administration et la proposer à la personne. Il existe aussi des médiateurs sociaux (notamment en milieu scolaire). Il faut évoquer aussi d'autres modes de négociation : la **transaction** (circulaire du 6 avril 2011) qu'un juge administratif peut homologuer (Conseil d'État, avis, 6 décembre 2002, Syndicat. intercommunal des établissements du 2nd degré de l'Haÿ-les-Roses ; Conseil d'État, 11 juillet 2008, soc. Krupp Hazemag) ; la **conciliation** (peu pratiquée) et l'**arbitrage** uniquement pour les litiges contractuels.

2 Éléments de procédure contentieuse

La procédure contentieuse obéit à des **caractéristiques générales** : c'est une procédure inquisitoire (à la différence de la procédure judiciaire, elle est pilotée par le juge), écrite (échange de mémoires), gratuite (la loi du 26 décembre 2003 a supprimé le droit de timbre de 15 euros) mais le ministère d'avocat est conseillé (obligatoire devant le Conseil d'État). En effet le droit administratif, notamment parce qu'il est jurisprudentiel, est un droit difficile à aborder pour le justiciable. Plusieurs phases existent :

- **l'instance** : le requérant doit avoir la capacité juridique et un intérêt à agir. Il faut aussi une décision préalable (sauf en matière de travaux publics). Le recours doit être dirigé contre une décision administrative. Le délai pour présenter un recours est en principe de 2 mois (art. R. 421-1 CJA) à compter de la publication (décisions réglementaires) ou de la notification (décisions non réglementaires). La requête contient : exposé des faits, moyens, conclusions, noms et domiciliation des parties. Elle doit être rédigée en français, signée et accompagnée de toute pièce justificative (art. R. 413-2 CJA) ;
- **le déroulement du procès** : il est piloté par le juge qui procède notamment à l'échange des mémoires et productions de pièces. Il peut prononcer et ordonner toute mesure d'instruction. Quand il estime l'affaire en état d'être jugée, il émet une ordonnance de clôture (art. R.613-1 et s du CJA). L'instruction est en pratique faite par un rapporteur, désigné par le juge au début de l'instance. Une fois l'instruction achevée, il transmet à un commissaire du Gouvernement qui fait une seconde analyse et rédige ses conclusions ;
- **l'audience** : elle est en principe publique (art. L. 6 CJA). Le rapporteur présente son rapport qui résume l'affaire. Les parties peuvent présenter des observations orales sans modifier leurs conclusions. Si un avocat est présent, il ne plaide pas mais renvoie à ses observations écrites. Ensuite le commissaire du Gouvernement développe ses conclusions sur les « circonstances de fait et les règles de droit applicables » (art. 18 loi du 6 janvier 1986). L'affaire est mise en délibéré et la décision est lue publiquement quelque temps plus tard. Elle fait donc l'objet d'un jugement qui peut faire l'objet de recours ;
- **les voies de recours** : ce sont les voies de réformation (appel, recours en cassation devant le CE) et les voies de rétractation (opposition, tierce-opposition, révision, rectification d'erreur matérielle) ;
- **les procédures d'urgence : le référé-suspension** (art. L. 521-1 CJA) contre toute décision administrative, même de rejet, ou de certains de ses effets ; le **référé-liberté** (art. L. 521-2 CJA) contre toute atteinte grave et illégale à une liberté fondamentale ; le **référé-conservatoire** (art. L. 521-3 CJA) contre toute situation dommageable susceptible de s'aggraver ou toute situation illicite pouvant durer. L'appel n'est possible que pour le **référé-liberté**. Les autres référés sont seulement susceptibles de la cassation.

3 Les divers recours contentieux

On distingue classiquement deux types de contentieux.

a. Le recours en annulation

Il vise à contester devant le juge un acte afin d'en obtenir l'annulation. Il s'agit essentiellement du **recours pour excès de pouvoir** (REP). Le REP vise donc des actes administratifs unilatéraux faisant grief (ex : décision exécutoire), d'ordre public, présentant un caractère objectif et fondé exclusivement sur des moyens de légalité. Il est soumis à des conditions de recevabilité et à certains cas d'ouverture.

- **Conditions de recevabilité** : seuls les actes administratifs unilatéraux sont susceptibles de REP (en sont exclus : les actes diplomatiques, législatifs, de Gouvernement, juridictionnels, privés) et par une personne ayant capacité et intérêt à agir. Le délai de recours est de 2 mois et le ministère d'avocat est facultatif. Il ne doit pas y avoir possibilité de recours parallèle juridictionnel.

- **Cas d'ouverture :** ce sont les différentes illégalités susceptibles d'affecter un acte administratif et pouvant entraîner son annulation. Le juge peut en soulever d'office. Il y en a 4 : le vice de forme ou de procédure et l'incompétence (légalité externe), la violation de la loi et le détournement de pouvoir (légalité interne).

Il y a deux issues au REP : il peut être rejeté soit car il ne remplit pas les conditions de recevabilité, soit car aucun moyen ne justifie l'annulation. La décision de rejet est revêtue de l'autorité relative de la chose jugée. Le REP peut aussi aboutir à l'annulation si le juge constate l'illégalité de l'acte. Cette annulation peut être partielle (si l'illégalité affecte un aspect détachable de l'acte) ou totale (si l'acte ou un de ses aspects non détachable est illégal). L'annulation implique en principe que l'acte est censé n'avoir jamais existé. Si cette rétroactivité a des conséquences excessives et fait grief, le juge peut en tenir compte (Conseil d'État, 11 avril 2004, assoc. AC ; 12 décembre 2007, Sire).

Rendu en dernier ressort, l'arrêt a l'autorité absolue de chose jugée. Le Conseil constitutionnel a jugé qu'une disposition législative qui prive d'effet un arrêt du Conseil d'État est inconstitutionnelle (29 décembre 2005).

b. Les autres recours contentieux

Il existe plusieurs types de contentieux.

- Le contentieux de la réparation : dit aussi de plein contentieux, il vise à faire condamner l'administration à indemniser la victime d'un dommage qu'elle a provoqué. Cela vise par exemple les contrats liant les administrés à l'administration. Le contentieux contractuel permet aussi d'obtenir la nullité et la résiliation du contrat. Hors matière contractuelle, et sur la base du droit de la responsabilité, la victime d'un dommage administratif peut toujours obtenir une indemnisation.
- Le contentieux de l'interprétation et de l'appréciation de la légalité : généralement ce genre de contentieux est généré à l'occasion d'une question préjudicielle soulevée devant une juridiction judiciaire. Il peut l'être aussi par une partie qui s'oppose à l'administration sur le sens à donner à un acte unilatéral ou à un contrat. Il est ainsi demandé au juge d'apprécier la légalité (ou la validité) d'un acte ou d'en clarifier le sens.
- Le contentieux de la réformation : il vise les recours en matière fiscale, électorale, ceux contre les établissements dangereux, les lieux incommodes ou insalubres ainsi que les sanctions infligées par des AAI. Le juge peut substituer sa propre décision à celle de l'administration.
- Le contentieux de la répression : il est composé des recours réservés à l'administration lorsque celle-ci sanctionne certaines atteintes. Ce sont essentiellement des sanctions pécuniaires qui s'appliquent à deux domaines. D'abord celui des contraventions de grande voirie contre les personnes portant atteinte au domaine public (pollution cours d'eau par exemple) qui peuvent être complétées par une remise en état. Ensuite c'est le contentieux des poursuites exercées devant les juridictions disciplinaires administratives. Les personnes poursuivies peuvent subir aussi des sanctions professionnelles. Précisons que le CSA peut demander au président de la Section du contentieux du Conseil d'État d'infliger une astreinte afin de contraindre les sociétés de radio et télé à respecter leurs obligations.

À noter que le TA de Lyon expérimente depuis peu la médiation administrative.

Entraînement

QCM

1. Parmi ces autorités, laquelle n'a pas de pouvoir réglementaire ?

❒ **a.** Le président de la République
❒ **b.** Le Premier ministre
❒ **c.** Les ministres

2. Le Parlement peut soumettre une proposition de loi au CE pour avis :

❒ **a.** Vrai
❒ **b.** Faux

3. La Cour des comptes est un organe consultatif

❒ **a.** Vrai
❒ **b.** Faux

4. Parmi ces organes, lequel n'est pas une autorité administrative indépendante ?

❒ **a.** CNIL
❒ **b.** SGAR
❒ **c.** CSA

5. Un préfet est révocable :

❒ **a.** *Ad nutum*
❒ **b.** *Ad hominem*
❒ **c.** *Ad pares*

6. Le préfet est le responsable des services décentralisés de l'État :

❒ **a.** Vrai
❒ **b.** Faux

7. La commune est une circonscription administrative de l'État :

❒ **a.** Vrai
❒ **b.** Faux

8. Les directions départementales interministérielles ont été mises en place en :

❒ **a.** 1982
❒ **b.** 2003
❒ **c.** 2009

9. Le président de région a une autorité sur les services déconcentrés de la région :

❒ **a.** Vrai
❒ **b.** Faux

10. Lequel de ces organes n'est pas un service à compétence nationale ?

❒ **a.** Musées nationaux
❒ **b.** Casier judiciaire
❒ **c.** Hypothèques

11. Le silence de l'administration vaut :

❒ **a.** Rejet
❒ **b.** Acceptation
❒ **c.** Décision

12. Sur un acte administratif, le visa est une formalité :

❒ **a.** Substantielle
❒ **b.** Non substantielle
❒ **c.** Réglementaire

13. Combien y a-t-il de critères pour définir un contrat administratif ?

❒ **a.** 2
❒ **b.** 3
❒ **c.** 4

14. Les règles concernant les procédures des marchés publics sont rassemblées dans le Code de :

❒ **a.** L'urbanisme
❒ **b.** Des marchés publics
❒ **c.** De la commande publique

15. De combien de situations la fin d'un contrat peut-elle résulter ?

❒ **a.** 2
❒ **b.** 3
❒ **c.** 4

16. Quel juge a consacré la notion de service public ?

❒ **a.** Le Conseil d'État
❒ **b.** Le Tribunal des conflits
❒ **c.** La Cour de cassation

17. Quel acte décide de la création d'un service public ?

❒ **a.** Une loi
❒ **b.** Un règlement
❒ **c.** Une décision présidentielle

18. La police administrative a un rôle :

❒ **a.** Dissuasif
❒ **b.** Préventif
❒ **c.** Répressif

19. Quel juge est en charge de contrôler les actes de police ?

❒ **a.** Le juge administratif
❒ **b.** Le juge judiciaire
❒ **c.** Le juge constitutionnel

20. Les mesures de police ont un caractère :

❒ **a.** Nécessaire
❒ **b.** Limité
❒ **c.** Les deux

21. La distinction faute personnelle/faute de service a été posée par la loi :

❒ **a.** Vrai
❒ **b.** Faux

22. La faute personnelle est basée sur :

❒ **a.** Le Code administratif
❒ **b.** Le Code pénal
❒ **c.** Le Code civil

23. La théorie du cumul permet de se retourner contre l'administration :

❒ **a.** Oui
❒ **b.** Non

24. L'action récursoire n'est ouverte que pour l'agent contre l'administration :

❒ **a.** Vrai
❒ **b.** Faux

25. Une faute simple peut permettre d'engager la responsabilité de la personne publique :

❒ **a.** Oui
❒ **b.** Non

26. La faute lourde n'est pas envisageable en matière de police administrative :

❒ **a.** Oui ❒ **b.** Non

27. Le risque est inclus dans la responsabilité sans faute :

❒ **a.** Oui ❒ **b.** Non

28. Les collaborateurs occasionnels bénévoles de l'administration sont indemnisés en cas de préjudice :

❒ **a.** Vrai ❒ **b.** Faux

29. Quel est l'intrus en matière de responsabilité du fait de manifestations ?

❒ **a.** Contravention
❒ **b.** Délits
❒ **c.** Crimes

30. La responsabilité de l'État peut être engagée du fait de décisions régulières :

❒ **a.** Vrai ❒ **b.** Faux

31. Le Tribunal administratif est juge des élections :

❒ a. Cantonales
❒ **b.** Municipales
❒ **c.** Sénatoriales

32. La cour administrative d'appel est juge d'appel de toutes les décisions des tribunaux administratifs :

❒ **a.** Vrai ❒ **b.** Faux

33. Une décision du Conseil d'État peut être contestée devant :

❒ **a.** La Cour de Cassation
❒ **b.** Le Conseil constitutionnel
❒ **c.** La Cour européenne des droits de l'homme

34. Devant le juge administratif la procédure est :

❒ **a.** Inquisitoire
❒ **b.** Accusatoire
❒ **c.** Les deux

35. Combien existe-t-il de modes de « négociation » avec l'administration ?

❒ **a.** 2
❒ **b.** 3
❒ **c.** 4

QRC

Expliquez les éléments suivants :

1. Le rôle du préfet
2. Les mesures administratives internes
3. Les lois du service public
4. La responsabilité sans faute
5. Les cas d'ouverture d'un recours pour excès de pouvoir

Corrigé

QCM

1. **c. Ministre.** Il n'a qu'un pouvoir réglementaire et délégué.
2. **a. Vrai**. Mais plus de 80 % des lois étant gouvernementales, c'est rare.
3. **b. Faux**. Elle a un rôle consultatif mais elle est aussi une juridiction financière (juge des comptes publics).
4. **b. SGAR**. C'est le secrétariat général de l'administration régionale. Son rôle : coordonner la politique de l'État en matière de développement économique et d'aménagement du territoire ainsi que les relations entre l'État et le conseil régional.
5. **a. *Ad nutum***. Prononçable à tout moment par l'autorité de nomination (président de la République).
6. **b. Faux**. Son rôle défini à l'article 72 C est d'être le représentant de l'État dans chaque collectivité, celui qui défend les intérêts nationaux, celui qui assure le contrôle administratif et le respect des lois.
7. **a. Vrai.** C'est la plus petite de ces circonscriptions. Elle a notamment en charge l'état civil, les élections, l'exécution des lois.
8. **c. 2009**. Créées par décret du 3 décembre 2009, les directions départementales interministérielles (DDI), issues de la fusion des anciennes directions départementales, se caractérisent par leur vocation interministérielle. Services relevant du Premier ministre, les DDI sont placées sous l'autorité des préfets de département.
9. **b. Faux**. C'est le préfet de région.
10. **c. Hypothèques.**
11. **b. Acceptation.** Et ce depuis 2013.
12. **b. Non substantielle.**
13. **a. 2.** Détermination de la loi et critères jurisprudentiels : organique et alternatif.
14. **c. De la commande publique.** Et ce depuis 2018.
15. **c. 3.** Il peut résulter d'une échéance normale, d'une résiliation ou d'une annulation par le juge.
16. **b. Le Tribunal des conflits.** La notion a été consacrée le 8 décembre 1873.
17. **b. Un règlement.** Et ce depuis 1958.
18. **a. et b. Dissuasif et préventif.**
19. **a. Le juge administratif.**
20. **c. Les 2.** Elles ont un caractère à la fois nécessaire et limité.
21. **b. Faux.** Cette distinction a été l'œuvre du Tribunal des conflits (TC, 3 juillet 1873, Pelletier).

22. c. **Code civil**. Ce sont les articles 1382 et 1383 qui posent la responsabilité du fait personnel en France.

23. **a. Oui**. Dans un certain nombre de cas où a été commise une faute personnelle. Il faut aussi une faute de service.

24. **b. Faux.** L'action récursoire peut se faire par l'administration contre son agent ou bien l'inverse.

25. **a. Oui**. La faute simple (ou légère) suffit, en principe, pour engager la responsabilité de l'administration.

26. **b. Faux.** Certaines actions de police administrative (ex : maintien de l'ordre) peuvent engager la faute lourde (ou grave).

27. **a. Oui.** La responsabilité pour risque est un des deux cas de la responsabilité sans faute (ex : activité dangereuse).

28. **a. Vrai.** Seuls les collaborateurs permanents sont indemnisés en cas de préjudice (système de réparation forfaitaire avec pension et taux d'invalidité). Les autres peuvent l'être sur la base du risque encouru.

29. **a. Contravention**. Les lois du 7 janvier 1983 et du 9 janvier 1986 prennent seulement en compte les délits et crimes.

30. **a. Vrai**. Les lois, les règlements, et les conventions internationales peuvent entraîner, sous certaines conditions, la responsabilité de l'État.

31. **a. et b. Cantonales et municipales.**

32. **b. Faux**. Certaines vont directement devant le Conseil d'État (ex : contentieux des élections municipales et cantonales).

33. **c. La Cour européenne des droits de l'homme.**

34. **a. Inquisitoire.**

35. **c. 4.** Les modes de « négociations » sont la médiation, la transaction, la conciliation et l'arbitrage.

QRC

1. Le rôle du préfet : il est défini par l'article 72 de la Constitution : dans les collectivités territoriales de la République le représentant de l'État, représentant de chacun des membres du Gouvernement, a la charge des intérêts nationaux, du contrôle administratif et du respect des lois.

2. Les mesures administratives internes : il y en a trois types : les circulaires, les directives et les mesures d'ordre intérieur.

3. Les lois du service public : elles servent à caractériser celui-ci : continuité, mutabilité, égalité, voire gratuité.

4. La responsabilité sans faute : elle est spécifique au droit administratif. Il y a trois catégories : dommages des collaborateurs de l'administration, dommages dus à la dangerosité des activités, responsabilité de l'État du fait des manifestations (ex : gilets jaunes).

5. Le cas d'ouverture du recours pour excès de pouvoir : ce sont les différentes illégalités susceptibles d'affecter un acte et pouvant entraîner son annulation. Il y en a 4 : vice de forme (ou de procédure), incompétence, violation de la loi et détournement de pouvoir.

Partie

3

Notions essentielles de finances publiques

Cours

25 Le cadre général des finances publiques

Historiquement, les cités les plus anciennes connaissaient les rudiments des finances publiques. Ainsi, à l'époque du bas empire romain (284-364 apr. J.-C.), les dépenses publiques concernaient l'armée, la solde des fonctionnaires, la poste et la distribution de vivres au peuple.

Pendant la période monarchique de l'Ancien Régime, les prélèvements obligatoires retrouvent une fonction de financement des dépenses du royaume. Les seigneurs perdent leur privilège de pouvoir lever l'impôt sur leur domaine au profit du roi.

D'une manière générale, l'Ancien Régime se caractérise par l'inexistence de comptabilisation des recettes et des dépenses. Cette situation va participer à la dégradation des finances de l'État et à la mise en place d'un système fiscal parfaitement injuste qui sera à l'origine de la Révolution.

L'histoire contemporaine des finances publiques se divise en deux périodes distinctes : une période dite « classique » ou « libérale » qui s'étend de la Révolution jusqu'à la première guerre mondiale, puis une seconde période dite « moderne ».

1 La période classique

a. La reconnaissance de la souveraineté financière du peuple

Elle débute à la reconnaissance des fondements du droit budgétaire pour s'exprimer ensuite à travers un certain nombre de principes.

L'installation de la souveraineté financière est apparue d'abord au XIIIe siècle en Angleterre avec la Grande Charte (*Magna Carta*). En 1628, est consacrée l'idée d'un renouvellement périodique (1 an) du consentement à l'impôt (*The Petition of Rights*). En 1689, le *Bill of Rights* imposé à Guillaume d'Orange va consacrer de manière définitive le principe du consentement du peuple à l'impôt. En France, la Révolution va affirmer le principe du consentement du peuple à l'impôt à l'article 14 de la Déclaration des droits de l'homme et du citoyen du 27 août 1789 : **« Tous les citoyens ont le droit de constater, par eux même ou par leurs représentants, la nécessité de la contribution publique, de la consentir librement, d'en suivre l'emploi, et d'en déterminer la quotité, l'assiette, le recouvrement et la durée. »**

C'est le baron Joseph Dominique Louis (1755-1837), ministre des Finances à cinq reprises (pendant les deux Restaurations et la monarchie de Juillet) qui va permettre, dès 1814, l'organisation d'une administration des finances rénovée et transparente, au moyen de principes budgétaires et comptables nouveaux qui constituent encore aujourd'hui les base du cadre juridique de nos finances publiques.

Les finances publiques « classiques » vont se développer à travers deux grands principes : le principe de neutralité et le principe d'équilibre budgétaire.

b. Le principe de neutralité

La neutralité des finances publiques s'exerce autant en matière de dépenses publiques qu'en matière de recettes publiques.

La neutralité des dépenses publiques

En accord avec la conception classique libérale issue de la Révolution française, les dépenses publiques ne doivent avoir aucune conséquence sur la situation économique ou sociale. L'État ne doit pas troubler l'ordre naturel fondé sur les lois économiques.

Sept ministères conduisaient au début du XXe siècle les activités régaliennes de l'État : Sécurité intérieure et extérieure, Affaires étrangères, Guerre, Contributions, Marine et Justice. Le fonctionnement de l'administration se limite aux dépenses de personnel, matériels, bâtiments, retraite. Par exemple, l'augmentation du budget du ministère de la Justice en 1910 a été la même que l'année précédente, soit une augmentation 0,2 %.

Le comte de Villèle (député) disait à la tribune de la chambre parlementaire en 1827 : « **Saluez, Messieurs, ce milliard, vous ne le reverrez plus** ». Il voulait dire que le budget n'avait jamais atteint un chiffre aussi élevé, et que l'exercice suivant devait être plus allégé.

La neutralité des ressources publiques

Pour la doctrine libérale classique, l'impôt doit être neutre et le recours à l'emprunt exceptionnel. Robert Stourn écrivait dans *Le Budget* (Paris, 1913) : « l'impôt ne doit être ni stimulateur, ni moralisateur, ni protecteur, il doit être exclusivement le pourvoyeur du trésor ». En d'autres termes, ne doit être dépensé que ce qui est strictement nécessaire.

Ainsi, la neutralité fiscale va avoir pour conséquence que les prélèvements obligatoires ne représentent qu'une faible part dans le produit intérieur brut : moins de 10 % du revenu national.

Cette argumentation libérale a été soutenue pendant près d'un siècle, sans être vraiment respectée.

c. La nécessité de l'équilibre budgétaire

L'équilibre budgétaire est à cette époque plus qu'une nécessité, c'est un dogme.

Le budget de l'État ne doit faire apparaître ni déficit, ni excédent de recettes. Politiquement, le Parlement vote la quantité d'impôt nécessaire et strictement suffisante pour couvrir les dépenses. Économiquement, le déficit entraîne le recours à l'emprunt ou à des ressources de trésorerie pouvant conduire à une inflation monétaire.

L'excédent des recettes doit être également écarté car il a pour conséquence de stériliser les deniers privés.

2 La période moderne

a. Les causes de l'évolution

Les facteurs politiques et juridiques

Ils sont liés aux évolutions politiques et notamment la recherche de l'idéal démocratique. À chaque fois que le corpus juridique se modifie et s'améliore, il engendre de nouvelles dépenses. Ce perfectionnement progressif va être la conséquence de la montée du pouvoir gouvernemental. La réforme constitutionnelle de 1958 et l'avènement de l'ordonnance organique du 2 janvier 1959 ont consacré cette évolution. La nouvelle approche des finances publiques s'exprime dès la première guerre mondiale. En 1914, le financement des efforts de guerre va provoquer le basculement vers des conceptions radicalement différentes des finances publiques classiques. Le budget de l'État va progressivement devenir un moyen d'action du Gouvernement.

Les facteurs économiques et sociaux

L'évolution des besoins sociaux va entraîner la revendication des citoyens envers l'État d'agir et de financer certaines activités liées notamment au développement des technologies et aux évolutions sociales. Les premières réglementations sanitaires et sociales apparaissent vers 1815. La crise financière de 1929 va jouer un rôle important dans la prise de conscience selon laquelle l'intervention de l'État était nécessaire afin d'assurer un équilibre autant économique et social que financier

b. Les conséquences budgétaires de l'évolution

Les dépenses et les recettes de l'État vont croître, à la fois dans leur volume et dans leur nature. Les concepts et la terminologie budgétaire vont s'en trouver particulièrement bouleversés.

L'évolution des dépenses de l'État

La loi d'accroissement des dépenses, dite « loi de Wagner »

Dans son ouvrage Les Fondements de l'économie politique (1912), Adolph Wagner va montrer que, dans les pays industrialisés, la croissance des dépenses publiques est toujours proportionnellement supérieure au revenu national. Cette loi d'extension croissante des besoins financiers est due au développement simultané de trois types d'activités de l'État : l'activité législative ; la participation de l'État à l'activité de production matérielle de biens et la fourniture de services publics économiques et sociaux.

Dans leur volume

Ces dépenses ont cru d'abord dans leur volume. À l'époque classique, le volume des finances publiques est très réduit.

En 1950, le budget de l'État atteint près de 200 milliards d'anciens francs (AF), soit deux cent fois plus que celui de 1829. En 1960, le budget est de 500 milliards, puis 700 milliards en 1970, 1 000 milliards en 1980, 1 400 milliards en 1985 et 1 600 milliards en 1992. La même année, la survenance du traité de Maastricht (7 février 1992) créant l'Union européenne et les engagements des États candidats à l'union économique et monétaire vont les contraindre au respect de deux critères de convergence qui feront l'objet des pactes de stabilité budgétaires, au terme desquels le déficit public ne doit pas dépasser 3 % du PIB et la dette publique ne doit pas excéder 60 % du PIB (actuellement : article 101-2 ; CE).

Année	Volumes
2000	267,87 milliards d'euros (loi règlement)
2005	307,74 milliards d'euros
2009	397,90 milliards d'euros
2010	454,10 milliards d'euros
2011	414,30 milliards d'euros
2013	370,90 milliards d'euros
2014	379,70 milliards d'euros
2015	372,95 milliards d'euros
2016	409,10 milliards d'euros
2017	415,96 milliards d'euros
2018	424,70 LFI*
2019	468,5 LFI*

** LFI : loi de finances initiale*

Dans leur nature

Les finances publiques, devenant de plus en plus interventionnistes, viennent s'ajouter aux dépenses traditionnelles régaliennes de l'État de nouvelles fonctions sociales qui utilisent la technique des dépenses de transfert. Les documents financiers vont développer des opérations très diverses qui peuvent concerner aussi bien le statut des personnes, les dépenses sanitaires et sociales, les dépenses culturelles, la protection de l'environnement, etc. La traditionnelle distinction des dépenses d'investissement et de fonctionnement est nécessaire mais elle n'est plus suffisante.

L'évolution des ressources budgétaires de l'État

Elles vont également connaître une évolution dans leur volume et leur nature.

Aujourd'hui, les prélèvements obligatoires sont supérieurs à la moitié du revenu national. En 1970, les dépenses de Sécurité sociale représentaient 60 % du budget de l'État. À partir des années 1995, elles lui deviennent supérieures. Les réformes de décentralisation vont multiplier les dépenses des collectivités territoriales par trois.

Dans leur volume

Traditionnellement, les ressources budgétaires étaient permises par des prélèvements obligatoires dont l'unique objet a été de couvrir de manière la plus exacte possible l'ensemble des dépenses. Malgré de louables efforts, cet objectif s'est révélé très difficile à atteindre. Dans un premier temps, les pouvoirs publics ont développé des pratiques d'utilisation conjoncturelles des impôts existants, en s'efforçant d'améliorer leur rentabilité.

Dans un second temps, les pouvoirs publics ont créé de nouveaux impôts. En 1914, Joseph Caillaux, alors ministre des Finances, fait adopter par le Parlement l'impôt sur le revenu des personnes physiques. Des impôts sur des bases très diverses (la consommation, les pianos, les fenêtres, les livres, les chiens) ont été créés ou expérimentés. L'impôt devient progressivement une arme conjoncturelle, un instrument de la politique économique et sociale de la Nation.

Dans leur nature

Les recettes publiques vont se voir assigner d'autres fonctions que celles traditionnelles de la couverture des dépenses publiques. La politique fiscale va s'exercer dans les domaines économiques et sociaux, puis dans la plupart des domaines d'intervention des pouvoirs publics : culture, éducation, sport, jeunesse, environnement, etc.

Dans le même temps, la modernisation des impôts va conduire à la prise en compte progressive de la personnalisation des prélèvements obligatoires à taux progressifs, ce qui va affaiblir leur rentabilité. L'institution de la TVA en 1954 et sa généralisation au cours des années suivantes ne vont constituer qu'une réponse partielle à ces inconvénients.

Taux de croissance en volume de la dépense publique

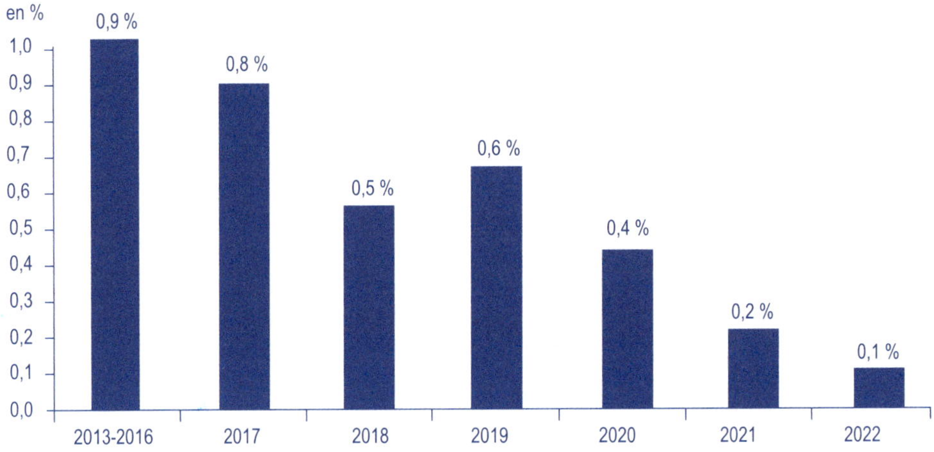

Source : RESF, 2018.

Évolution du taux de prélèvements obligatoires

	2016	2017	2018	2019	2020	2021	2022
Taux de prélèvements obligatoires (% du PIB)	44,6	45,4	45,0	44,0	44,3	44,3	44,3
Élasticité des prélèvements obligatoires	1,3	1,5	1,1	1,0	1,0	1,0	1,0

3 L'évolution dans la terminologie budgétaire

a. De la notion de budget à la notion de loi de finances

Jusqu'en 1959, les finances publiques renvoyaient exclusivement à la notion de **budget**. Le terme de « budget » vient du mot anglais budget (nom que l'on donnait à une petite bourse en cuir que l'on accrochait à la ceinture au Moyen Âge).

La notion juridique de budget a fait l'objet d'une définition à l'article 5 du décret du 31 mai 1862 portant règlement général sur la comptabilité publique :

« Le budget est l'acte par lequel sont prévues et autorisées les recettes et les dépenses annuelles de l'État. »

La notion de loi de finances sera consacrée par l'ordonnance organique du 2 janvier 1959 et reconduite par la loi organique relative aux lois de finances du 1er août 2001.

La notion de budget s'applique toujours aux collectivités territoriales et aux établissements publics.

b. La loi organique relative aux lois de finances du 1er août 2001 (LOLF)

Elle succède à l'ordonnance organique n° 59-2 du 2 janvier 1959 adoptée quelques mois après l'avènement de la Ve République et considérée comme la constitution financière de la France.

Le texte de 1959 avait naturellement vieilli et n'était plus en mesure de traduire les nécessaires orientations d'une gestion moderne des finances publiques dans un contexte d'accélération de la construction européenne.

Remarque

La LOLF a, en particulier, rénové les pouvoirs du Parlement en matière financière, pris en considération le contexte européen et consacré la recherche de l'efficacité et de la performance des finances de l'État.

26 Cours
Les rapports entre les dépenses et les recettes

Il y a deux types de rapports possibles. Soit l'ensemble des recettes couvre l'ensemble des dépenses et dans ce cas nous sommes dans une situation d'équilibre. Soit l'ensemble des recettes ne couvre pas l'ensemble des dépenses et il y a déséquilibre. Ce déséquilibre peut être : soit positif, et l'on parlera d'excédent ; soit négatif et l'on parlera de déficit. La question du rapport entre les dépenses et les recettes résulte d'un choix des pouvoirs publics s'agissant des lois de finances et des lois de financement de la Sécurité sociale et d'une obligation légale de présentation et de vote en équilibre pour les budgets locaux.

1 Le choix de l'équilibre budgétaire

a. La doctrine de l'équilibre budgétaire

Les fondements politiques et économiques

Cette doctrine repose sur les fondements libéraux des finances publiques. Les libéraux pensaient que l'équilibre était un choix qui s'imposait. Les missions de l'État n'étant que des missions régaliennes, l'équilibre budgétaire est un véritable dogme. Dans la doctrine libérale classique, toute dépense publique « inutile » est un frein au développement de l'économie. Les prélèvements obligatoires doivent être calculés au minimum.

Les outils de la mise en œuvre

La maîtrise des dépenses publiques apparaît comme l'instrument principal de l'équilibre budgétaire. Les dépenses de l'administration étant essentiellement des dépenses de personnel, les politiques mises en place ont consisté à réduire le train de vie de l'État.

Le second outil de la mise en œuvre des politiques d'équilibre budgétaire repose sur le concept de la neutralité fiscale, érigé en dogme. L'objectif unique de toute politique fiscale est la stricte couverture des dépenses publiques.

b. Les conséquences du choix de l'équilibre

Le choix de l'équilibre budgétaire va entraîner plusieurs conséquences dès lors que son maintien ne résultait plus que d'un choix doctrinal historique.

Les rapports entre la prévision et l'exécution

Année N – 2	Année N – 1	Année N	Année N + 1	Année N + 2
	Prévisions	Exécution	Résultats	

Dès les années 1955-1960, on a commencé à observer des différences significatives entre la préparation, la présentation et l'exécution budgétaire. De 1965 à 1974 : la loi de finances a toujours été présentée en équilibre (sauf en 1968 et 1969), mais elle n'a été exécutée en équilibre que pendant quatre années.

La débudgétisation et les démembrements

Débudgétiser signifie « financer en dehors du budget une fraction des dépenses jusqu'alors supportée par l'État ». Cette pratique est progressivement devenue inéluctable à partir du moment où l'équilibre doit être obtenu en maintenant la pression fiscale, voire en la diminuant...

La débudgétisation s'est traduite par des transferts de charges imposées par l'État aux collectivités locales et à la Sécurité sociale. Ces politiques ont frappé en particulier les secteurs du logement, des entreprises nationales, des autoroutes et des télécommunications. Les techniques de démembrement sont assez voisines s'agissant de l'objectif poursuivi, mais elles s'en écartent sensiblement quant aux méthodes mises en œuvre. Il s'agit ici tantôt de confier la gestion d'un service public à un opérateur public ou privé, autre que l'État ou une collectivité territoriale (externalisation), tantôt de sortir définitivement une activité de la sphère publique (privatisation).

D'une politique d'équilibre budgétaire, les pouvoirs publics vont s'orienter vers le choix du déséquilibre.

2 Le choix du déséquilibre budgétaire

a. Les doctrines du déséquilibre

Le circuit du temps de guerre

Les fondements théoriques du déséquilibre se sont historiquement succédé, à commencer par le « circuit du temps de guerre ». Ce fut la première expérience d'acceptation du déficit budgétaire à l'occasion de la première guerre mondiale. Les pouvoirs publics vont consentir un déficit budgétaire limité à la période de conflit dans l'espoir de le compenser par une croissance retrouvée après la guerre.

Le budget cyclique

C'est une théorie qui s'inspire de la précédente mais qui s'éloigne de la situation du temps de guerre. Elle est fondée sur la théorie des cycles économiques. Ces cycles sont composés de phases de croissance et de récession qui se succèdent

Le déficit systématique

C'est un déficit choisi mais surtout accepté. Cette théorie a été développée à partir de la pensée de Keynes par William Beveridge. Elle propose l'idée d'un déficit du budget pour relancer l'économie et assurer le plein-emploi. Pour y parvenir, la politique budgétaire peut user des réductions d'impôts (pour relancer la consommation) ou des augmentations de dépenses

b. Les conséquences du déficit budgétaire

De l'équilibre comptable à l'équilibre économique et financier

Jusqu'à l'ordonnance organique de 1959, le droit budgétaire n'avait de la notion d'équilibre qu'une conception comptable, c'est-à-dire une vision purement arithmétique. Le solde général du budget devait être « égal à zéro ».

Dans l'article 1er rénové de la LOLF du 1er août 2001, il est précisé que :

« Les lois de finances déterminent pour un exercice la nature, le montant et l'affectation des ressources et des charges de l'État, ainsi que l'équilibre budgétaire et financier qui en résulte. Elles tiennent compte d'un équilibre économique défini ainsi que des objectifs et des résultats des programmes qu'elles déterminent ».

L'équilibre économique et financier est une notion plus vaste que la notion d'équilibre comptable. Au-delà de l'équilibre des chiffres, c'est l'équilibre la situation économique et sociale générale de la Nation qui doit être recherché. Le droit budgétaire fait priorité à l'équilibre économique social et financier plutôt qu'à un strict équilibre comptable.

La présentation juridique des soldes budgétaires : l'article d'équilibre

Les soldes budgétaires font l'objet depuis 1959 d'une disposition spéciale dans la loi de finances, l'article d'équilibre. Il se présente sous la forme d'un tableau qui conclut la première partie de la loi de finances. C'est l'article le plus important de la loi de finances. La nouvelle présentation, version LOLF, distingue en dépenses : la charge de la dette, les dépenses de personnel, et les autres dépenses ; et en recettes : les recettes nettes (recettes brutes – prélèvements sur recettes), auquel s'imputent enfin le solde des budgets annexes et le solde des comptes spéciaux, pour obtenir le solde général de la loi de finances.

Le cadre européen des finances publiques

Le Pacte de stabilité et de croissance a été adopté par le Conseil européen d'Amsterdam (16-17 juin 1997), fondé sur l'article 121 du TFUE, et mis en œuvre par le règlement CE n° 1466/97 du 7 juillet 1997. Il eut pour objectifs de lutter contre les déficits excessifs. Le pacte de stabilité et de croissance a fait l'objet d'une première réforme, sous la pression de l'Allemagne et de la France, par une décision du Conseil européen du 27 juin 2005. Celle-ci propose une lecture assouplie du traité (plus politique que technique). Ainsi les États, de manière temporaire, peuvent s'écarter des impératifs des 3 % (déficits) et 60 % (dette) à condition d'avoir mis en œuvre des politiques de réforme structurelles permettant une viabilité des finances publiques à long terme.

Une troisième réforme du pacte de stabilité et de croissance est intervenue en novembre 2011. Elle a pris la forme d'un « pack » de six nouveaux textes « six pack » : (une directive et cinq règlements) : n° 2011/85/UE du Conseil du 8 novembre ; nos 1173/2011, 1175/2001, 1766/97, du 16 novembre 2011 ; nos 1177/2011 et 1467/97 du 8 novembre 2011 ont été adoptés pour solutionner la crise des dettes souveraines dans l'Union économique et monétaire (UEM) à partir de 2010. Ses objectifs ont été de renforcer la coordination des politiques économiques et budgétaires, de systématiser les sanctions financières, et d'instaurer un contrôle des déséquilibres macroéconomiques.

Enfin, signé le 19 mars 2012, le Traité sur la stabilité, la coordination et la gouvernance (TSCG) communément appelé « Pacte budgétaire » a pour objet principal la stabilité durable dans la zone euro. En réalité ce traité impose une sorte de « règle d'or » puisqu'il prévoit : « Les budgets nationaux sont en équilibre ou en excédant. » Les 12 et 13 mai 2013 ont été ajoutés deux nouveaux règlements au Parlement et au Conseil de l'UE, appelés « Two pack ». Le premier texte a pour fonction de renforcer la surveillance des États membres dont la situation financière s'est dégradée, et le second établit une harmonisation de la gouvernance budgétaire. Avant le 30 avril de chaque année, les États membres doivent publier un plan budgétaire national à moyen terme. Avant le 15 octobre, les États doivent transmettre à la Commission leur projet de loi de finances pour l'année N + 1.

En France, les contraintes imposées par ces dispositions nouvelles vont quelque peu infléchir certaines de nos procédures et méthodes. C'est la loi organique n° 2012-1403 du 17 décembre 2012 relative à la programmation et à la gouvernance des finances publiques qui va organiser la transposition du TSCG. La loi organique a complété le contenu des lois de programmation des finances publiques. Elles devront désormais préciser les objectifs à moyen terme ainsi que les outils et mécanismes de correction. La loi a créé le **Haut Conseil des finances publiques** chargé d'émettre des avis publics sur les hypothèses macroéconomiques retenues par le Gouvernement, et chargé également d'alerter publiquement le Gouvernement et le Parlement en cas de nécessité.

En 2017, le déficit a été conforme aux engagements européens. L'effort de maîtrise des dépenses publiques doit donc se poursuivre entre 2019 et 2022, grâce en particulier au programme « action publique 2022 » qui touchera également les finances locales et celles de la Sécurité sociale.

Le taux des prélèvements obligatoires devrait baisser entre 2019 et 2022 environ d'un point PIB (44,3 %).

TSCG : Traité sur la stabilité la coordination et la Gouvernance

Cours

27 Les dettes et l'emprunt public

La question de la dette et de son financement est aujourd'hui une des principales préoccupations des pouvoirs publics. Sa situation est en lien avec une multitude de facteurs politiques, économiques et sociaux ; sa dimension est complexe et internationale.

1 L'histoire

a. La cause historique : la guerre

Les Grecs ont été parmi les premiers à avoir eu recours à la dette, dès le IVe siècle avant J.-C. Elle se présentait sous la forme de prêts accordés par les citoyens les plus riches à des conditions avantageuses pour la cité.

Les Romains, en revanche, considéraient le recours à l'emprunt et donc la dette comme non ordinaire sauf pour financer les campagnes militaires.

L'historien Jacques le Goff identifie Saint Louis comme l'initiateur de l'endettement en France. C'est sous son règne que la dette publique devient un moyen courant de financement des dépenses du royaume.

En proclamant l'égalité fiscale, les révolutionnaires français vont essayer de désendetter l'État avec un certain succès (20 % du PIB en 1813).

Les deux guerres mondiales vont occasionner des pics d'endettements spectaculaires : 110 % du PIB pour la France en 1946 et 250 % pour l'Angleterre à la même époque.

La France émet des bons du Trésor achetés par les banques pour financer sa dette.

b. La cause moderne : les crises économiques et le ralentissement de la croissance

La pensée keynésienne va justifier le recours au déficit d'abord cyclique puis systématique. La croissance des Trente Glorieuses permettra de contenir les déficits dans des proportions très réduites jusqu'au premier choc pétrolier de 1974-1975.

En 1984, le déficit budgétaire de l'État n'était que de 2,8 % du PIB, puis 5,9 % à la suite de la récession de 1993. Dans un contexte économique plus favorable il retombera à 1,5 % en 2000. Depuis la crise économique mondiale marquée par les événements boursiers de 2008, la dette française a été multipliée par 4 pour atteindre 85 % du PIB en 2011.

2 Les composantes de la dette publique

Plusieurs types de déficits, financés au moyen de l'emprunt, vont contribuer au gonflement de la dette.

L'ensemble cumulé des soldes d'exécution public doit être pris en considération :

- **le solde budgétaire de l'État** (La différence entre les recettes et les dépenses de l'État) ;
- **le solde primaire et le solde structurel ;:**
  - le solde budgétaire primaire représente la différence entre les dépenses totales de l'État et le montant des intérêts payés chaque année,
  - le solde primaire = Solde budgétaire – Charge de la dette,
  - le solde structurel = Solde primaire – Sa composante conjoncturelle ;
- **la dette des administrations publiques (APU)** : elle distingue trois sous-secteurs dans le système européen des comptes :
  - l'État pour toutes ses opérations : budget général, budgets annexes, comptes spéciaux et l'ensemble des organismes divers d'administration centrale **(ODAC)**,
  - les administrations publiques locales, **(APUL)**, et l'ensemble des organismes divers qui leur sont rattachés **(ODAL)**,
  - les administrations de Sécurité sociale **(ASSO)**. La part de l'État est très largement majoritaire dans l'ensemble des APU (environ les 4/5), la part relevant des collectivités territoriales et de la Sécurité sociale est faible.
- **la dette au sens de Maastricht (art. 104 C et 209 E du traité sur l'Union européenne) :** il s'agit d'une dette brute, c'est-à-dire qui ne prend pas en considération les actifs ou les avoirs monétaires détenus par l'État (environ 800 milliards dont 400 d'actions au cours des années 2000). Selon les termes du traité, le déficit des APU doit rester inférieur à 3 % du PIB et la dette dite « notifiée » ne doit pas excéder 60 % du PIB.

Évolution de la dette publique

En % du PIB	2017	2018	2019	2020	2021	2022
1. Dette brute	97,0	96,4	96,2	94,7	92,3	89,2
2. Variation du ratio d'endettement brut	0,4	– 0,5	– 0,2	– 1,5	– 2,4	– 3,1

3 Le financement de la dette publique

C'est l'emprunt qui constitue aujourd'hui le levier principal du financement de la dette publique.

a. Le recours à l'emprunt

Aujourd'hui l'État doit avoir recours aux marchés de capitaux pour financer ses déficits.

C'est l'article d'équilibre de la loi de finances qui chaque année autorise le ministre chargé des Finances à procéder aux emprunts et à diverses opérations relatives aux titres de créances (art. 25 et 26 de la LOLF, art. 43 et suivants et 137 et suivants du décret du 7 novembre 2012 relatif à la gestion budgétaire et comptable publique).

Notions essentielles de finances publiques

La couverture des besoins de financement de l'État est une activité conduite par **l'agence France Trésor** (AFT). Cet établissement public administratif de l'État a été créé par un arrêté ministériel du 8 février 2001. Il est composé de professionnels issus de la direction du Trésor auxquels ont été adjoints des professionnels des marchés financiers. C'est le décret du 31 décembre 2011 qui précise les conditions relatives à l'émission des valeurs du Trésor.

b. La nature juridique de l'emprunt

Sur le plan juridique, l'emprunt est un contrat (art. 25.4 LOLF). Il est fondé sur un accord de volonté entre les parties, dont les clauses sont cependant fixées de manière unilatérale par l'État. Il est arrivé à de nombreuses reprises que certains emprunts fussent rendus obligatoires faute d'adhésion spontanée des souscripteurs (1795, 1815, 1948, 1976, 1983).

Le contrat d'emprunt est un contrat administratif en raison du caractère exorbitant du régime auquel il est soumis. En revanche, s'agissant de l'emprunt des collectivités territoriales, la jurisprudence a considéré qu'il s'agissait d'un contrat de droit commun (Cass. civ., 24 octobre 2000, commune de Saint-Valéry-sur-Somme).

c. Les outils juridiques de l'emprunt

Les emprunts à long terme

Aujourd'hui, la quasi-totalité des besoins de financement à long terme est couverte par les émissions **d'obligations assimilées du trésor (OAT)**. La durée peut varier de 5 à 50 ans.

Les emprunts à moyen terme

Les besoins de financement à moyen terme sont couverts par les **bons du Trésor en compte-courant à taux fixe et intérêts annuels (BTAN)**. Ils peuvent être souscrits par des investisseurs institutionnels ou des particuliers pour une durée de 2 à 5 ans.

Les emprunts à court terme

Les **bons du Trésor à taux fixe (BTF)**, dont la durée est inférieure ou égale à 1 an, parfois quelques semaines, présentent la particularité d'être assortis d'un taux d'intérêt payé à l'avance (précompté).

Pour la première fois dans l'histoire du financement de la dette souveraine, le taux obtenu par la France en avril 2015 a été inférieur à 0 % (– 0,12 %). Cette situation rare s'explique par le fait combiné et concomitant d'une situation quasi déflationniste, d'une modification des rapports de taux de change et de perspectives économiques positives.

28 Cours
Les différents documents financiers publics

1 Les différentes lois de finances

Les documents financiers de l'État sont les lois de finances et les lois de financements de la Sécurité sociale, et indirectement les budgets des personnes publiques qui lui sont rattachées par le lien de la tutelle. Depuis l'ordonnance de 1959 et l'article 1er de la LOLF, ont le caractère de loi de finances : la loi de finances de l'année et les lois de finances rectificatives, les lois de règlement, les lois de finances prévues à l'article 45 (LOLF).

a. La loi de finances de l'année

La loi de finances de l'année, appelée aussi loi de finances initiale est, au sens politique, le texte financier le plus important de l'année.

Selon les dispositions de l'article 34 de la loi organique, la loi de finances de l'année comprend **deux parties** :

- la première partie autorise pour l'année la perception des ressources de l'État et des impositions de toute nature, affectées à des personnes morales autres que l'État. Elle fixe les plafonds des dépenses du budget général, de chaque budget annexe et de chaque catégorie de comptes spéciaux. Enfin elle présente l'équilibre financier général dans un tableau récapitulatif ;
- la seconde partie reprend de manière détaillée les éléments de la première partie en fixant, par missions, le montant des autorisations d'engagement et des crédits de paiements ; elle fixe également le régime de la dette. Elle se termine par les documents législatifs annexés désignés par une lettre alphabétique dont la fonction est de participer à l'information des parlementaires.

b. Les lois de finances rectificatives (collectifs budgétaires)

La loi de finances de l'année repose sur des prévisions élaborées au cours de l'année (N – 1). L'objet essentiel des lois de finances rectificatives est d'ajuster les prévisions initiales à la situation réelle. Par ailleurs, le cas échéant, elles ratifient les modifications apportées par décret d'avance aux crédits ouverts par la dernière loi de finances (art. 35). Les lois de finances rectificatives doivent impérativement comporter les montants des plafonds des dépenses et arrêter les données générales de l'équilibre budgétaire. Elles sont présentées en partie ou en totalité dans les mêmes formes que la loi de finances de l'année.

Depuis l'exercice 2006, sont joints à tout projet de loi de finances rectificative (art. 53) :

- un rapport présentant les évolutions de la situation économique justifiant les dispositions qu'il comporte ;
- une annexe explicative détaillant les modifications de crédits proposés ;
- des tableaux récapitulant les mouvements de crédits intervenus par voie réglementaire et relatifs aux crédits de l'année en cours.

c. La loi de règlement (art. 37)

La loi de règlement présente un certain nombre de particularités, tant du point de vue de son objet que du caractère original de la procédure qui lui est affectée. La LOLF l'a profondément modernisée.

La loi organique a confié à la loi de règlement quatre fonctions obligatoires et deux séries de fonctions facultatives.

Les fonctions obligatoires

La loi de règlement :

- arrête le montant définitif des recettes et des dépenses du budget auquel elle se rapporte ainsi que les résultats budgétaires qui en découlent ;
- arrête le montant définitif des ressources et des charges de trésorerie ayant concouru à la réalisation de l'équilibre financier de l'année correspondante, présenté dans un tableau de financement ;
- approuve le compte de résultat de l'exercice, établi à partir des ressources et des charges constatées ;
- affecte au bilan le résultat comptable de l'exercice et approuve le bilan après affectation.

Les fonctions facultatives

Le cas échéant, la loi de règlement :

- ratifie les modifications apportées par décrets d'avance aux crédits ouverts par la dernière loi de finances afférente à cette année ;
- ouvre pour chaque programme ou dotation concerné les crédits nécessaires pour régulariser les dépassements constatés résultant de circonstances de force majeure dûment justifiées et procède à l'annulation des crédits n'ayant été ni consommés ni reportés ;
- majore pour chaque compte spécial concerné, le montant du découvert autorisé au niveau du découvert constaté ;
- arrête les soldes des comptes spéciaux non reportés sur l'exercice suivant ;
- apure les pertes et profits survenus sur chaque compte spécial.

La loi de règlement peut enfin comporter toutes dispositions relatives à l'information et au contrôle du parlement sur la gestion des finances publiques ; ainsi qu'à la comptabilité de l'État et au régime de la responsabilité pécuniaire des agents des services publics.

Son régime juridique particulier

L'article 47 de la Constitution du 4 octobre 1958 a prévu une **mission d'assistance de la Cour des comptes** auprès du Gouvernement et du Parlement. L'article 58 de la LOLF l'a précisée et sensiblement développée. La Cour produit un rapport délibéré en chambre du conseil consacré à l'exécution des lois de finances en vue du règlement définitif du budget. L'article 58-5 de la LOLF a prévu que la Cour procède à la certification de la régularité, de la sincérité et de la fidélité des comptes de l'État. Cette certification doit être annexée au projet de loi de règlement, accompagnée du compte rendu des vérifications opérées.

L'article 54 de la LOLF a prévu que le projet de loi de règlement doit être accompagné de **sept catégories de documents** composés de différends rapports et d'annexes explicatives.

L'article 46 prévoit désormais que le projet de loi de règlement et les documents qui l'accompagnent doivent être déposés et distribués **avant le 1er juin** qui suit l'année d'exécution. L'article 41 précise que le projet de loi de finances de l'année ne peut être mis en discussion devant une assemblée avant le vote par celle-ci, en première lecture, sur le projet de loi de règlement afférent à l'exercice précédent.

Cela permet d'éclairer les données du projet de loi de finances de l'année à venir grâce aux enseignements tirés de l'exécution la plus proche. Ce qui met en œuvre un « **chaînage vertueux** » des différents documents financiers de l'État, y compris la loi de financement de la Sécurité sociale.

2 Les lois de finances prévues à l'article 45

En vertu de l'article 47 de la Constitution, lorsque la loi de finances fixant les ressources et les charges d'un exercice n'a pas été déposée en temps utile pour être promulguée avant le début de l'année, le Gouvernement demande d'urgence au Parlement l'autorisation de percevoir les impôts et ouvre par décrets les crédits se rapportant aux services votés. Cette procédure a été mise en œuvre en 1962 à la suite de la dissolution de l'Assemblée nationale. Désormais, l'article 45.1 de la LOLF a prévu deux procédures :

- le Gouvernement peut demander à l'Assemblée nationale, avant le 11 décembre, d'émettre un vote séparé sur l'ensemble de la première partie de la loi de finances et ce **projet de loi de finances partiel** est ensuite soumis au Sénat selon la procédure d'urgence ;
- dans l'hypothèse où cette procédure n'a pas été suivie, ou suivie mais non aboutie, le Gouvernement dépose avant le 19 décembre qui précède le début de l'exercice, devant l'Assemblée nationale, **un projet de loi spécial** l'autorisant à continuer à percevoir les impôts existants. Cette procédure n'a jamais été utilisée.

L'article 45 précise que ces lois n'ont pas d'effet sur la durée de l'exercice, l'adoption d'une loi de finances de l'année reste nécessaire.

a. Les lois de financement de la Sécurité sociale (LFSS)

Les origines

Le modèle français de protection sanitaire et sociale est un modèle particulier mais dont le fondement reste largement inspiré du modèle beveridgien. Le système français a pour origine deux lois des 5 avril 1928 et 30 avril 1930, dont l'objectif commun fut de mettre en place un système d'assurance sociale obligatoire financé par les cotisations des salariés comme des employeurs afin de prendre en charge les risques relatifs à la maladie, la maternité, la vieillesse, l'invalidité et le décès. C'est ce système de « caisse locale » qui fut développé et généralisé dans le cadre d'un statut de droit privé par les ordonnances et les lois adoptées en 1945 et 1946. Malgré cette volonté de généralisation de nombreux système particuliers furent dès l'origine maintenus et d'autres créés (agriculteurs, professions libérales, fonctionnaires, mineurs, cheminots, etc.).

Durant les années 1975-1990, la demande sociale s'est accélérée du fait des conséquences engendrées par les chocs pétroliers et les crises qu'ils ont généré, à tel point que le budget de la Sécurité sociale a dépassé, en volume, celui de l'État. La loi constitutionnelle du 22 février 1996, complétant l'article 34 de la Constitution, qui dispose que : « les lois de financement de la Sécurité sociale déterminent les conditions générales de son équilibre financier, et compte tenu de leurs prévisions de recettes, fixent les objectifs de dépenses, dans les conditions et sous les réserves prévues par une loi organique ». C'est en cela qu'il convient de clairement distinguer les lois de financement de la Sécurité sociale et les lois de finances telles qu'elles sont définies à l'article premier de la LOLF du 1er août 2001.

La loi organique n° 96-646 du 22 juillet 1996 relative aux lois de financement de la Sécurité sociale définit ce que doivent comprendre lesdites lois, arrête la liste (abondante) de leurs annexes et fixe la procédure.

La loi organique n° 2005-881 du 2 août 2005, dans le même esprit que celui de la loi organique sur les lois de finances de 2001, replace la gestion des finances sociales dans un objectif de performance dans le cadre d'une démarche « Objectifs-résultats » proche de celle des lois de finances.

Les principes budgétaires appliqués à la loi de financement de la Sécurité sociale

L'annualité dans un cadre pluriannuel

La préparation, le vote, et l'exécution des lois de financement de la Sécurité sociale sont annuels. Des lois de financement rectificatives, qui ont néanmoins le même statut, peuvent intervenir sans être constitutives d'une entorse au principe de l'annualité. La loi de financement de la Sécurité sociale s'insère dans une inspiration nettement pluriannuelle.

L'article 1er de la loi organique du 2 août 2005 repris par l'article LO 111-3 du Code de la Sécurité sociale dispose que les lois de financement de la Sécurité sociale portent sur l'exercice clos, l'exercice en cours et sur celui de l'année à venir.

Recettes, dépenses et soldes de l'Assurance maladie

(En milliards d'euros)

	2018	2019	2020	2021	2022
Maladie					
Recettes	211,9	217,3	222,6	227,3	232,2
Dépenses	212,8	218,0	222,6	227,3	232,2
Solde	**– 0,9**	**– 0,7**	**0,0**	**0,0**	**0,0**

La pluri-annualité permet notamment de planifier la nouvelle demande de performance et de mieux l'articuler avec les lois de finances

Le principe de sincérité

L'article 1er de la loi organique de 2005 précitée dispose dans son article 1er, alinéa 1 que « la loi de financement de la Sécurité sociale détermine, pour l'année à venir, de manière sincère les conditions générales de l'équilibre financier de la Sécurité sociale compte tenu notamment des conditions économiques générales et de leur évolution prévisible » et dans son alinéa 7 que « les comptes des régimes et organismes de Sécurité sociale doivent être réguliers, sincères et donner une image fidèle de leur patrimoine et de leur situation financière ».

Conformément à l'article L. 132-2-1 du Code des juridictions financières, dans ses différents contrôles et rapports propres à éclairer le Parlement sur le vote de la loi, la Cour des comptes s'attache tout particulièrement à vérifier cette sincérité qui donne tout son sens à ce type de loi.

Le principe d'équilibre

Les conditions générales de l'équilibre financier de la Sécurité sociale sont notamment approuvées par le Parlement conformément à l'article 34 de la Constitution telle que modifiée par la loi constitutionnelle du 22 février 1996.

Cependant, l'équilibre comptable entre recettes, hors emprunt et dépenses, reste difficile à atteindre.

La structure et le contenu des lois de financement de la Sécurité sociale

Depuis la loi organique relative aux lois de financement de la Sécurité sociale (LFSS) de 2005, modifiée par celle du 13 novembre 2010, la loi de financement de la Sécurité sociale doit comprendre quatre parties :

- la première partie est relative à l'exercice clos.
- la deuxième est relative à l'exercice en cours.
- les deux suivantes sont relatives à l'année à venir : la troisième concernant les recettes et l'équilibre général et la quatrième les dépenses.

S'agissant de l'exercice clos, le Parlement approuve ainsi les tableaux d'équilibre par branche et les dépenses relevant du champ d'application de l'objectif national de dépenses d'assurance-maladie (ONDAM) constatées. Le Parlement approuve également les modalités d'emploi des excédents (pour le moins rares jusqu'alors) ou de couverture des déficits et ce, d'une part, pour l'ensemble des régimes obligatoires et, d'autre part, pour le seul régime général.

Pour l'exercice en cours, la LFSS rectifie les prévisions de recettes et les tableaux d'équilibre ainsi que les objectifs de dépenses par branche.

En ce qui concerne l'année à venir, le Parlement approuve le rapport décrivant les prévisions de recettes et les objectifs de dépenses par branche ainsi que les mêmes éléments concernant l'ONDAM et ce, pour les quatre années à venir.

3 Les budgets des collectivités territoriales

L'ensemble « administrations publiques locales » (APUL) comprend : les collectivités territoriales (régions, départements et communes), des établissements publics de coopération intercommunale (EPCI), mais aussi divers organismes d'administration locale (ODAL) comme les centres communaux d'action sociale (établissement public), les caisses des écoles, les services départementaux d'incendie et de secours (SDIS), les collèges, les lycées et les chambres consulaires.

Les finances locales se sont considérablement développées depuis la fin de la deuxième guerre mondiale et particulièrement sous l'effet des politiques publiques de décentralisations inaugurées à partir de la loi du 2 mars 1982, relative aux droits et libertés des communes départements et régions. Les dépenses prévisionnelles des collectivités locales seules pour 2015 ont représenté 258,2 milliards d'euros.

La LPFP 2014-2017 a mis en place de nouvelles règles de gouvernance associées à l'effort de maîtrise de la dépense locale. La loi prévoit l'introduction d'un objectif de dépense publique locale (ODEDEL). La LFPF 2018-2022 vient de prévoir un retour à l'équilibre. Début 2018, les dépenses des APUL représentent près de 202 Md€ soit, environ 60 % des dépenses de l'État et 20 % des dépenses publiques totales en France.

Part des APUL dans la dépense publique en 2017

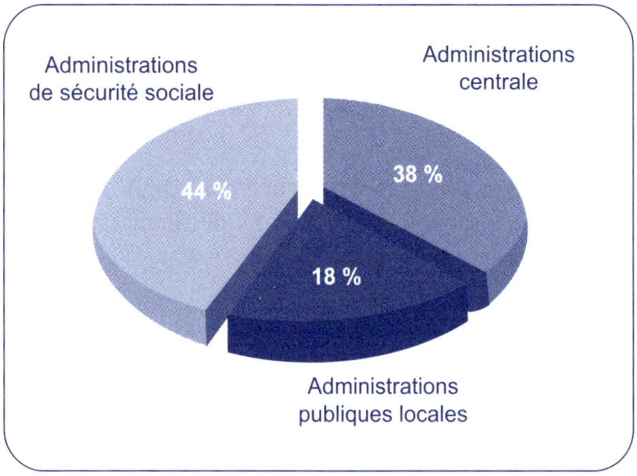

Source : Cour des comptes-données Insee.

(Les chiffres présentés sont hors consolidation. La part des APUL dans la dépense publique a augmenté de 0,02 point entre 2016 et 2017).

a. L'autonomie financière des collectivités territoriales

La Constitution de 1958 dans sa version modifiée par la loi constitutionnelle n° 2003-276 du 28 mars 2003 dispose dans son article 72 que les communes, les départements, les régions, les collectivités à statut particulier et les collectivités d'outre-mer sont des collectivités locales, toute autre collectivité est créée par la loi.

Les collectivités ont vocation à prendre les décisions pour l'ensemble des compétences qui peuvent le mieux être mises en œuvre à leur échelon.

Sont également affirmées la libre administration de chacune dans les conditions fixées par la loi et l'interdiction de toute tutelle de l'une sur l'autre.

L'article 72-1 de la Constitution ouvre désormais la possibilité aux habitants de demander à leur collectivité d'inscrire une affaire (qui peut avoir une incidence financière) à l'ordre du jour de l'assemblée délibérante.

L'article 72-2 précise que les collectivités territoriales bénéficient de ressources dont elles peuvent disposer librement dans les conditions posées par la loi et notamment de tout ou partie des impositions de toutes natures. La loi peut autoriser ces collectivités à en fixer le taux et l'assiette dans certaines limites et sous certaines conditions.

La loi organique n° 2004-758 du 29 juillet 2004 impose que tout transfert de compétence soit intégralement compensé et qu'une péréquation soit organisée pour favoriser l'égalité entre les territoires. La péréquation, un objectif à valeur constitutionnelle depuis 2003.

La finalité de la péréquation est de réduire les disparités entre les collectivités territoriales par une redistribution des ressources en fonction d'indicateurs physiques et financiers.

Les inégalités de répartition des bases fiscales sont importantes. Pour y remédier, l'article 72-2 de la Constitution prévoit « des dispositifs de péréquation destinés à favoriser l'égalité entre les collectivités territoriales ». Les inégalités de richesse fiscale sont souvent le fait de l'histoire et de phénomènes indépendants des choix effectués par les collectivités territoriales. La diminution des concours financiers de l'État rend la poursuite de la progression des montants consacrés à la péréquation plus importante. Le but de la péréquation consiste à soutenir les collectivités structurellement défavorisées, c'est une obligation de solidarité.

La mise en œuvre péréquation est réalisée par des dispositifs de péréquation « verticale », c'est-à-dire à travers des dotations de l'État aux collectivités attribuées de manière différenciée en fonction de critères de ressources et de charges ou de contraintes spécifiques ; et par des mécanismes de péréquation « horizontale », qui consistent à prélever une fraction des ressources fiscales de certaines collectivités pour la reverser à des collectivités moins favorisées.

Les compétences principales de chaque collectivité ont été fixées par les lois n°s 83-8 du 7 janvier 1983 et 83-663 du 22 juillet 1983, toutes les deux modifiées à de nombreuses reprises en particulier la loi du 13 août 2004, la loi du 16 décembre 2010 et la loi du 27 janvier 2014 relative à la modernisation de l'action publique territoriales et d'affirmation des métropoles « MAPTAM ».

b. L'élaboration et l'adoption des budgets locaux

Les budgets locaux sont élaborés par les « équipes exécutives » de chaque collectivité avec l'assistance des fonctionnaires territoriaux et généralement du receveur municipal dans les petites communes.

La loi nº 92-125 du 6 février 1992 a étendu l'obligation d'un débat d'orientation budgétaire (DOB) aux communes de plus de 3 500 habitants et aux régions.

Cette obligation était prévue dès 1982 pour les départements. Le CGCT fixe pour chaque catégorie de collectivité les modalités du vote de ses budgets primitifs ou supplémentaires (L. 3311-1 ; L. 1611-1 ; L. 2311-1).

Ces dispositions définissent le budget comme étant l'acte par lequel sont prévues et autorisées les recettes et les dépenses annuelles de la collectivité. Il est établi en deux sections : fonctionnement et investissement.

Le niveau de détail des comptes est fixé par décret et retracé dans les instructions M14 pour les communes et les EPCI, M52 pour les départements, M71 pour les régions, M61 pour les services départementaux d'incendie et de secours (SDIS) ou M21 pour les hôpitaux.

Les crédits sont votés par chapitre (le maire peut alors, en cours d'exercice, effectuer des virements d'article à article au sein d'un chapitre). Les budgets peuvent être votés soit par nature, soit par fonction. Toutefois, le budget peut être adopté même sans vote formel sur chacun des chapitres. (CE, 18 mars 1994, commune de Cestas, req. Nº 138446 : Lebon nº 147).

L'article L. 1612-2 du CGCT précise que si le budget n'est pas adopté avant le 31 mars de l'exercice auquel il s'applique (le 15 mars l'année de renouvellement de l'assemblée délibérante) le préfet saisit sans délai la chambre régionale des comptes (CRC) qui formule des propositions de règlement du budget. Le préfet, s'il s'écarte de ces propositions en réglant le budget, doit motiver explicitement sa décision. Jusqu'à la notification de ce règlement, l'organe délibérant perd tout pouvoir de délibérer sur ce budget qui pourra toutefois être modifié ultérieurement.

c. Les principes budgétaires

Les principes d'universalité et de spécialité sont quasi identiques à ceux appliqués aux comptes de l'État, en revanche les autres principes s'en écartent, parfois de manière sensible.

Le principe d'annualité

Le principe de l'annualité impose que le budget soit voté pour une année civile du 1er janvier (0 heure), au 31 décembre (24 heures). Toutefois, en cours d'exercice, l'organe délibérant peut voter en fonction d'événements nouveaux tant en recettes qu'en dépenses des décisions modificatives (DM) ou un budget supplémentaire (BS) qui permet d'intégrer les résultats des exercices antérieurs, conformément aux dispositions de l'article L. 1612-11 du CGCT.

Le principe d'unité

Le principe d'unité exige que toutes les ressources et charges de la collectivité figurent dans un document unique. Ce document peut être modifié en cours d'exercice par budget supplémentaire (BS) ou décision modificative (DM).

Toutefois, le budget local est accompagné de budgets annexes dont les comptes doivent être clairement individualisés comme ceux des services publics industriels et commerciaux (SPIC), comme l'eau et l'assainissement.

Malgré cette individualisation, l'unité budgétaire doit être maintenue et les liens entre les budgets assurés. Ainsi, lors de saisines de la chambre régionale des comptes, l'ensemble des documents budgétaires doit être transmis au titre du principe d'unité. À défaut, la chambre doit déclarer la saisine irrecevable. Le centre communal d'action sociale (CCAS), établissement public doté d'un conseil d'administration autonome, n'est pas un budget annexe communal. Il ne participe pas à l'unité budgétaire de la commune à laquelle il est rattaché.

Le principe d'équilibre

Le principe d'équilibre est le principe budgétaire qui s'écarte le plus de celui énoncé pour le budget de l'État.

Le défaut d'équilibre réel des budgets locaux est sanctionné conformément aux dispositions des articles L. 1612-4 et L. 1612-5 du CGCT par la saisine de la chambre régionale des comptes par le préfet du département.

L'équilibre doit être réel : chaque recette ou dépense doit être évaluée avec sincérité. En cas de saisine, le budget est généralement proposé *a minima*. Il devra respecter un équilibre global, une évaluation sincère des données chiffrée et un équilibre individuel de chaque section, fonctionnement et investissement

Le principe de sincérité

Comme le principe d'équilibre, le principe de sincérité diverge clairement des mêmes principes appliqués au budget de l'État. S'il n'est jamais sanctionné pour les documents et comptes financiers de l'État, il en va très différemment en ce qui concerne le budget des collectivités locales.

L'article L. 1612-4 du CGCT, relatif à l'équilibre réel du budget, dispose que le budget de la collectivité territoriale est en équilibre réel lorsque la section de fonctionnement et la section d'investissement sont respectivement votées en équilibre (algébrique) les recettes et les dépenses ayant été évaluées de façon sincère.

Le préfet et la chambre régionale des comptes ont ainsi, chacun pour ce qui les concerne, la saisine et le règlement du budget pour le premier et l'avis motivé pour la deuxième à apprécier cette sincérité dans le cadre de l'article L. 1612-5 du CGCT (relatif à la saisine de la CRC en cas de budget en déséquilibre).

Les critères d'appréciation sont très strictement définis par les CRC.

d. L'exécution des budgets territoriaux

La loi du 2 mars 1982 relative aux droits et libertés des collectivités territoriales a substitué un contrôle *a posteriori* en lieu et place de la tutelle sur les actes des collectivités locales et donc sur leur budget.

Ainsi, conformément à l'article L. 1612-8 du CGCT, le budget de la collectivité est transmis au représentant de l'État dans le département au plus tard, quinze jours après le 31 mars (ou le 15 avril lors du renouvellement de l'organe délibérant). À défaut, le préfet saisit la CRC qui doit proposer un budget dans le délai d'un mois à compter de la saisine. L'exécution du budget relève de la compétence du maire ou le président de la collectivité concernée, ordonnateur chargé des trois premières phases de la dépense (l'engagement, la liquidation et le mandatement). Le comptable exerce la fonction de payeur.

29

Cours

Le cadre juridique des finances publiques

Ces principes constituent le cadre juridique des documents financiers publics français. Ils sont nés pour la plupart lors de la Révolution française et ont été développés et mise en œuvre par le baron Louis à partir de 1814. Ils sont au nombre de cinq depuis la loi organique de 2001 :

- annualité ;
- unité ;
- universalité ;
- spécialité ;
- sincérité.

1 Le principe de l'annualité

Le principe de l'annualité budgétaire, procède d'une signification politique et d'une expression juridique. La LOLF l'a profondément modifié. Les textes et la pratique ont consacré un certain nombre d'aménagements ou de dérogations

a. La signification du principe

L'article 1er de la LOLF dispose « l'exercice s'étend sur une année civile ».

L'annualité budgétaire signifie que les budgets publics sont votés chaque année et doivent être exécutés dans l'année.

En permettant de renouveler chaque année le consentement des citoyens, le principe de l'annualité budgétaire revêt une signification politique tirant son fondement du principe de consentement du citoyen à l'impôt (art 14 DDHC).

La mise en œuvre du principe de l'annualité permet aussi aux citoyens ou à leurs représentants, de contrôler, de manière régulière, les autorisations données.

b. La mise en œuvre

Sur le plan juridique, Le principe d'annualité signifie que les documents financiers publics, (y compris ceux des collectivités territoriales et des établissements publics) doivent être préparés et exécutés pour une année civile.

Si le principe de l'annualité permet d'atteindre les objectifs politiques classiques évoqués, il n'est plus, depuis longtemps, complètement adapté aux exigences et aux réalités modernes. Ce principe a fait l'objet d'aménagements ou de dérogations

c. Les dérogations au principe de l'annualité

Les dérogations visent tous les budgets publics.

L'exemple historique des « 12e provisoires »

Il s'agit d'une pratique historique qui s'est essentiellement développée sous la IIIe et la IVe République et reste liée à l'instabilité politique qui caractérisait ces régimes. La technique du 12e provisoire était mise en œuvre. Elle consistait, pour le Parlement, à voter 1/12e du budget de l'année écoulée à chaque mois de retard à défaut de quoi les services publics n'auraient disposé d'aucun moyen financier. Ce système a été déclaré illégal par l'ordonnance de 1959. En revanche, cette technique est possible dans les finances européennes.

La loi de finances rectificative et les décisions budgétaires modificatives

Le Conseil constitutionnel considère les lois de finances rectificatives et les budgets supplémentaires ou les décisions budgétaires modificatives comme de **simples aménagements** au regard du principe de l'annualité (no D92-309 DC du 9 juin 1992). Plus la modification du document initial est significative, plus l'entorse au principe d'annualité est profonde.

Les autorisations d'engagements et les crédits de paiements

L'autorisation d'engagement est une technique qui permet au Parlement d'autoriser un projet financier sur proposition du Gouvernement couvrant une période supérieure à un an (en moyenne 5 ans). Mais chaque année, le Parlement, par un vote séparé, autorisera chacune des tranches annuelles d'exécution : les **crédits de paiements**.

Exemple du financement sur cinq ans d'un programme de 10 milliards d'euros.

Année 1	Année 2	Année 3	Année 4	Année 5
2 milliards	2 milliards	2 milliards	2 milliards	2 milliards

Les autorisations d'engagement constituent : « la limite supérieure des dépenses pouvant être engagée. Pour une opération d'investissement l'autorisation d'engagement couvre un ensemble cohérent et de nature à être mis en service ou exécuté sans adjonction ».

Les crédits de paiement constituent : « la limite supérieure des dépenses pouvant être ordonnancées ou payées pendant l'année pour la couverture des engagements contractés dans le cadre des autorisations d'engagements ».

Les contrats de plan État – régions (CPER)

Depuis 1982-1984 et les réformes de la planification et de la décentralisation, les plans de l'État et des régions peuvent faire l'objet d'une contractualisation de la réalisation de leurs objectifs communs.

Ces contrats concernent essentiellement des opérations d'investissement et d'aménagement du territoire mais ils peuvent concerner aussi bien des dépenses ordinaires que des dépenses en capital. Un CPER est en principe conclu pour une période de cinq ans. Il permet de mobiliser, des flux financiers dans un cadre pluriannuel en associant l'État et la région mais également d'autres collectivités publiques ou privées. Leurs résultats sont globalement satisfaisants, leur taux de réalisation atteint en moyenne 70 %.

Les techniques de mouvements de crédits en cours d'exécution

Les mouvements de crédits sont des techniques budgétaires dont le but est de modifier, en cours d'exécution, et sous certaines conditions, les crédits votés par le Parlement. Deux techniques peuvent déroger au principe de l'annualité :

- **le report de crédit :** (article 15, alinéa 1, de la LOLF) précise que le report de crédits de paiements est possible dans la limite de 3 % du montant des crédits initiaux
- **l'annulation de crédits** est une technique qui permet au Gouvernement de supprimer des crédits votés par le Parlement afin de prévenir un déséquilibre du budget. Enfin, le montant cumulé des crédits annulés a été plafonné à 1,5 % des crédits ouverts par les lois de finances afférentes à l'année en cours ;
- **la programmation pluriannuelle des finances publiques** : la recherche de la performance et la mise en cohérence avec les engagements européens de la France ont conduit à développer une vision pluriannuelle des finances publiques. La réforme constitutionnelle du 23 juillet 2008 a consacré la notion de de **loi de programmation des finances publiques** en ajoutant un nouvel alinéa à l'article 34 de la Constitution.

Depuis l'adoption du Pacte de stabilité et de croissance au sommet d'Amsterdam en juin 1997, les États membres doivent présenter chaque année, au Conseil et à la commission, leurs programmes de stabilité ou de convergences en précisant les objectifs et les moyens sur une période de trois ans (budget triennal), desquels découle un engagement.

2 Le principe de l'unité budgétaire

Ce principe s'applique autant aux finances de l'État qu'aux finances territoriales et sociales. Il faut en comprendre sa signification et examiner les éventuels aménagements ou dérogations.

a. La signification du principe

Selon l'article 6 de la LOLF le principe de l'unité signifie que toutes les recettes et toutes les dépenses sont imputées à un compte unique intitulé : budget général. L'unité budgétaire répond au double impératif d'assurer la clarté des comptes de l'État et de permettre un contrôle efficace du Parlement.

b. Les aménagements au principe

Certaines techniques constituent de simples aménagements du principe de l'unité, d'autres de véritables entorses.

c. Les budgets annexes

Les budgets annexes peuvent retracer dans les conditions prévues par une loi de finances, **les seules opérations** des services de l'État non dotés de la personnalité morale résultant de leur activité de production de biens ou de prestations de services donnant lieu au paiement de redevances, lorsqu'elles sont effectuées à titre principal par lesdits services.

Il n'existe à ce jour que deux budgets annexes :

- **le budget annexe du contrôle et exploitation aérien,** créé en 1985, qui retrace des opérations relatives à l'organisation et à la gestion du trafic aérien, guidage des avions, donnant lieu au paiement de taxes et de redevances payées par les aéroports et les compagnies aériennes ;
- **le budget annexe des journaux officiels** a été créé en 1979. Il assure une activité d'impression et de vente des publications officielles de l'État. Il a été fusionné avec l'ancien compte de commerce de la documentation française en 2006, sous la dénomination : **budget annexe des publications officielles et informations administratives.**

L'ensemble des budgets annexes pour 2013 représente un peu plus de 2,3 milliards d'euros, dont 2,1 milliards pour le contrôle et l'exploitation aériens.

Les budgets annexes ne constituent pas une véritable dérogation au principe de l'unité en ce sens que le Parlement les discute et les vote dans le cadre général de la loi de finances.

d. Les comptes spéciaux

La technique a été utilisée sous la IIIe et la IVe République pour masquer certains comptes. Ces derniers étaient ouverts en dehors du budget de l'État

En 1947, la Cour des comptes en dénombrera 400 qui constituaient autant de budgets occultes échappant à tout contrôle du Parlement. En 1949, le législateur a souhaité réagir et a procédé la suppression de 300 d'entre eux.

- L'article 19 de la LOLF ne retient plus que **quatre catégories de comptes spéciaux**. Ils se répartissent en deux groupes : **les comptes à crédit**, dotés d'évaluation de recettes et de crédits :
  - les comptes d'affectation spéciale (art. 21),
  - les plus importants en volume sont le compte « **Pension** » (56,1 milliards d'euros) et le compte « **Participations financières de l'État** » (13,1 milliards d'euros) qui affecte les produits de cession de titre du secteur public principalement au désendettement,
  - les comptes de concours financiers (art. 24) : il existe sept comptes de concours financiers, (115 milliards d'euros) dont le plus important est le compte « **Avances aux collectivités territoriales** » (93,4 milliards d'euros). Le produit des impôts locaux n'étant payé par l'État aux budgets des collectivités qu'en fin d'année, l'État consent une avance mensuelle au profit des collectivités,
  - les autres comptes sont ouverts au profit d'États étrangers ou de banques centrales liés à la France par des accords monétaires internationaux ;
- **les comptes à découvert**, pour lesquels le parlement ne vote pas de crédits mais un découvert maximum à ne pas dépasser :
  - Les comptes de commerce (art. 22) : ils retracent des opérations de caractère industriel et commercial effectués à titre accessoire par les services de l'État non dotés de la personnalité morale,
  - les comptes de commerce sont au nombre de onze. Le plus important est le compte « **Gestion de la dette et de la trésorerie de l'État** » (19,2 milliards d'euros),
  - Les comptes d'opérations monétaires (art. 23) retracent les recettes et les dépenses de caractère monétaire.

La LOLF a renforcé de manière significative le principe de l'unité en limitant le recours aux budgets annexes et aux comptes spéciaux. Elle a aussi procédé à la re budgétisation de certaines opérations, notamment en fiscalisant les cotisations sociales et en supprimant les taxes parafiscales.

3 Le principe de l'universalité budgétaire

a. Définition et signification du principe

Il ressort de l'article 6 de la LOLF que l'universalité implique que l'ensemble des recettes prises de manière indistincte finance l'ensemble indistinct des dépenses.

- Pour le Conseil constitutionnel le principe de l'universalité tend à assurer la clarté des comptes de l'État et de permettre un contrôle efficace du Parlement (décision n° 82-154 DC du 29 décembre 1982). Pour comprendre ces deux objectifs, il convient de détailler les conséquences juridiques qu'emporte le principe ainsi énoncé.

b. Les conséquences juridiques de l'universalité

- **La règle du produit brut (règle de non compensation, ou de non contraction)** impose que toutes les recettes et toutes les dépenses soient inscrites au budget dans leur montant intégral, sans compenser une recette avec une dépense. L'article 6, alinéa 2 précise : « Il est fait recette du montant intégral des produits sans contraction entre les recettes et les dépenses. »
- **La règle de non affectation (des recettes aux dépenses)** : selon cette règle aucune recette particulière ne peut être affectée à une dépense particulière. La non affectation des recettes aux dépenses correspond à une certaine conception de l'État. Les ressources dont il dispose doivent être mises en commun au service de la satisfaction de l'intérêt général. L'affectation peut avoir pour conséquence d'engendrer des gaspillages.
- **La règle de l'unicité de caisse et de la trésorerie** est une conséquence juridique et pratique des principes combinés de l'unité et de l'universalité. Elle consiste à rassembler toutes les recettes publiques, quelle que soit leur origine (impôts, amendes, redevances, emprunts, créances publiques de toutes natures etc.) dans une caisse unique, et dans un cadre matériel et juridique de trésorerie unique, matérialisé par le **Trésor public**. C'est à partir de cette caisse unique que seront payées toutes les dépenses, quelle que soit leur nature.
- Les dérogations ou aménagement sont présentes tantôt dans le cadre du budget général, tantôt en dehors de celui-ci.

c. Dans le cadre du budget général

Les dérogations et aménagements dans le cadre du budget général sont significatifs car le budget général est précisément le cadre juridique où l'ensemble des recettes financent l'ensemble des dépenses.

- **Les fonds de concours** sont des fonds versés par des personnes physiques ou morales pour contribuer avec ceux de l'État à des dépenses d'intérêt public. C'est notamment le cas des versements par l'État de sa contribution au budget de l'Union européenne, ou aux collectivités territoriales mais également la technique des fonds de concours par nature : les méthodes de cofinancement comme les contrats de plan. La procédure des fonds de concours est aussi appliquée aux dons et legs, consentis par des particuliers au profit de l'État, ce qui leur permet d'être assurés que la destination de leurs dons sera bien conforme à leur volonté.

- **Les établissements de crédit** : il s'agit d'une procédure également prévue à l'article 17 de la LOLF qui permet en particulier de restituer à un service des crédits consommés de manière étonnée, ou ayant donné lieu à de simples avances.
- **Les affectations exceptionnelles** relèvent d'une disposition particulière de l'article 18. Le parlement peut décider d'affecter des recettes. De la même manière, lorsque l'Etat vend des actifs de son patrimoine industriel, une partie des produits de privatisation a été affecté au financement de la dette ou au déficit.
- **Les prélèvements sur recettes** : il s'agit de sommes qui sont déduites du montant brut de l'ensemble des recettes et affectées à des dépenses spécifiques. Deux situations sont aujourd'hui autorisées : les relations financières entre la loi de finances et le budget de l'Union européenne, et le prélèvement sur recettes auquel l'État procède pour affecter la dotation globale de fonctionnement des collectivités territoriales.

d. Hors budget

Les dérogations et aménagements hors budget ne concernent plus que les budgets annexes et les comptes spéciaux. La LOLF a supprimé les taxes parafiscales.

- **Les budgets annexes et les comptes spéciaux** sont des techniques dont l'objet consiste principalement à affecter des recettes particulières à des dépenses particulières (voir *supra*).
- **Les taxes affectées** : avec près de 320 taxes affectées et un rendement de 120 milliards d'euros, ce type de fiscalité dérogatoire au principe de l'universalité, pose aujourd'hui un certain nombre de problèmes. En particulier leur multiplication traduit surtout des phénomènes de débudgétisation. Selon le Conseil des prélèvements obligatoires, les arguments avancés en cas d'affectation ne justifient pas une telle dérogation au principe de l'universalité budgétaire. Le principe du consentement à l'impôt n'est amélioré que si la recette prélevée finance exclusivement des actions qui profitent directement aux contribuables, or ce lien est souvent très faible voire inexistant. La LOLF encadre curieusement davantage les affectations internes à l'État que celles au profit de tiers dotés de la personnalité morale.
- **Les taxes parafiscales** furent une nouveauté de l'article 4 de la loi organique de 1959, qui précisait que « des taxes parafiscales peuvent être perçues dans un intérêt économique ou social au profit d'une personne morale, de droit public ou de droit privé, autre que l'État, les collectivités territoriales et leurs établissements publics administratifs ».

La loi de 2001 a supprimé la parafiscalité purement et simplement.

4 Le principe de la spécialité budgétaire

Le principe de spécialité est attaché directement à la notion de crédit et à leur exécution. Il s'agit d'un principe qui concerne à la fois la présentation, l'adoption et la comptabilisation des opérations financières. Ce principe s'applique autant aux finances de l'État qu'aux finances territoriales et sociales.

a. La notion de crédit

Un crédit est **une autorisation de dépenser**.

L'autorisation budgétaire est donnée par le Parlement pour les finances de l'État, et les autorités territoriales élues pour les finances locales.

L'article 9 de la LOLF pose le principe du **caractère limitatif** des crédits. Il signifie que le gestionnaire est autorisé à dépenser jusqu'à la limite fixée. L'autorisation de dépenser porte sur trois éléments : l'objet de la dépense, son montant, le gestionnaire ou service responsable. Le caractère limitatif lie l'administration de manière impérative.

Le principe du caractère limitatif des crédits connaît quelques aménagements que sont les crédits évaluatifs dont on ne peut pas connaître le montant exact, par exemple une catastrophe naturelle, et les décrets d'avance qui permettent au Premier ministre de débloquer des fonds en cas de nécessité et d'urgence.

b. Définition et signification du principe

Une signification politique

Spécialiser les crédits consiste à préciser à quoi ils vont servir et à qui ils sont confiés.

L'article 7, alinéa 1er, de la LOLF précise que les crédits ouverts par les lois de finances sont regroupés par **mission** et spécialisés par **programme.**

Une mission comprend un ensemble de programme concourant à une politique publique définie, elle peut être interministérielle et constitue l'unité de vote des crédits. Un programme regroupe les crédits destinés à un ensemble cohérent d'actions relevant d'un même ministère. Sont associés aux programmes une stratégie, des objectifs précis, ainsi que des résultats attendus. Un responsable de programme est nommément désigné. On dénombre en moyenne 52 missions, 180 programmes, et 700 **actions.**

La performance de l'action publique

Elle a été au centre des débats ayant conduit au vote de la LOLF.

Les programmes expriment le passage d'une culture de moyens à une culture de résultats. Ainsi les crédits ne sont plus présentés par nature de dépenses, mais par objectif et en fonction d'une démarche qui met au premier plan la performance de la dépense publique.

Au sein d'un programme, le gestionnaire dispose, depuis la LOLF, d'une liberté presque intégrale de redéployer les crédits au sein des titres : C'est la **fongibilité des crédits**. Il existe une limite, les crédits de personnel ne peuvent pas être augmentés : **c'est la fongibilité asymétrique des crédits.**

La révision générale des politiques publiques (RGPP)

La révision générale des politiques publiques s'inscrit dans le cadre historique des procédures de maîtrise de l'évolution des dépenses de fonctionnement des administrations. La RGPP est officiellement conduite depuis 2007, avec pour objectif de ramener le déficit budgétaire conforme aux exigences du Pacte de stabilité.

Elle consiste à mieux adapter les administrations publiques aux besoins des usagers et à repenser les objectifs et les modalités et de la gestion des ressources humaines dans la fonction publique.

c. Les dérogations et aménagements au principe

Il y a de deux natures de dérogations et aménagements au principe : des dérogations de nature politique et des dérogations de nature juridique.

De nature politique

- **Les fonds spéciaux** ou « fonds secrets » ont pour origine historique la guerre froide. Ils ont été créés, après le second conflit mondial pour alimenter les services de contre-espionnage. Mis à la disposition du Premier ministre ces fonds, couverts par le secret défense sans contrôle échappaient à toutes les règles. Jusqu'en 2002, ils servaient à financer des sondages électoraux, des campagnes publicitaires, des déplacements, des emplois etc. À la suite d'un rapport de la Cour des comptes fin 2001, et une intervention législative, l'usage de ces fonds est strictement réglementé et exclusivement affecté aux services secrets.
- **Le budget des assemblées parlementaires** : le fondement de cette dérogation réside dans la séparation des pouvoirs. En effet, l'ordonnance du 17 novembre de 1958 relative à l'organisation des assemblées précise que les assemblées disposent d'une autonomie financière.

De nature juridique

- **Les provisions (crédits globaux)** sont des crédits pour les dépenses accidentelles et imprévisibles, ils sont rassemblés dans la mission de l'État intitulée « provision ».

Ils sont répartis par programmes : catastrophe naturelle, rapatriement de nationaux,

Ils ne peuvent pas faire l'objet d'une spécialisation complétée parce que les dépenses qu'ils sont censés couvrir sont éventuelles et leur chiffrage est par nature aléatoire.

- **Les décrets de virements de crédits** sont des techniques consistant en des mouvements de crédits en cours d'exécution. Ils ont fait l'objet d'une réécriture à l'article 12, alinéa 1er : « des virements peuvent modifier la répartition des crédits entre programmes d'un même ministère, toutefois le montant cumulé au cours d'une même année ne peut excéder de 2 % des crédits de chacun des programmes concernés ». À cette limitation quantitative s'ajoute l'interdiction de virer des crédits pour des dépenses de personnel.
- **Les arrêtés de transferts de crédits** ne modifient pas la nature juridique de ceux-ci mais seulement le service responsable de l'exécution de la dépense. Par exemple : des crédits d'investissements du ministère des Armées transférés vers le ministère de la Jeunesse et des Sports).

5 Le principe de sincérité budgétaire

Le principe de sincérité budgétaire a fait l'objet d'une première affirmation par le Conseil constitutionnel. Il est désormais consacré aux articles 27 (sincérité comptable) et 32 (sincérité budgétaire) de la loi organique, principe applicable depuis la loi de finance pour 2003.

a. Sincérité budgétaire – sincérité comptable

Le principe de sincérité budgétaire a fait l'objet d'une première affirmation assez peu suivie d'effets et une seconde beaucoup plus solennelle.

Elle a été l'œuvre du juge constitutionnel : quelques décisions prises par le Conseil, mais qui n'ont jamais été conséquentes (21 juin 1993 et 20 novembre 1997), ne censurant aucune disposition au motif de son insincérité. En réalité, le Conseil constitutionnel souhaitait qu'il n'y ait pas d'artifices dans la présentation budgétaire.

Le principe est désormais consacré sans la moindre discussion possible aux articles 27 et 32 de la loi organique, principe applicable depuis la loi de finances pour 2003. Il s'applique aussi aux budgets locaux et à la loi de financement de la Sécurité sociale.

Ces deux notions très complémentaires ne reposent pas sur les mêmes fondements. La première repose sur des prévisions, la deuxième sur des constats.

- **La sincérité budgétaire :** en ce qui concerne la loi de finances, la LOLF, dans son article 32 dispose que les lois de finances présentent de façon sincère l'ensemble des ressources et des charges de l'État. Leur sincérité s'apprécie compte-tenu des informations disponibles et des prévisions qui peuvent raisonnablement en découler.
- **La sincérité comptable** : elle concerne les lois de règlement et est prévue par l'article 27 de la LOLF qui dispose que « l'État tient une comptabilité des recettes et des dépenses budgétaires et une comptabilité générale de ses opérations. En outre, il met en œuvre une comptabilité destinée à analyser les coûts des différentes actions engagées dans le cadre des programmes. Les comptes de l'État doivent être réguliers, sincères et donner une image fidèle de son patrimoine et de sa situation financière ». Il ne s'agit plus ici de prévisions et l'appréciation de la sincérité des inscriptions est particulièrement stricte.

Le contrôle de la sincérité budgétaire et comptable des lois de finances relève de la compétence du Conseil constitutionnel. Quatre types de réponse peuvent être apportés par la Cour :

- sans réserve ;
- avec réserve(s) ;
- impossibilité de certifier si les désaccords sont trop importants pour qu'une opinion puisse être émise ;
- refus de certification dans le cas où la sincérité, la régularité et l'image fidèle de la situation financière sont trop fortement entachées. Les atteintes les plus couramment relevées par les juridictions financières sont : la surévaluation des recettes attendues, les débudgétisations, les provisions ou des amortissements minorés ou majorés selon le besoin du moment, ainsi que le rattachement des produits et charges à l'exercice concerné. Il est à relever que la France est, à ce jour, le seul pays de la « zone euro » dont les comptes sont certifiés par un organisme extérieur.

Dans sa décision n° 448 DC du 25 juillet 2001, le Conseil constitutionnel précise que la sincérité est « l'absence d'intention de fausser l'équilibre déterminé par la loi de finances ». Cela signifie que le contrôle est limité à l'erreur manifeste d'appréciation mais, si on se trompe gravement, le Conseil constitutionnel peut sanctionner. De la même manière, dans sa décision n° 2002-464 DC du 27 décembre 2002, le juge constitutionnel évoque « les aléas inhérents à l'évolution des recettes et des dépenses et les incertitudes relatives à l'économie ». Le Conseil constitutionnel précise que si les prévisions s'avéraient au cours du temps non conformes, le Gouvernement devrait recourir à une loi rectificative.

Cours 30 La préparation et l'adoption des lois de finances

1 La préparation des lois de finances

a. Les acteurs

L'élaboration des documents financiers de l'État fait appel à une compétence gouvernementale exclusive. La Constitution (art. 47) et le texte organique (titre IV) ne font référence qu'aux projets de lois de finances et non aux projets et propositions comme c'est le cas dans le domaine législatif général. L'élaboration des lois de finances est l'activité d'un certain nombre d'acteurs et le principe de l'annualité budgétaire implique l'obligation de respecter un calendrier.

L'article 38 de la LOLF précise que : « Sous l'autorité du Premier ministre, le ministre chargé des Finances prépare les projets de lois de finances, qui sont délibérés en conseil des ministres. »

Le ministre des Finances s'appuie sur l'ensemble des services spécialisés dont les directions ont souvent fait l'objet de réformes. Aujourd'hui, la **Direction du budget apparaît comme le pivot central de la préparation budgétaire**. Elle coordonne l'activité de plusieurs directions nationales, et en particulier la Direction de la prévision, la Direction du Trésor, la Direction des finances publiques, l'Insee.

Le Premier ministre n'intervient pas en principe dans le processus technique et administratif de l'élaboration du budget.

Cependant, l'article 21 de la Constitution prévoit qu'il « dirige l'action du Gouvernement ». Il participe donc à la définition de la stratégie budgétaire. C'est lui qui rend les arbitrages budgétaires en cas de désaccord entre les ministres gestionnaires et le ministre chargé des Finances.

La nouvelle **Conférence nationale des finances publiques** et le **Conseil d'orientation des finances publiques** (décret du 5 mai 2006) réunissent chaque année, à l'initiative du Premier ministre, les ministres, des parlementaires, des élus des collectivités locales, des élus des organisations syndicales, etc. avec pour mission de procéder à des analyses de la situation des finances publiques et de faire des propositions d'amélioration de la gouvernance en matière budgétaire.

Les ministres gestionnaires sont ceux qui disposent de crédits.

Ils se trouvent dans une situation d'influence qui dépend de leur rang dans la hiérarchie gouvernementale.

Depuis la LOLF, les pouvoirs et droits du Parlement s'agissant de la préparation de la loi de finances ont été renforcés. En effet, dans le cadre du **débat d'orientation des finances publiques**, la commission de finances des deux assemblées peut depuis l'exercice 2004 intervenir en cours de préparation au moyen de questions sur l'avancement du projet de loi de finances.

b. Le calendrier de la préparation budgétaire

Le calendrier de la préparation budgétaire ne fait pas l'objet de dispositions particulières. En pratique on peut distinguer quatre séquences successives.

La phase de perspective et de cadrage

C'est une phase qui occupe les quatre premiers mois de l'année.

La phase de perspective est une opération qui démarre mi-décembre. Le ministre du Budget organise des réunions entre ses services et les services financiers des ministères gestionnaires (réunions d'économies structurelles). Il est procédé à l'analyse des grandes catégories de dépenses et de la situation générale des finances de l'État dans un contexte international et pluriannuel.

Vers le mois de mars, le ministre du Budget adresse une note traçant les premières esquisses du budget. On entre alors dans la **phase de cadrage** dont l'objet est de procéder à la définition de la politique budgétaire pour l'année N + 1 et à l'horizon N + 3.

À l'issue de réunions budgétaires permettant d'instruire les demandes des membres du Gouvernement et les possibilités de dégagement de gain de productivité, le Premier ministre adresse à chaque ministre gestionnaire une **lettre de cadrage**, cosignée par le ministre des Finances, fixant les orientations et les plafonds budgétaires arrêtés par ministère. À partir du mois de juin et jusqu'en août, a lieu la phase de négociation.

La phase de restitution

Des conférences budgétaires de première phase sont organisées. Elles doivent aboutir à un montant de crédit définitif qui peut donner lieu à des arbitrages du Premier ministre en cas de désaccord entre les services du ministère du Budget et les ministres concernés.

Cette procédure se terminera par l'envoi par le Premier ministre d'une **lettre plafond** arrêtant le montant définitif des crédits. Ces lettres plafond sont transmises aux commissions parlementaires des finances.

Vers le milieu du mois de mai, la Direction du budget procède, en concertation avec les ministères, à la répartition par programmes des plafonds de crédits arrêtés.

Des conférences de gestion publiques permettent d'arrêter la liste des objectifs de la gestion et des indicateurs de performance.

La phase de mise au point final

Elle va permettre d'affiner l'évaluation définitive des recettes et de finaliser tous les documents destinés à l'information du Parlement, en particulier les projets annuels de performance. À titre exceptionnel, des conférences budgétaires de deuxième phase peuvent être organisées pour mettre un terme aux difficultés non encore solutionnées.

L'adoption en Conseil des ministres

Elle intervient généralement mi-septembre.

Conformément à l'article 39 de la Constitution, les projets de lois de finances font l'objet d'une délibération en Conseil des ministres, après avis du Conseil d'État qui procède à cette occasion à un examen juridique du texte. C'est enfin l'occasion d'une présentation publique à la presse.

Le projet de loi de finances est alors déposé sur le bureau de l'Assemblée nationale.

2 L'adoption parlementaire des lois de finances

a. Une procédure particulièrement encadrée par la Constitution

Cet encadrement juridique définit un certain nombre de délais qui concernent la date de dépôt du projet de loi par le Gouvernement et les délais d'adoption.

Dans l'hypothèse où ces délais ne seraient pas respectés, les procédures d'urgences qui relèvent de l'article 45 de la LOLF seraient mises en œuvre.

Les délais de dépôt

L'article 39 de la loi organique prévoit que la loi de finances de l'année, y compris les documents dont le dépôt est obligatoire, doit être déposée et distribuée au plus tard le 1er mardi du mois d'octobre de l'année qui précède celle de l'exécution.

Cette date a été considérée comme laissant un délai de discussion et d'adoption suffisants.

Cette règle a été, de manière générale, respectée par les pouvoirs publics. Seuls quelques dépassements légers, et non sanctionnés par le Conseil constitutionnel, (no 97-395 DC du 30 décembre 1997) ont été enregistrés sous la Ve République.

Les délais d'adoption

Ils sont définis aux articles 47 de la Constitution et à l'article 40 de la LOLF.

La Constitution précise que le parlement dispose d'un délai de 70 jours pour se prononcer sur le projet de loi de finances. Selon l'article 40 de la LOLF et en vertu des dispositions de l'article 47 de la Constitution, l'Assemblée nationale dispose d'un délai de 40 jours après le dépôt du projet de loi pour se prononcer en première lecture. Si l'Assemblée nationale n'a pas émis de vote dans ce délai, le texte est transmis au Sénat.

b. La discussion budgétaire

La discussion budgétaire a été longtemps considérée comme un temps fastidieux du travail parlementaire. À propos des débats budgétaires, Edgar Faure écrivait en 1971 : « Litanie, liturgie et léthargie ».

L'article 39 de la LOLF précise que dès son dépôt sur le bureau de l'Assemblée nationale, le projet de loi de finances est immédiatement renvoyé à l'examen de la commission chargée des finances.

À l'Assemblée nationale, a commission de finances de l'économie générale et du contrôle budgétaire est composée de 74 députés. Au Sénat, la commission des finances du contrôle budgétaire et des comptes économiques de la Nation est composée de 43 sénateurs. Elles font partie des commissions permanentes décrites aux articles 43 et 88-4 de la Constitution.

Comme tout projet de loi, le projet de loi de finances fera l'objet d'un débat général qui interviendra après une présentation politique par le ministre chargé des Finances ou du Premier ministre. Les rapporteurs des commissions des finances viendront présenter les grandes lignes techniques du projet.

À la suite de cette présentation, chaque groupe politique représenté à l'Assemblée nationale et au Sénat interviendra pour faire part de son analyse.

La discussion va s'approfondir sur les thèmes, les missions, les impôts, les éléments relatifs au contrôle financier, à la croissance, à la dette, etc. lorsque cette discussion arrive à son terme, les procédures de vote pourront s'engager.

c. La compétence du Parlement est limitée

Il existe deux types de limitations constitutionnelles aux pouvoirs du Parlement en matière financière, dont l'objectif fondamental concerne la préservation de l'équilibre financier.

- **Les irrecevabilités de l'article 40 de la Constitution** : l'article 40 de la Constitution précise que les propositions et amendements formés par les membres du Parlement ne sont pas recevables lorsque leur adoption aurait pour conséquence soit une diminution des ressources publiques, soit la création ou l'aggravation d'une charge publique.
- **L'interdiction de la pratique dite des « cavaliers budgétaires »** consiste en l'introduction, par voie d'amendements dans la loi de finances d'une ou plusieurs dispositions qui ne présentent aucun caractère financier.

d. Le vote de la loi de finances

L'art 42 de la LOLF dispose que la 2e partie du projet de loi de finance de l'année et, s'il y a lieu, des projets de lois de finances rectificatives, ne peut être mise en discussion devant une assemblée avant l'adoption de la 1re partie.

La justification de ce principe tient au caractère déterminant du principe du consentement des citoyens ou de leurs représentants à l'impôt (figurant dans la première partie de la loi de finances) et contenu dans les articles 14 DDHC et 34 de la Constitution.

Lors de la IIIe et de la IVe République, le Parlement votait tous les chapitres budgétaires, soit entre 4 000 et 5 000. Les nouvelles dispositions de l'art 43 de la LOLF ont ramené à 200 le nombre total des votes. Désormais, la première partie de la loi de finances est votée article par article. Elle se termine par le vote de l'article d'équilibre.

Pour la deuxième partie, les évaluations de recettes font l'objet d'un vote d'ensemble pour le budget général, les budgets annexes et les comptes spéciaux. Les crédits du budget général sont votés par mission et portent sur les autorisations d'engagements et les crédits de paiements. Les plafonds des autorisations d'emploi font l'objet d'un vote unique.

31 Cours
Le contenu des lois de finances

Les documents budgétaires de l'État font l'objet d'une structure définie par le texte organique. Ils se décomposent en deux catégories : le projet de loi de finances et une série de plus de 70 documents, tantôt obligatoires, tantôt facultatifs, qui l'accompagnent.

L'article 34 de la LOLF prévoit que le projet de loi de finances de l'année comprend deux parties. Un certain nombre de conséquences découlent de ce principe.

1 Première partie de la loi : conditions générales de l'équilibre financier

La première partie de la loi de finances s'intitule les « **Conditions générales de l'équilibre financier** ». Elle se compose de deux titres : « Dispositions relatives aux ressources » et « Dispositions relatives à l'équilibre des ressources et des charges ».

a. Les dispositions relatives aux ressources

Le contenu de ce titre est énuméré à l'article 34-1 à 10 du texte organique :

- il autorise la perception des ressources de l'État, des collectivités locales, de leurs établissements publics et de divers organismes. C'est le temps fort du texte, Il fait traditionnellement l'objet de l'article 1er de la loi de finances. Il met en œuvre le principe du consentement des citoyens à l'impôt de l'article 14 de la DDHC ;
- il comporte toutes les dispositions relatives aux affectations de recettes au sein du budget de l'État ;
- il évalue chacun des prélèvements mentionnés à l'article 6, c'est-à-dire les prélèvements sur recettes directement rétrocédés au profit des collectivités territoriales ou de l'Union européenne ;
- il comporte l'évaluation de chacune des recettes budgétaires ;
- il fixe les plafonds des dépenses du budget général et de chaque budget annexe, les plafonds des charges de chaque catégorie de comptes spéciaux et le plafond d'autorisation des emplois rémunérés par l'État.

b. Les dispositions relatives à l'équilibre

Le titre 2 arrête les données générales de l'équilibre budgétaire, présentées dans un tableau d'équilibre. Le titre 2 ne contient qu'un seul article appelé : « **Article d'équilibre** ».

Le tableau qui conclue la première partie de la loi de finances présente les ressources, les charges et les soldes du budget général, des budgets annexes et des comptes spéciaux. Le solde général figure à la dernière ligne du tableau. Ce tableau est accompagné d'un autre qui présente les ressources et les besoins de trésorerie de l'État.

2 Deuxième partie de la loi : moyens des politiques publiques et dispositions spéciales

La deuxième partie de la loi de finances s'intitule « Moyens des politiques publiques et dispositions spéciales » et contient également deux thèmes pouvant se diviser en plusieurs titres : « Autorisations budgétaires pour l'année » et « Dispositions permanentes ».

a. Les autorisations budgétaires pour l'année

Pour le budget général, les autorisations budgétaires sont présentées par mission en « autorisations d'engagement » et en « crédits de paiement ». Le montant des plafonds de reports de crédits sont présentés par ministère et par budget annexe, le plafond des autorisations d'emploi, par budget annexe et par compte spécial

b. Les dispositions permanentes

La deuxième partie peut comporter des dispositions fiscales :

- relatives à l'assiette, au taux et aux modalités de recouvrement des impositions de toute nature qui n'affectent pas l'équilibre budgétaire. Cela peut concerner par exemple la fiscalité immobilière, la lutte contre la fraude fiscale ou encore les garanties accordées aux contribuables;
- des dispositions affectant directement les dépenses budgétaires de l'année, définissant les modalités de répartition des concours de l'État aux collectivités territoriales;
- des dispositions approuvant des conventions financières;
- des dispositions relatives au contrôle et à l'information du Parlement.

La loi de finances se termine par les états législatifs annexés. Ils sont rangés dans l'ordre alphabétique de la lettre A à la lettre E. Ils ont pour objet de présenter, sous forme de tableaux, la répartition des dépenses de l'État figurant dans la loi de finances de l'année, afin de permettre une information synthétique en destination des parlementaires.

L'état A décrit les moyens applicables au budget de l'année et notamment les recettes fiscales, impôt par impôt, les recettes des budgets annexes, les recettes des comptes spéciaux, les fonds de concours, les prélèvements sur recettes à la fois pour le budget général, le budget annexe et les comptes spéciaux. Les produits de la vente de biens et services, le produit des amendes, les recettes diverses.

L'état B répartit par mission et programme les crédits du budget général en autorisations d'engagements et en crédits de paiements.

L'état C répartit par mission et programme les crédits des budgets annexes en autorisations d'engagement et crédits de paiement.

L'état D répartit par mission et programme les crédits des comptes d'affectation spéciale et des comptes de concours financiers, en autorisation d'engagements et en crédits de paiements.

L'état E répartit les autorisations de découvert des comptes de commerce et des comptes d'opérations monétaires.

3 Les documents annexes

Au moment de leur dépôt en vue de leur adoption parlementaire, les lois de finances sont accompagnées d'un certain nombre de documents. Certains d'entre eux sont obligatoires, d'autres facultatifs.

Ils font l'objet du titre V, chapitre 1 de la LOLF (art. 48 à 56), la loi organique du 17 décembre 2012 relative à la programmation et à la gouvernance des finances publiques a complété les dispositions initiales.

a. Les annexes obligatoires

Le rapport relatif à la situation et aux perspectives économiques sociales et financières de la Nation

Son objet est de présenter l'environnement économique, social et financier du projet de loi de finances. Il développe les hypothèses, les méthodes de travail, les résultats et présente un rapport sur les comptes de la Nation.

Est intégré à ce document **le rapport économique, social et financier** (version 1959). Depuis la LOLF, le projet de loi de finances expliqué par le rapport doit s'inscrire dans une logique pluriannuelle. La loi organique de 2012 a imposé que le document présente une évaluation prévisionnelle de l'effort structurel (l'incidence des mesures nouvelles sur les recettes et la contribution des dépenses à l'évolution du solde structurel) et du solde structurel (le solde corrigé des variations conjoncturelles).

Sont joints à cette annexe les **rapports sur les comptes de la Nation** qui comportent une présentation des comptes des années précédentes.

Par ailleurs, la réforme de 2012 y a intégré deux autres documents :

- **le rapport relatif au prélèvement obligatoire** est un document nouveau dont l'objet est de présenter l'ensemble de la fiscalité pour la loi de finances dans une perspective pluriannuelle. Ce document peut donner lieu à un débat et va aussi servir d'interface entre le projet de lois de finances et le projet de loi de financement de la Sécurité sociale.
- **le projet annuel de performances** est lié à la nouvelle identité de la LOLF et traduit le passage d'une logique de moyen à une logique d'efficacité. Ce rapport trouvera son écho dans le rapport annuel de performance qui accompagnera le projet de loi de règlement. L'article 51-5 précise que les annexes explicatives doivent être accompagnées d'un projet annuel de performance de chaque programme ou par dotation dont l'objet est de présenter les actions, les objectifs poursuivis et leurs coûts associés, ainsi que les résultats obtenus et les résultats attendus pour les années à venir. L'ensemble étant mesuré au moyen d'indicateurs de performance.

En général, on dénombre environ :

- 490 objectifs de performance, 1 000 indicateurs de performance associés à une valeur cible chiffrée ;
- 46 % des indicateurs mesurent « l'efficacité socio-économique » des politiques publiques, 34 % « l'efficience » le coût unitaire exprimé par le ratio ressources utilisées/activités effectuées ou service rendu, 20 % « la qualité du service rendu à l'usager » mesuré par enquêtes.

Le second volet du document est intitulé : « **Justification des crédits** ». Appelée aussi **justification au premier euro** (JPE), elle a fait l'objet d'une définition par la circulaire du 3 décembre 2004 (ministre délégué au Budget et à la Réforme budgétaire) :

> *« La justification au premier euro présente le contenu physique et financier des crédits en établissant un lien entre les crédits demandés au Parlement et les déterminants de la dépense qui peuvent être soit physiques (nombre d'usagers, volume d'activité personnels…) soit financiers (déterminants de masse salariale, coût unitaire d'intervention…) »*

La justification des crédits au premier euro est un outil fondamental de la transparence budgétaire et financière. Elle a en particulier permis de rompre définitivement avec la distinction des « services votés et des mesures nouvelles ».

Les annexes explicatives (bleus et jaunes budgétaires)

Elles font aussi parties des documents obligatoires et sont de deux types qui se distinguent par la couleur de leur couverture : les « bleus » budgétaires et les « jaunes » budgétaires.

Les bleus budgétaires

Expressément prévus aux article 51-5 et 51-6, environ cinquante bleus sont distribués aux parlementaires. Soit : 1 bleu par mission, 1 par budget annexe, 1 par compte d'affectation spéciale, 1 par compte de concours financier.

Ils détaillent l'ensemble des moyens regroupés au sein d'une mission, assortis des projets annuels de performance. Leur dépôt sur le bureau de l'Assemblée nationale fait courir les délais constitutionnels d'adoption.

Les jaunes budgétaires

Il s'agit d'annexes générales qui accompagnent le projet de loi de finances. Prévu à l'article 39 de la LOLF, leur dépôt sur le bureau de l'Assemblée doit intervenir au moins cinq jours avant l'examen en première lecture par l'Assemblée nationale des recettes ou des crédits auxquels ils se rapportent. Ils ne font pas courir les délais constitutionnels d'adoption.

Une vingtaine de jaunes sont distribués aux parlementaires dont les plus significatifs sont : « L'état récapitulatif des crédits de fonds de concours et attribution de produits », « Les rémunérations versées aux fonctionnaires », « La politique de l'eau en France », « L'effort financier de l'État en faveur des collectivités territoriales », « Les relations financières avec l'Union européenne » etc.

b. Les annexes non obligatoires

Les rouges et oranges budgétaires

Ils ne sont pas prévus par la LOLF, ils relèvent d'une initiative du Gouvernement en 2005 qui dispose aujourd'hui d'une base légale (amendement Carrez devenu l'article 128 de la loi de finances pour 2006).

Ces documents colorés en rouge ou orange (une douzaine à ce jour) sont des **documents de politique transversale (DPT)**. Ils concernent les politiques publiques interministérielles financées de manière significative par l'État. Ils ont pour fonction de participer à la coordination de programmes relevant de missions interministérielles ou n'appartenant pas à des programmes de mêmes ministères. L'article 128 de la loi de finances rectificative du 30 décembre 2005 a prévu que les documents de politiques transversales doivent être présentés sous forme d'annexes générales du projet de loi de finances et obéir aux mêmes règles de dépôt que les jaunes.

Exemples de DPT

La politique française en faveur du développement.

L'enseignement supérieur.

La sécurité.

L'action extérieure de l'État.

L'inclusion sociale.

Pour chaque politique transversale, le Premier ministre désigne un ministre chef de file chargé de coordonner les activités de l'État.

Les verts budgétaires

Ces documents sont facultatifs, mais leur pratique est presque permanente depuis l'ordonnance organique de 1959. Ils présentent les crédits budgétaires de manière détaillée et spécialisée jusqu'au niveau le plus fin de la nomenclature budgétaire. Ils constituent une présentation sous forme de tableaux des décrets de répartition des crédits votés

Cours

32 L'exécution des recettes et des dépenses publiques

1 La séparation des ordonnateurs et des comptables

a. Le principe

Le principe de la séparation des fonctions d'ordonnateur et de comptable constitue l'une des deux règles fondamentales de la comptabilité publique française avec celui de la responsabilité personnelle et pécuniaire de ces derniers.

La justification de ces principes repose sur une rationalisation de l'organisation du travail mais surtout sur la sécurisation des paiements.

« Les fonctions d'ordonnateur et celles de comptables sont incompatibles », le principe est énoncé à l'article 9 du décret n° 2012 – 1246 du 7 novembre 2012 relatif à la gestion budgétaire et comptable publique qui a abrogé le décret n° 62-1587 du 29 décembre 1962 modifié portant Règlement général de la comptabilité publique (RGCP).

Les ordonnateurs

L'ordonnateur est un agent d'autorité, soit élu soit nommé, placé à la tête d'un ministère, d'une collectivité territoriale ou d'un établissement public. L'ordonnateur prescrit l'exécution des recettes et des dépenses. À cet effet, il constate les droits des organismes publics, liquide les recettes, engage et liquide les dépenses. Il est le véritable pouvoir exécutif en la matière.

Les différentes catégories d'ordonnateurs

Pour l'État

Les ordonnateurs sont principaux ou secondaires, ils peuvent déléguer leurs pouvoirs ou se faire suppléer en cas d'absence ou d'empêchement.

- Les ordonnateurs principaux sont :
  - les ministres ;
  - les directeurs de services dotés de budgets annexes.
- Les ordonnateurs secondaires sont :
  - les préfets de région ou de département (uniques ordonnateurs secondaires pour la plupart des services civils de l'État). Certaines administrations disposent cependant d'ordonnateurs secondaires par exception au principe : justice, défense.

À l'étranger, les ambassadeurs sont de droit ordonnateurs secondaires.

Les ordonnateurs délégués ou suppléants

Les ministres peuvent déléguer leur pouvoir d'ordonnancement des dépenses par arrêtés à certaines catégories de hauts fonctionnaires ou aux membres de leur cabinet.

Ils peuvent également désigner certains de ces agents, toujours par arrêté, pour les suppléer en cas d'absence ou d'empêchement.

Au niveau régional ou départemental, les préfets peuvent déléguer leur signature à leurs collaborateurs les plus proches : secrétaire général, directeur de cabinet, sous-préfet ou chef des services déconcentrés.

Pour les collectivités locales

Le président du conseil régional, du conseil général, le maire, les présidents des diverses intercommunalités sont ordonnateurs pour la collectivité qu'ils représentent.

Chacun de ces élus peut déléguer sa signature à certains membres de l'assemblée délibérante, notamment vice-présidents ou adjoints.

La responsabilité des ordonnateurs

La responsabilité des ministres peut être politique, pénale, civile, voire financière (dans certains cas devant la Cour des comptes). L'article 12 du décret du 7 novembre 2012 prévoit que : « à raison de l'exercice de leurs attributions, et en particulier des certifications qu'ils délivrent, les ordonnateurs encourent une responsabilité dans les conditions fixées par la loi ».

La responsabilité des ordonnateurs secondaires est naturellement la même que celle des ordonnateurs principaux en matière pénale ou civile mais selon les procédures de droit commun. Ils ne sont pas justiciables des juridictions financières hors cas de gestion de fait.

En revanche, s'ils risquent une sanction professionnelle, ils n'ont en principe pas de responsabilité politique. Ils sont, quant à eux, justiciables de la Cour de discipline budgétaire et financière (article L.112-1 du CJF).

Les exécutifs élus des collectivités territoriales ne sont pas justiciables de la Cour de discipline budgétaire et financière, contrairement aux **ordonnateurs délégués fonctionnaires**, sans responsabilité politique.

Leur responsabilité pénale (devant les juridictions de droit commun toutefois), **civile et financière** est la même que celle des ordonnateurs de l'État.

b. Les comptables publics

Pour l'État

Les différentes catégories de comptables publics de l'État sont ainsi énumérées à l'article 79 du décret du 07 novembre 2012 :

- les contrôleurs budgétaires et comptables ministériels ;
- les comptables des services déconcentrés de la Direction générale des finances publiques et de la Direction générale des douanes et droits indirects ;
- les comptables des budgets annexes ;
- les comptables des comptes spéciaux ;
- les comptables spéciaux définis par des dispositions réglementaires spécifiques ;
- le comptable centralisateur des comptes de l'État.

Les comptables directs du Trésor ont la responsabilité de toutes les opérations financières dont l'État est chargé.

Pour les collectivités territoriales

L'article L. 617-1 du CGCT dispose que le comptable de la commune, du département ou de la région est un comptable public de l'État ayant la qualité de comptable principal.

Il est nommé par le ministre chargé du Budget après information préalable, selon le cas, du ou des maires concernés, du président du conseil général ou du président du conseil régional.

Le comptable de la commune est également souvent comptable des établissements publics locaux voire comptable de certains centres hospitaliers, établissements publics de l'État.

La responsabilité des comptables

La responsabilité personnelle et pécuniaire de tous les comptables publics est l'un des grands principes fondamentaux de l'exécution budgétaire avec celui de la séparation des ordonnateurs et des comptables.

Les conditions de la mise en jeu de cette responsabilité sont fixées par l'article 60 de la loi du 23 février 1963 modifiée notamment par la loi du 28 décembre 2011.

Les comptables sont donc personnellement redevables sur leurs fonds personnels de la gestion irrégulière de leur caisse.

c. Les comptables de fait

Toute personne qui s'intègre dans le recouvrement de recettes, reçoit ou manie directement ou indirectement des fonds ou valeurs extraits irrégulièrement de la caisse d'un organisme public, peut être considérée comme gestionnaire de fait et est soumise aux mêmes juridictions et obligations que les comptables patents.

Le rôle des comptables publics

Il est défini dans les articles 13 et suivants du décret du 7 novembre 2012. Ce rôle est le même au niveau de l'État, des collectivités locales ou des établissements publics.

Les comptables publics sont seuls chargés :

- de la prise en charge et du recouvrement des ordres de recettes qui leur sont remis par les ordonnateurs ;
- du paiement des dépenses sur ordre émanant des ordonnateurs accrédités ;
- de la garde et de la conservation des fonds et valeurs appartenant ou confiés aux organismes publics ;
- du maniement des fonds et des mouvements de comptes de disponibilités ;
- de la conservation des pièces justificatives des opérations et des documents de comptabilité ;
- de la tenue de la comptabilité du poste comptable qu'ils dirigent ;
- des contrôles prévus par la loi sur les opérations de recettes et de dépenses.

2 Les atteintes au principe de la séparation des ordonnateurs et des comptables

Ces aménagements sont non seulement admis mais prévus et organisés par la loi et le règlement. En revanche, toute autre ingérence de l'ordonnateur dans les fonctions de comptable est sanctionnée par la procédure de gestion de fait.

a. Paiement avant service fait

Dans le cadre de l'article 33 du décret du 7 novembre 2012, alinéa 2, le principe est que le paiement intervient après service fait mais que des avances et acomptes peuvent être consentis aux futurs créanciers.

De plus, certains textes de portée générale permettent ainsi le paiement avant service fait.

b. Paiement sans ordonnancement préalable

L'article 32 du décret du 7 novembre 2012 dispose dans son 2e alinéa que « par dérogation à l'article 11, certaines dépenses peuvent, en égard à leur nature ou à leur montant, selon les besoins propres à chaque personne morale, être payées sans ordonnancement ou avec ordonnancement sans que celui-ci soit préalable au paiement ». Le ministre chargé du Budget arrête la liste de ces dépenses (l'instruction n° 08.021.M9 du 23 juillet 2008).

La technique des régies

L'article 60 de la loi n° 63-156 du 23 février 1963, modifiée, dans son article X dispose que les régisseurs chargés pour le compte des comptables publics d'opérations d'encaissement et de paiement sont soumis aux règles, obligations et responsabilités des comptables publics dans les conditions et limites fixées soit par le décret du 7 novembre 2012, soit par décret contresigné par le ministre des Finances.

L'article 22 du décret du 7 novembre 2012 prévoit expressément que les régisseurs peuvent être chargés, pour le compte des comptables publics, d'opérations d'encaissement et de paiement. S'agissant de l'État et ses établissements publics, des conditions d'organisation, de fonctionnement et de contrôle des régies d'avances et de recettes sont fixées par le décret n° 92-681 juillet 1992 modifiés par le décret n° 2000- 424 du 19 mai 2000.

c. Le contrôle des régies

Les régisseurs sont soumis au contrôle :

- du comptable assignataire ;
- de l'ordonnateur auprès duquel ils sont placés ;
- des autorités habilitées à contrôler sur place le comptable et l'ordonnateur (par exemple, les services de la Direction générale des finances ou de l'Inspection générale des finances).

Les régisseurs sont personnellement et pécuniairement responsables de la garde et de la conservation des fonds et valeurs qu'ils recueillent ou qui leur sont avancés par les comptables publics, ainsi que du maniement des fonds et de la conservation des pièces justificatives. Ils sont également responsables de la tenue de la comptabilité des opérations.

Les contrôles qu'ils sont tenus d'exercer sont les mêmes que ceux exercés par les comptables, à l'exception de celui relatif à la disponibilité des crédits dans le cadre d'une régie d'avance.

d. La réquisition des comptables

Les articles 38 et 136 du décret du 7 novembre 2012 et le CGCT prévoient le droit de réquisition pour tous les ordonnateurs et en organisent les conditions de mise en œuvre.

Sur le plan formel, l'ordre de réquisition doit être signé par l'ordonnateur et sa rédaction ne doit laisser aucune ambiguïté sur l'intention de l'ordonnateur conformément aux termes de l'instruction n° 84.40 MO du 8 mars 1984. Ce document doit être joint par le comptable aux autres pièces justificatives à l'appui du compte concerné.

L'article 60 de la loi du 23 février 1963 modifiée dispose, dans son dernier alinéa, que les comptables publics ne sont pas personnellement et pécuniairement responsables des opérations qu'ils ont effectuées sur réquisition régulière des ordonnateurs. Dans ce cas, la responsabilité de l'ordonnateur se substitue à celle du comptable.

e. La gestion de fait

La gestion de fait est une immixtion, une ingérence d'une personne morale ou physique dans le maniement de deniers publics alors qu'elle n'y est pas habilitée soit par fraude soit par ignorance.

Cette notion très ancienne, que l'on retrouve dans une ordonnance royale de 1319, a été confirmée en 1807. Elle a été précisée par l'article 60-XI de la loi du 23 février 1963.

La gestion de fait peut ainsi être matérialisée par :

- des fonds ayant conservé leur caractère public ;
- des fonds publics maniés sans autorisation légale ou titre légal.

La procédure de gestion de fait est fixée par les articles R. 141-22 et R. 241-44 du Code des juridictions financières. La juridiction est saisie par un réquisitoire du procureur général ou du procureur financier faisant suite à toute information dont il peut disposer en l'espèce. Cette information résultera très majoritairement d'un contrôle de la gestion ou des comptes d'une entité par cette même juridiction. Le procureur dispose toutefois seul de l'initiative de la poursuite conformément à la loi du 19 octobre 2008.

3 L'exécution des dépenses et des recettes

L'exécution concrète des opérations d'exécution des recettes et des dépenses publiques obéit à des procédures strictement définies par le décret de 2012.

a. L'exécution des dépenses publiques

Elle obéit à un ensemble de procédures (phase administrative et phase comptable) qui vont faire intervenir l'ordonnateur, puis le comptable.

La phase administrative

La phase administrative est confiée à l'ordonnateur, elle comprend trois étapes successives.

- **L'engagement** se définit comme l'acte administratif unilatéral par lequel un organisme public crée à son encontre, une obligation de laquelle résultera une charge pour la collectivité. C'est le fait générateur de la dépense. Il peut relever d'une situation volontaire (exécution d'un contrat, d'une commande, nomination d'un agent public, attribution d'une subvention) ou non (condamnation). L'affection des crédits nécessaires au paiement de cette dépense (principe de la spécialité des crédits). L'ordonnateur vérifie la disponibilité des crédits et procède à l'imputation budgétaire correcte (Voir principe de spécialité).
- **La liquidation** : liquider une dépense signifie calculer le montant exact de la dette, en vérifier la réalité juridique et enfin, veiller à l'application de la règle du service fait. Ces éléments se matérialisent dans la réalisation par l'ordonnateur d'un dossier de liquidation. Il est composé de pièces justificatives, de factures, de devis, etc.
- **L'ordonnancement** : selon le décret de 2012, c'est un acte administratif unilatéral qui donne, conformément au résultat de la liquidation, l'ordre de payer la dépense au comptable. L'ordonnancement clôture la phase administrative et ouvre la phase comptable. On parle effectivement d'ordonnancement lorsque l'ordre à payer est donné par un ordonnateur principal, lorsque c'est un autre ordonnateur, on utilise le terme de mandatement ou encore mandat de paiement.

4 La phase comptable

Le rôle d'un comptable est de payer les dépenses et d'encaisser les recettes publiques.

Le paiement est l'acte par lequel l'organisme public se libère de sa dette.

Le comptable qui reçoit l'ordre de payer va procéder préalablement à une série de contrôles, à défaut de quoi sa responsabilité personnelle et pécuniaire pourrait être engagée.

Les éléments sur lesquels porte le contrôle sont :

- la compétence de l'ordonnateur ;
- la disponibilité des crédits ;
- l'exacte imputation de la dépense ;
- l'exactitude du calcul de la liquidation ;
- le service a-t-il été fait.

C'est un contrôle de la régularité juridique des opérations. Cela veut donc dire que ce n'est jamais un contrôle de l'opportunité de la dépense. Un comptable ne doit pas s'immiscer dans les fonctions de l'ordonnateur.

Il est enfin chargé de tenir la comptabilité de l'État, des collectivités territoriales et tout organisme public qui relève de sa compétence.

a. La prescription quadriennale

Afin d'éviter que ne s'accumulent les dettes de l'Etat, des collectivités locales et des établissements publics, le législateur a introduit un mécanisme d'apurement des comptes dans un délai de quatre ans

Ainsi toutes les créances non payées à l'issue de ce délai sont éteintes.

b. L'exécution des recettes

Les opérations techniques et juridiques d'exécution des recettes sont différentes selon qu'il s'agisse du recouvrement des impôts et du recouvrement des autres recettes.

Le recouvrement des impôts

La phase administrative

Elle relève de l'ordonnateur, elle est exécutée par la Direction générale des finances publiques (DGFIP). La procédure est différente selon qu'il s'agisse des impôts directs ou des impôts indirects. D'une manière générale la DGFIP procède à :

- la détermination de la matière imposable ;
- la liquidation des impositions (calcul du montant à payer) ;
- l'émission d'un ordre de recette.

La phase comptable

Le recouvrement s'effectue à l'amiable lorsque le débiteur s'acquitte spontanément de sa dette, ou de manière forcée dans un cas contraire car le comptable est personnellement et pécuniairement responsable.

Dans cette hypothèse, le comptable peut mettre en œuvre l'ensemble des moyens d'exécution forcée prévue par la loi comme le recours à la force publique ou **l'avis à tiers détenteur**. Cette procédure particulièrement efficace permet au comptable de saisir toutes les valeurs du débiteur récalcitrant détenus par des tiers c'est-à-dire la banque, l'employeur, les notaires, les organismes financiers, etc.

Il existe quelques exceptions au recouvrement, prévues par les textes :

- les créances irrécouvrables (admission en non-valeur) ;
- les petites sommes (– de 30 euros) sauf les créances fiscales.

Enfin certaines remises peuvent être accordées, ainsi que des transactions dans certaines hypothèses.

Le recouvrement des recettes non fiscale

Il s'agit de manière générale des amandes et autres condamnations pécuniaires, et des recettes domaniales. Elles sont recouvrées par les comptables de la DGFIP. Elles permettent également la mise en œuvre des procédures d'exécution forcée.

33 Les juridictions financières et organismes associés

Le contrôle financier juridictionnel tire son fondement de L'article 15 de la Déclaration des droits de l'homme et du citoyen de 1789.

« La société a le droit de demander compte à tout agent public de son administration. » L'existence des juridictions financières en France remonte pourtant au Moyen Âge et plus particulièrement à l'ordonnance de Vivier-en-Brie en 1320 prise par Philippe V le Long pour l'organisation de la Chambre des comptes de Paris.

Toutefois, ces instances s'avérèrent vite dépassées par l'ampleur et la complexité de la tâche et, sous l'autorité de Napoléon Ier (loi du 16 septembre 1802), est créée et organisée la Cour des comptes, compétente pour l'ensemble du territoire. Ce n'est ainsi qu'en 1982, dans le cadre des lois de décentralisation, que réapparaîtront des chambres des comptes dans les régions dont les compétences concerneront essentiellement les collectivités territoriales et leurs satellites.

À ce jour, certains organismes, prolongent dans une certaine mesure l'activité de la Cour des comptes et dépendent d'elle pour leur fonctionnement :

- la Cour de discipline budgétaire et financière (CDBF) ;
- le Comité d'enquête sur le coût et le rendement des services publics (CE-CRSP) ;
- le Conseil des prélèvements obligatoires (CPO) et la Commission permanente de contrôle des sociétés de perception et de répartition des droits.

En Europe, tous les corps supérieurs de contrôle et d'audit des comptes n'ont pas le statut de juridiction mais ils sont toujours indépendants.

1 La Cour des comptes

a. L'organisation de la Cour

L'organisation générale de la Cour des comptes est très proche de celle d'une juridiction de droit commun malgré qu'elle dispose de compétences particulières non juridictionnelles.

Sa présidence est assurée par le premier président assisté d'un secrétaire général et de deux secrétaires généraux adjoints, qui eux-mêmes ont autorité sur l'ensemble des services comme les ressources humaines, les archives ou la documentation.

La Cour comprend sept chambres, composées chacune d'une quarantaine de magistrats (conseillers-maîtres, conseillers référendaires, auditeurs) et rapporteurs.

Les magistrats appartenant aux différentes chambres, magistrats du siège, sont indépendants dans l'instruction des affaires dont ils sont chargés, et inamovibles.

L'article L. 112-2 du Code des juridictions financières précise que « le procureur général exerce le ministère public près la Cour des comptes » et les formations communes aux juridictions mentionnées à l'article L. 111-9-1 : « Il veillera au bon exercice du ministère public près les chambres régionales et territoriales des comptes ».

Dans l'organisation de ce ministère public ou parquet général, le procureur général est assisté dans sa tâche par plusieurs avocats généraux.

Les missions de la Cour

Elles sont constituées de trois éléments :

- le jugement des comptes des comptables publics ou des personnes qu'elle a déclarées gestionnaires de fait ;
- le contrôle de la gestion des services de l'État et autres personnes morales de droit public qui peuvent lui être rattachées, y compris les institutions de Sécurité sociale ;
- l'assistance au Parlement et au Gouvernement dans le contrôle de l'exécution de la loi de finances et de la loi de financement de la Sécurité sociale.

Conformément à l'article R. 112-3 du Code des juridictions financières, le premier président, après avis du procureur général, définit l'organisation générale des travaux de la Cour, répartit les attributions de celle-ci entre les chambres et arrête le programme annuel des travaux au vu des propositions des présidents de chambre.

Le jugement des comptes

L'article L. 131-1 du Code des juridictions financières (CJF) dispose que les comptables publics qui relèvent de la juridiction de la Cour sont tenus de lui produire leurs comptes dans les délais fixés par décret. Il s'agit des comptes qui ne sont pas attribués en premier ressort aux chambres régionales (article L. 111-1 du CJF). Elle juge également les comptes que lui rendent les personnes qu'elle a déclarées comptables de fait.

La procédure suivie, fortement modifiée par la loi du 28 octobre 2008 et le décret du 19 octobre de la même année, tient compte des chocs jurisprudentiels successifs en provenance tant du Conseil d'État, juge de Cassation des arrêts de la Cour des Comptes que de la Cour européenne des droits de l'homme.

Elle statue en appel sur les jugements des chambres régionales des comptes.

Le contrôle de gestion

Le « contrôle de gestion » s'appuie notamment sur les articles L. 111-2 à L. 111-9-1 du Code des juridictions financières.

La Cour vérifie sur pièces et sur place la régularité des opérations. Sa compétence s'exerce sur les entreprises publiques, les établissements publics nationaux, les organismes de Sécurité sociale mais aussi sur d'autres organismes publics ou privés. Ces contrôles portent sur la régularité de la gestion et des comptes. La publication du rapport annuel remis au président de la République reprend les affaires les plus significatives. Ces rapports ont ainsi un rôle incitatif pour les gestionnaires d'autant plus que les observations des juridictions financières comportent des recommandations suivies d'effets à 75 ou 80 %.

Dans le cadre du contrôle de gestion, les délibérés ne sont pas publics.

L'assistance au Parlement et au Gouvernement

Cette mission repose sur l'article 47-2 précité de la Constitution :

> *« La Cour des comptes assiste le Parlement et le Gouvernement dans le contrôle de l'exécution des lois de finances et de l'application des lois de financement de la Sécurité sociale ainsi que dans l'évaluation des politiques publiques. Par ses rapports publics, elle contribue à l'information des citoyens. Elle vérifie que les comptes des administrations publiques sont réguliers et sincères et qu'ils donnent une image fidèle du résultat de leur gestion, de leur patrimoine et de leur situation financière ».*

L'article 58 de la loi organique 2001-692 du 1er août 2001 précise que la mission d'assistance du Parlement confiée à la Cour des comptes par le dernier alinéa de l'article 47 de la Constitution comporte notamment :

- l'obligation de répondre aux demandes d'assistance formulées par le président et le rapporteur général de la commission chargée des finances de chaque assemblée dans le cadre des missions de contrôle et d'évaluation prévues à l'article 57 ;
- la réalisation de toute enquête demandée par les commissions de l'Assemblée nationale et du Sénat chargées des finances sur la gestion des services ou organismes qu'elle contrôle. Les conclusions de ces enquêtes sont obligatoirement communiquées dans un délai de huit mois après la formulation de la demande à la commission dont elle émane qui statue sur leur publication.
- le dépôt d'un rapport préliminaire conjoint au dépôt du rapport mentionné à l'article 48 relatif aux résultats de l'exécution de l'exercice antérieur ;
- le dépôt d'un rapport conjoint au dépôt du projet de loi de règlement, relatif aux résultats de l'exécution de l'exercice antérieur et aux comptes associés qui, en particulier, analyse par mission et par programme l'exécution des crédits ;
- la certification de la régularité, de la sincérité et de la fidélité des comptes de l'État. Cette certification est annexée au projet de loi de règlement et accompagnée du compte rendu des vérifications opérées ;
- le dépôt d'un rapport conjoint au dépôt de tout projet de loi de finances sur les mouvements de crédits opérés par voie administrative dont la ratification est demandée dans ledit projet de loi de finances.

2 Les chambres régionales des comptes

Les chambres régionales des comptes (CRC) ont été créées par la loi du 2 mars 1982. 26 chambres régionales ou territoriales sont alors créées, la loi du 13 décembre 2011 a ramené ce nombre à un maximum de 20 par le regroupement de certaines d'entre elles.

Les missions et l'organisation des chambres sont fixées par le livre II du Code des juridictions financières (CJF).

a. Les compétences des CRC

Les chambres régionales des comptes sont des juridictions autonomes. Leur compétence comprend les collectivités locales, les établissements publics locaux et les sociétés, groupements et organismes quel que soit leur statut juridique dès lors que certaines entités placées sous leur contrôle détiennent séparément ou ensemble, plus de la moitié du capital ou des voix dans les organes délibèrent ou exerce un pouvoir prépondérant de décision.

Elles peuvent également contrôler tout organisme quel que soit son statut percevant un concours financier public supérieur à 1 500 euros.

b. Les missions des CRC

Le Code des juridictions financières et le Code général des collectivités territoriales définissent trois grandes missions confiées aux chambres régionales des comptes : le jugement des comptes des comptables publics et des personnes qu'elle a déclaré comptables de fait (art. L. 211-1 du CJF), l'examen de la gestion des collectivités locales et des établissements cités ci-dessus (art. L. 211-8 du CJF) et le contrôle budgétaire des collectivités locales et de leurs établissements publics (art. L. 211-7 du CJF et L. 1612-1 et suivants du CGCT).

3 Les organismes associés

Ces organismes prolongent l'action de la Cour des comptes.

a. La Cour de discipline budgétaire et financière (CDBF)

Elle a pour origine la loi du 25 septembre 1948, elle est régie par le livre III, titre 1er du Code des juridictions financières (CJF). La composition de la CDBF est fixée par l'article L. 312-2 du CJF comme suit :

- le premier président de la Cour des comptes, président ;
- le président de la section des finances du Conseil d'État, vice-président ;
- un nombre égal de conseillers d'État et de conseillers maîtres à la Cour des comptes (cinq depuis le début du 17 juin 2005) ;
- les fonctions du ministère public sont assurées par le procureur général de la Cour des comptes.

Elle a pour mission de sanctionner les infractions aux règles d'exécution des dépenses et des recettes publiques.

Toutefois, l'article L. 312-2-1 du CJF, en limitant sa juridiction aux fonctionnaires, agents civils ou militaires de l'État, des collectivités territoriales, de leurs établissements publics ainsi qu'aux membres des cabinets ministériels, atténue considérablement la force de dissuasion de la CDBF. Les condamnations à l'amende, au nombre de trois à six par an, d'un montant généralement minime bien que la loi ait prévu des sanctions pouvant aller au maximum jusqu'à deux fois le traitement annuel de l'ordonnateur en cause.

- Les arrêts de la CDBF ne sont pas susceptibles d'appel mais peuvent faire l'objet d'un recours en cassation devant le Conseil d'État.
- Les infractions se prescrivent dans un délai de cinq ans.

b. Le Comité d'enquête sur le coût et le rendement des services publics

Créé par le décret du 9 août 1946, ce comité est actuellement régi par le titre II du livre III du Code des juridictions financières (article D. 320-1 et suivants).

Le Comité d'enquête est présidé par le premier président de la Cour des comptes et est composé de parlementaires, d'un président de conseil régional, d'un président de conseil général, d'un maire, de hauts-fonctionnaires, de représentants syndicaux et du monde de l'entreprise.

La mission de cet organisme est de rechercher et de proposer les mesures propres à réduire le coût et à améliorer la qualité et le service des ministères, des établissements publics, des collectivités locales et des organismes de toute nature chargés d'assurer un service public.

c. Le Conseil des prélèvements obligatoires

Le Conseil des prélèvements obligatoires, créé par la loi n° 2009-358 du 20 avril 2005, est chargé d'apprécier l'évolution et l'impact économique, social et budgétaire de l'ensemble des prélèvements obligatoires, ainsi que de formuler des recommandations sur toute question relative à ces prélèvements.

Il a remplacé le Conseil des impôts créé en 1971 et a un domaine de compétence élargi à tous les prélèvements obligatoires.

Présidé par le premier président de la Cour des comptes, il est composé de 16 membres indépendants (aucune instruction ne peut leur être donnée par quiconque). Ces membres sont issus de la haute-administration, de membres de la Cour des comptes, de la Cour de cassation, de conseillers d'État et de représentants du secteur privé au titre de personnalités qualifiées.

Le Conseil peut être saisi par le Gouvernement, les commissions chargées des finances et des affaires sociales de l'Assemblée nationale et du Sénat. Il peut également s'autosaisir.

Le président désigne un rapporteur dont le projet est délibéré par le Conseil. À titre d'exemple des sujets traités, les rapports suivants ont été publiés.

- Juillet 2013 : les taxes affectées.
- Février 2015 : la TVA.
- Janvier 2017 : adapter l'impôt sur les sociétés à une économie verte.
- Octobre 2018 : les taxes affectées, des instruments à mieux encadrer.

d. La Commission permanente de contrôle des sociétés de perception et de répartition des droits

La commission exerce ici un contrôle des sociétés de perception et de répartition des droits, comme la Sacem pour les droits musicaux, et présente des recommandations dans son rapport annuel.

Elle est présidée par un président honoraire de chambre à la Cour des comptes et comprend un conseiller d'État honoraire, un conseiller à la Cour de cassation, un inspecteur général des finances et un inspecteur général de l'administration des affaires culturelles.

Les rapporteurs sont des magistrats financiers qui peuvent contrôler sur pièces et sur place.

34 Cours
Les contrôles financiers (synthèse)

Les contrôles financiers se sont progressivement diversifiés au fil du temps. Ils se sont aussi modernisés dans le sens de la mise en œuvre de procédures nouvelles d'évaluation développées par la loi organique de 2001.

Ils ont été abordés à différentes reprises tout au long des précédents développements. Le propos est ici de les rendre plus facilement accessibles et disponibles. La thématique du contrôle est essentielle à la compréhension des phénomènes financiers, tant sous l'angle politique que technique. Elle est aussi particulièrement présente dans les concours et examens.

1 Fondements et méthode

Pour avoir une vision globale et complète de l'ensemble des contrôles financiers, il est recommandé de les identifier au travers de plusieurs prismes.

Les contrôles financiers tirent leur fondement juridique du principe contenu dans l'article 15 qui dispose que : « La société a le droit de demander comptes à tout agent public de son administration. »

Afin d'avoir une vision à la fois synthétique et complète de l'ensemble des contrôles financiers, il convient de les identifier au moyen de deux critères : le critère temporel et le critère organique.

a. Le critère temporel

Il permet d'identifier le contrôle en fonction du moment où il intervient, ce moment est défini en fonction de l'exécution budgétaire.

Trois moments différents peuvent ainsi être retenus :

- **Avant l'exécution** (on parle aussi de contrôle *a priori*) ;
- **Pendant l'exécution** (on parle aussi de contrôle en cours d'exécution) ;
- **Après l'exécution** (on parle aussi de contrôle *a posteriori*).

b. Le critère organique

Il permet d'identifier le contrôle en fonction de l'organe (ou l'institution) qui en est chargé.

Trois catégories d'organes peuvent être retenues :

- **un organe politique** : (Parlement, assemblée délibérante locale, Conseil d'administration d'un établissement public) ;
- **un organe administratif :** administrations de l'État, des collectivités territoriales, Directeurs d'établissements publics etc.) ;
- **un organe juridictionnel :** les juridictions chargées du contentieux budgétaire et financier (Cour des comptes, Chambres régionales des comptes, Cour de discipline budgétaire et financière).

La mise en œuvre de ces deux critères est toujours réalisée en parallèle :

- ainsi, si l'on choisit de « partir » du critère temporel, à chacun des moments du contrôle (avant, pendant, après) on examine la présence ou non de contrôles réalisés par chacune des trois catégories d'organes (politique, administratif, juridictionnel) ;
- si l'on choisit de « partir » du critère organique, à chacun des organes chargés du contrôle (politique, administratif, juridictionnel) on examine la présence, ou non de contrôles réalisés à chacun des moments (avant, pendant, après).

2 La mise en œuvre

Organique / Temporel	AVANT	PENDANT	APRÈS
POLITIQUE : • Parlement. • Assemblées locales.	• Débats d'orientation des finances publiques • Débats et vote de la LFA. • Commissions des finances. • Questions parlementaire. • Questions élus locaux.	• Commissions parlementaires. • Loi de finances rectificative. • Questions parlementaires. • Audits et enquêtes. • Débats d'orientations. • Questions élus locaux.	• Loi de règlement. • Audits et enquêtes parlementaires.
ADMINISTRATIF : • Contrôle budgétaire et comptable ministériel. • Contrôle budgétaire déconcentré (TPG). • Comptable public. • Inspection générale des Finances (IGF). • Cour des Comptes et CRC.	• Contrôle budgétaire et comptable ministériel. • Contrôle budgétaire déconcentré (TPG).	• Comptable public. • Inspection générale des Finances (IGF). • Commission des marchés publics.	• Contrôle administratif de gestion des finances de l'État. • Contrôle administratif de gestion des comptes locaux.
JURIDICTIONNEL : • Cour des Comptes. • Chambres régionales des comptes. • Cour de discipline budgétaire et financière.	• Contrôles préalables des budgets locaux (CRC).		• Jugement des comptes de l'État. • Jugement des comptes de collectivités locales. • Cour de discipline budgétaire et financière.

Entraînement

Cochez la ou les bonnes réponses aux questions suivantes.

1. Laquelle de ces lois n'est pas une loi de finances :

- ❒ **a.** La loi de règlement
- ❒ **b.** La loi de finances rectificative
- ❒ **c.** La loi de financement de la Sécurité sociale

2. Les lois spéciales de l'article 45 de la LOLF concernent :

- ❒ **a.** La sanction du non-respect des délais prévus par la constitution
- ❒ **b.** L'engagement de la responsabilité des ordonnateurs
- ❒ **c.** Certaines lois de règlement

3. Le projet de loi de règlement et les documents qui l'accompagnent doivent être déposés et distribués avant :

- ❒ **a.** Le premier mardi d'octobre
- ❒ **b.** Le 1er juin qui suit l'année d'exécution
- ❒ **c.** Le 31 mars de l'année qui suit l'année d'exécution

4. Le principe de fongibilité asymétrique des crédits signifie :

- ❒ **a.** Qu'ils s'autodétruisent en cas de dépassement
- ❒ **b.** Que des crédits d'investissement peuvent être utilisés pour des dépenses de personnel
- ❒ **c.** Que des crédits de personnel peuvent être utilisés pour des dépenses d'investissement

5. Le(s)quel(s) de ces budgets ne fait (font) pas parti des budgets annexes :

- ❒ **a.** Le budget annexe des prestations sociales agricoles
- ❒ **b.** Le budget annexe du contrôle et de l'exploitation aériens
- ❒ **c.** Le budget des monnaies et médailles
- ❒ **d.** Le budget annexe des publications officielles et informations administratives

6. Les reports de crédit sont limités à :

- ❒ **a.** 1 % du montant global de la dotation
- ❒ **b.** 2 % du montant global de la dotation
- ❒ **c.** 3 % du montant global de la dotation
- ❒ **d.** 5 % du montant global de la dotation

7. La lettre de cadrage relève de la phase de :

- ❒ **a.** Restitution
- ❒ **b.** Mise au point
- ❒ **c.** Perspectives

8. La lettre plafond est adressée par :
   - ❒ **a.** Le ministre de l'Économie et des Finances
   - ❒ **b.** Le Premier ministre
   - ❒ **c.** Le président de la République
9. L'article d'équilibre se présente sous la forme d'un tableau :
   - ❒ **a.** Oui
   - ❒ **b.** Non
   - ❒ **c.** De temps en temps
10. Les documents de politique transversale sont des documents à couverture de couleur :
   - ❒ **a.** Verte
   - ❒ **b.** Jaune
   - ❒ **c.** Rouge
11. Le projet annuel de performances accompagne :
   - ❒ **a.** Le projet de loi de règlement
   - ❒ **b.** Le projet de budget régional
   - ❒ **c.** Le projet de loi de finances de l'année
12. Pour se prononcer sur le projet de loi de finances, la Constitution précise que le Parlement dispose d'un délai de :
   - ❒ **a.** 70 jours
   - ❒ **b.** 40 jours
   - ❒ **c.** 20 jours
13. Le Sénat doit se prononcer en première lecture dans un délai de :
   - ❒ **a.** 16 jours
   - ❒ **b.** 40 jours
   - ❒ **c.** 20 jours
14. La pratique dite des « cavaliers budgétaires » est :
   - ❒ **a.** Tolérée
   - ❒ **b.** Interdite
   - ❒ **c.** Seulement réservée aux finances locales
15. La deuxième partie du projet de loi de finances de l'année peut être mise en discussion devant une assemblée :
   - ❒ **a.** Au moment choisit par le Gouvernement
   - ❒ **b.** Au moment choisit par le président de la République
   - ❒ **c.** Qu'après l'adoption de la première partie
16. Les ordonnateurs principaux de l'État sont :
   - ❒ **a.** Les ministres
   - ❒ **b.** Les préfets de région
   - ❒ **c.** Les préfets de département

17. Les ministres encourent une responsabilité devant les juridictions financières :

- ❐ **a.** En cas d'erreur de liquidation de la dépense
- ❐ **b.** En cas de gestion de fait
- ❐ **c.** En cas de fausse certification de service fait

18. La Cour des comptes peut contrôler tous les fonds publics :

- ❐ **a.** Oui
- ❐ **b.** Non

19. La CDBF peut juger :

- ❐ **a.** Un préfet
- ❐ **b.** Un maire
- ❐ **c.** Un adjoint au maire
- ❐ **d.** Un recteur d'académie

20. Un fonds de concours est une dérogation au principe de :

- ❐ **a.** L'annualité
- ❐ **b.** L'unité
- ❐ **c.** L'universalité

Corrigé

1. **c.** Depuis l'ordonnance de 1959 et l'article 1er de la LOLF, ont le caractère de loi de finances :

- la loi de finances de l'année, les lois de finances rectificatives ;
- les lois de règlements ;
- les lois de finances prévues à article 45 (LOLF).

Les lois de financement de la Sécurité sociale déterminent les conditions générales de son équilibre financier, et compte tenu de leurs prévisions de recettes, fixent les objectifs de dépenses, dans les conditions et sous les réserves prévues par une loi organique. Elles ne sont pas juridiquement des lois de finances.

2. **a.** Elles ne constituent pas en tant que telle une nouveauté. L'ordonnance organique de 1959 avait également prévu des « lois de finances spéciales » qui correspondaient aux situations de dépôt tardif du projet de loi de finances de l'année.

En vertu de l'article 47 de la Constitution, lorsque la loi de finances fixant les ressources et les charges d'un exercice n'a pas été déposée en temps utile pour être promulguée avant le début de l'année, le Gouvernement demande d'urgence au Parlement l'autorisation de percevoir les impôts et ouvre par décrets les crédits se rapportant aux services votés. Cette procédure a été mise en œuvre en 1962 à la suite de la dissolution de l'Assemblée nationale.

3. **b.** L'article 46, prévoit désormais que le projet de loi de règlement et les documents qui l'accompagnent doivent être déposés et distribués **avant le 1er juin** qui suit l'année d'exécution. L'article 41 précise que le projet de loi de finances de l'année ne peut être mis en discussion devant une assemblée avant le vote par celle-ci, en première lecture, sur le projet de loi de règlement afférent à l'exercice précédent.

   Cela permet d'éclairer les données du projet de loi de finances de l'année à venir grâce aux enseignements tirés de l'exécution la plus proche. Ce qui met en œuvre un « **chaînage vertueux** » des différents documents financiers de l'État y compris la loi de financement de la Sécurité sociale.

4. **b.** Au sein d'un programme, le gestionnaire dispose depuis la LOLF d'une liberté presque intégrale de redéployer les crédits au sein des titres : c'est la **fongibilité des crédits**.

   La possibilité de ce redéploiement constitue un champ de liberté de gestion tout à fait nouveau et original. Une limite est cependant posée, elle concerne les crédits ouverts au titre III (dépenses de personnel). Ils ne pourront pas faire l'objet de cette liberté de façon à conserver une maîtrise plus importante de l'évolution des dépenses de personnel qui constituent la grande majorité des dépenses publiques. Les crédits de personnel de chaque programme ne peuvent pas être augmentés par des crédits provenant d'autres titres, mais ils peuvent en revanche augmenter des crédits d'autres titres : c'est la **fongibilité asymétrique des crédits**.

5. **a.** Le **BAPSA** a disparu des budgets annexes (loi de finances pour 2004). 17 851 milliards d'euros en 2004. Il a été remplacé par un fonds de financement des prestations sociales des non-salariés agricoles, c'est un établissement public à caractère administratif crée par le décret du 23 décembre 2004 qui conserve les mêmes attributions que l'ancien BAPSA.

   Le budget annexe des monnaies et médailles avait pour activité la frappe des monnaies et des médailles, il a été transformé en compte de commerce par la loi de finances pour 2007, à la suite d'un rapport de la Cour des comptes en 2004 qui relevait que « Les activités commerciales avaient pris une part prépondérante du chiffre d'affaires… ».

6. **c.** Désormais, l'article 15 de la LOLF permet le report de crédits de paiements dans la limite de 3 % du montant des crédits initiaux. Dans le cadre de l'ordonnance de 1959, la limite était fixée à 10 %. Ainsi, les crédits de paiements disponibles sur un programme à la fin de l'année peuvent être reportés sur le même programme ou à défaut sur un programme poursuivant les mêmes objectifs.

7. **c.** À l'issue de réunions budgétaires permettant d'instruire les demandes des membres du Gouvernement et les possibilités de dégagement de gain de productivité, le Premier ministre adresse à chaque ministre gestionnaire une **lettre de cadrage** cosignée par le ministre des Finances fixant les orientations et les plafonds budgétaires arrêtés par ministère.

8. **b.** Cette procédure se terminera par l'envoi par le Premier ministre d'une **lettre plafond** arrêtant le montant définitif des crédits. Ces lettres plafond sont transmises aux commissions parlementaires des finances.

9. **a.** Les soldes budgétaires font l'objet, depuis 1959, d'une disposition spéciale dans la loi de finances, **l'article d'équilibre**. Il se présente sous la forme d'un tableau qui conclut la première partie de la loi de finances. C'est l'article le plus important de la loi

de finances. La nouvelle présentation version LOLF, distingue en dépenses : la charge de la dette, les dépenses de personnel, et les autres dépenses ; en recettes : les recettes nettes (recettes brutes – les prélèvements sur recettes), auxquelles s'imputent enfin le solde des budgets annexes et le solde des comptes spéciaux, pour obtenir le solde général de la loi de finances.

10. c. Ils ne sont pas prévus par la LOLF, ils relèvent d'une initiative du Gouvernement en 2005 qui dispose aujourd'hui d'une base légale (l'amendement Carrez devenu l'article 128 de la loi de finances pour 2006). Ces documents colorés en rouge ou orange, (une douzaine à ce jour), sont des « documents de politique transversale (DPT) ». Ils concernent les politiques publiques interministérielles financées de manière significative par l'État. Ces documents ont pour fonction de participer à la coordination de programmes relevant de missions interministérielles ou n'appartenant pas à des programmes de mêmes ministères. L'article 128 de la loi de finances rectificative du 30 décembre 2005 a prévu que les documents de politiques transversales doivent être présentés sous forme d'annexes générales du projet de loi de finances et obéir aux mêmes règles de dépôt que les jaunes. Pour chaque politique transversale, le Premier ministre désigne un ministre chef de file chargé de coordonner les activités de l'État.

11. c. Le projet annuel de performances accompagne le projet de loi de finances de l'année. Il est lié à la nouvelle identité de la LOLF et traduit le passage d'une logique de moyen à une logique d'efficacité. Ce rapport trouvera son écho dans le rapport annuel de performance qui accompagnera le projet de loi de règlement. L'article 51-5 précise que les annexes explicatives doivent être accompagnées d'un projet annuel de performance de chaque programme ou par dotation dont l'objet est de présenter les actions, les objectifs poursuivis et leurs coûts associés, ainsi que les résultats obtenus et les résultats attendus pour les années à venir. L'ensemble étant mesuré au moyen d'indicateurs de performance.

12. a. L'article 47 de la Constitution dispose que : si le Parlement ne s'est pas prononcé dans le délai de 70 jours, les dispositions du projet peuvent être mises en vigueur par ordonnance.

13. c. Le Sénat doit se prononcer, en première lecture dans un délai de 20 jours après avoir été saisi. Cette différence de traitement peut laisser penser que le Sénat ne dispose pas d'un délai suffisant. En réalité, il est destinataire du projet de loi de finances et de l'ensemble des documents qui l'accompagnent au même moment que l'Assemblée nationale, son travail d'examen par les commissions compétentes peut débuter au même moment.

14. b. C'est l'article 16 de la Constitution de 1946 qui instaurera le principe de l'interdiction définitive des cavaliers budgétaires.

Aujourd'hui, le texte de la LOLF énumère de façon très précise le contenu des lois de finances ainsi le contrôle des cavaliers budgétaires est rendu plus facile.

L'article 47 de la LOLF prévoit que tout amendement doit être motivé et accompagné des développements des moyens qui le justifient. Les amendements non-conformes à la loi organique sont irrecevables.

Le Conseil constitutionnel exerce un contrôle systématique à l'égard de cavaliers budgétaires (décision n° 210-622 DC du 28 décembre 2010 : une dizaine d'articles avaient été introduits dans la loi de finances pour 2011 concernant notamment le sevrage tabagique, le logement social et les véhicules hybrides).

15. **c.** L'article 42 de la LOLF dispose que la deuxième partie du projet de loi de finances de l'année et, s'il y a lieu, des projets de lois de finances rectificatives, ne peut être mise en discussion devant une assemblée avant l'adoption de la première partie.

La justification de ce principe tient au caractère déterminant du principe du consentement des citoyens ou de leurs représentants à l'impôt (figurant dans la première partie de la loi de finances) et contenu dans les articles 14 DDHC et 34 de la Constitution.

Le Conseil constitutionnel exerce à ce sujet un contrôle total et absolu (décision C. du 24 décembre 1979). Cette solution s'applique également aux lois de finances rectificatives (décision C du 9 juin 1992)

16. **a.** Les ordonnateurs de l'État sont principaux ou secondaires, ils peuvent déléguer leurs pouvoirs ou se faire suppléer en cas d'absence ou d'empêchement.

Les ministres sont ordonnateurs principaux (article 74 du RGCP).

Les directeurs de services dotés de budgets annexes peuvent se voir conférer également la qualité d'ordonnateur principal pour lesdits budgets.

17. **b.** Les ministres, contrairement aux membres de leurs cabinets ou aux fonctionnaires, sont expressément exclus de la liste des justiciables de la Cour de discipline budgétaire et financière – traitée *infra* – par l'article L. 312-2-1 du Code des juridictions financières.

Les ministres ne sont, comme tous les ordonnateurs, pas responsables devant les juridictions financières, en l'espèce la Cour des comptes. Cette dernière peut toutefois, sur réquisitoire du procureur général, déclarer un ministre comptable de fait et juger ses comptes à ce titre.

Cette procédure dérogatoire, prévue par l'article L. 131-2 du Code des juridictions financières (CJF), permet au juge des comptes de condamner un ordonnateur qui se serait immiscé dans les fonctions de comptable.

18. **b.** Les missions de la Cour des comptes et son périmètre de compétence sont décrits au Livre I, Titre I du Code des juridictions financières.

Ses grandes missions peuvent se résumer en trois items, le jugement des comptes des comptables publics ou des personnes qu'elle a déclarées gestionnaires de fait, le contrôle de la gestion des services de l'État et autre personnes morales de droit public qui peuvent lui être rattachées y compris les institutions de Sécurité sociale et l'assistance au Parlement et au Gouvernement dans le contrôle de l'exécution de la **3.a.**

Les ordonnateurs de l'État sont principaux ou secondaires, ils peuvent déléguer leurs pouvoirs ou se faire suppléer en cas d'absence ou d'empêchement.

Les ministres sont ordonnateurs principaux (article 74 du RGCP).

Les directeurs de services dotés de budgets annexes peuvent se voir conférer également la qualité d'ordonnateur principal pour lesdits budgets.

19. a. et d. L'article L. 312-2-1 du CJF, en limitant sa juridiction aux fonctionnaires, agents civils ou militaires de l'État, des collectivités territoriales, de leurs établissements publics ainsi qu'aux membres des cabinets ministériels, atténue considérablement la force de dissuasion de la CDBF en excluant de sa compétence ceux qui sont souvent les véritables décideurs. Ce même article dans son point II exclut en effet expressément les membres du Gouvernement et les exécutifs élus.

20. c. Les fonds de concours sont des fonds versés par des personnes physiques ou morales pour contribuer avec ceux de l'État à des dépenses d'intérêt public. C'est notamment le cas des versements par l'État de sa contribution au budget de l'Union européenne, ou aux collectivités territoriales. La procédure des fonds de concours appliquée aux dons et legs, consentis par des particuliers au profit de l'État, leur permet d'être assurés que la destination de leurs dons sera bien conforme à leur volonté.

Partie

4

Notions essentielles sur les institutions européennes

Les institutions européennes représentent pour le public non averti un dédale méconnu, au fonctionnement obscur. « Personne n'aurait pu sciemment concevoir un Gouvernement aussi complexe et aussi redondant que l'Union européenne » (T. Reid, *The United States of Europe*, 2004). Or, à leur décharge, les institutions européennes ne constituent justement pas un « gouvernement ». Ce sont des organes internationaux qui répondent aux besoins de la construction européenne entre les États membres, processus lancé en 1951 avec la Communauté européenne du charbon et de l'acier (CECA).

L'expression « institutions européennes » peut théoriquement concerner plusieurs organisations de ce continent : le Conseil de l'Europe (CE), l'Union européenne (UE), ou encore l'Organisation pour la sécurité et la coopération en Europe (OSCE). Néanmoins, la pratique montre que seule l'UE est généralement envisagée dans l'usage de cette expression. L'activité intense et tous azimuts des institutions de l'Union européenne fait de ces dernières une réalité concrète et incontournable pour tout juriste, notamment français.

Il s'agira d'abord de présenter brièvement ce qu'est l'Union européenne, sa substance, ses compétences et ses actes. Seront ensuite étudiées ensemble les trois institutions politiques qui gèrent l'Union : la Commission, le Conseil et le Parlement. Un point sera fait sur le Conseil européen, désormais placé au sommet de l'Union. On s'intéressera successivement aux autres institutions politiques, aux institutions économiques et enfin à l'institution judiciaire[1].

1. Composée d'un Tribunal et d'une Cour de Justice (anciennement des Communautés européennes, CJCE), abrégés ci-après en « CJUE » pour citer leurs décisions.

L'Union européenne

On ne saurait traiter des institutions européennes sans exposer à titre préalable ce qu'est l'Union européenne aujourd'hui. Il s'agit d'abord d'évoquer ici sa nature singulière, issue de compromis historiques et exprimant les aspirations de ses fondateurs. La construction institutionnelle de l'Europe n'est pas un long fleuve tranquille et le réseau dense des institutions de l'Union répond à la complexité des situations auxquelles l'organisation a à faire face. La crise permanente est l'état normal de fonctionnement de l'UE, notamment ces dernières décennies (élargissement critiqué de 2004, échec du traité constitutionnel en 2005, krach financier de 2008, migrations et asile depuis 2011, Brexit depuis 2016, etc.).

Ce tumulte n'empêche pas les institutions de l'Union européenne d'assurer leur rôle d'intégration en générant un droit dense et important qui exerce un impact considérable et direct sur le droit interne des États membres. La compréhension des politiques mises en place par l'UE nécessite d'exposer ses compétences et principes d'actions, et les actes de droit qu'elle prend.

Enfin, le droit de l'Union établit une liste de ses institutions, nomenclature utile pour le juriste.

Tous ces éléments sont codifiés dans le Traité sur l'Union européenne (TUE) et le Traité sur le fonctionnement de l'Union européenne (TFUE).

1 Une organisation régionale d'intégration

L'Union européenne est issue d'un processus long et complexe de rapprochement entre les États européens, à partir des années 1950, dans plusieurs organisations. Cette mosaïque de Communautés européennes a été rassemblée et unifiée, à partir du traité de Maastricht de 1992, en une Union européenne dont le statut juridique soulève bien des questions. Restructurée en 2009 par le Traité de Lisbonne, l'Union se présente actuellement comme une organisation régionale sans équivalent dans le monde, bénéficiant d'un budget important se chiffrant en centaines de milliards d'euros, de plus de quarante mille fonctionnaires, ainsi que de sa monnaie propre.

a. La construction européenne, un processus sur le long terme

Le rapprochement pour promouvoir la paix en Europe s'est concrétisé entre les anciens alliés de la seconde guerre mondiale à la fin des années 1940, inspiré par **le discours prononcé** à Zurich **par Sir Winston Churchill (1946)**.

Les premières initiatives intergouvernementales

La construction européenne a commencé par **des initiatives intergouvernementales** en 1948, avec la création de trois organisations : l'Union occidentale (à vocation militaire), **le Conseil de l'Europe** (suivi de sa fameuse Cour européenne des droits de l'homme, CEDH) et l'Organisation européenne de coopération économique (OECE, à vocation économique, liée au Plan Marshall). Fondées sur la coopération, ces organisations ne sont pas à l'origine de l'Union européenne d'aujourd'hui. Le Conseil de l'Europe et l'OECE (devenue OCDE en 1960) sont des organisations complètement indépendantes. Quant à l'Union occidentale, rebaptisée en 1954 « Union de l'Europe occidentale » (UEO), elle est rapidement entrée en sommeil malgré son nom prometteur et, intégrée à l'UE dont elle n'a pas su devenir le « bras armé », elle a été dissoute en 2011.

Les Communautés d'intégration sectorielle

Les prédécesseurs directs de l'Union européenne furent les **trois Communautés**, créées **dans une logique d'intégration** à partir des années 1950. La première d'entre elles fut la **Communauté économique du charbon et de l'acier (CECA)**, en 1951, issue des efforts de Robert Schuman et de Jean Monnet. Le programme sur le long terme a été posé dans la **Déclaration Schuman du 9 mai 1950** :

« L'Europe ne se fera pas d'un coup, ni dans une construction d'ensemble : elle se fera par des réalisations concrètes créant d'abord des solidarités de fait. »

L'intégration « supranationale » se différencie de la coopération intergouvernementale, mode de fonctionnement classique des organisations internationales. L'intégration se caractérise par la volonté de transférer des compétences étatiques à un organe commun ayant une capacité d'action propre et autonome. Cela suppose des institutions suffisamment fortes pour générer un droit d'effet direct dans les ordres juridiques nationaux. L'intégration (ou « méthode communautaire ») se développe à travers les deux autres communautés créées par les **Traités de Rome (1957)** : la **Communauté européenne de l'énergie atomique (EURATOM)** et surtout la **Communauté économique européenne (CEE)**. Ces trois Communautés ont été constituées sur l'accord des six États fondateurs : la France, l'Allemagne, l'Italie, la Belgique, les Pays-Bas et le Luxembourg (Benelux).

La construction communautaire est fondée sur l'intégration sectorielle (énergie, commerce, etc.), qui crée un droit et des espaces communs, régis par les institutions européennes où les décisions se prennent à la majorité. Le développement de la réglementation et l'extension progressive des secteurs « intégrés » créent un effet d'engrenage suscitant l'approfondissement des liens, l'interdépendance croissante entre les États membres et « l'union sans cesse plus étroite entre les peuples » (art. 1er TUE).

La marche vers l'Union européenne

Bien que juridiquement distinctes, les trois communautés étaient gérées par **des institutions communes** : l'Assemblée (renommée Parlement européen en 1962) et la Cour de Justice (des Communautés européennes) étaient communes dès l'origine ; les organes exécutifs de chaque Communauté (Commissions et Conseils des ministres) furent fusionnés par le traité de Bruxelles en 1965.

Le cadre institutionnel s'est consolidé pour répondre aux compétences croissantes de l'organisation, aux adhésions successives de nouveaux États (vingt-huit États membres en 2019) et au besoin de démocratisation. Une refonte générale a été faite par **le Traité de Maastricht en 1992 fondant l'Union européenne**. De 1992 à 2009, l'UE chapeautait les différentes communautés et les politiques de coopération créées au fur et à mesure à travers « trois piliers ». Le système est désormais presque entièrement uniformisé : la CECA a disparu en 2002, la CEE (devenue Communauté européenne) a également disparu avec le Traité de Lisbonne. Seule l'EURATOM, dont les activités sont limitées, est encore formellement distincte de l'UE à l'heure actuelle.

Les symboles de l'intégration politique européenne

L'intégration européenne n'est pas seulement une construction économique ou une zone de libre-échange : **c'est une construction politique avec ses « pères fondateurs »** (de Gasperi, Schuman, Spaak, etc.). En témoignent les symboles paneuropéens que les Communautés puis l'Union ont repris du Conseil de l'Europe : le drapeau étoilé, l'hymne à la Joie, la Journée de l'Europe. L'UE a, de plus, adopté une devise (« Unis dans la diversité »), établi **une monnaie unique** pour la majorité des États membres (**l'Euro**), et créé **une citoyenneté européenne** qui s'ajoute à la citoyenneté nationale (art. 9 TUE).

b. Le statut juridique de l'Union européenne

Faute de savoir dire simplement ce qu'est l'Union européenne, on se contente souvent de la décrire comme une **entité *sui generis***, de son propre genre, voire comme « un très étrange animal » dans l'ordre international. Plus qu'une organisation classique, elle en reste une tout de même, fondamentalement, car ses institutions ne peuvent fonctionner qu'avec le consentement des États.

L'intégration européenne comme dynamique originale

L'UE bénéficie de **transferts de souveraineté** par les États membres dans ses domaines de compétences. Les prérogatives de l'Union vont plus loin que celles de la plupart des organisations internationales : le transfert peut aller jusqu'à déposséder les États membres de leur capacité de réglementer isolément sur la matière considérée. Ces pouvoirs exclusifs de l'Union limitent considérablement la liberté d'action des États membres. Ces derniers sont tenus d'agir en commun *via* les institutions de l'Union, et de se soumettre à la décision commune, qui peut être prise à la majorité qualifiée. Des mécanismes de contrôle existent.

C'est donc la vigueur institutionnelle et juridique de l'Union, associée à la méthode communautaire, qui fait **l'originalité de cette organisation**. Ce n'est pas une fédération : il n'y a pas création d'un nouvel État souverain qui substituerait sa personnalité internationale à celle de ses fondateurs. C'est plus qu'une confédération, puisque le consentement de tous les États membres n'est pas toujours requis. Le Tribunal constitutionnel allemand (2009, 2BvE 2/08) a formé un néologisme utile pour décrire ce qu'est l'UE : le « *Staatenverbund* », c'est-à-dire **une composition d'États, qui les réunit en un tout par des moyens différents** (intégration, coopération, représentation démocratique directe). Ce « Staatenverbund » a en fait été décrit très tôt par la Cour de justice (CJCE, 1963, *Van Gend en Loos*) :

« La Communauté constitue un nouvel ordre juridique de droit international, au profit duquel les États ont limité, bien que dans des domaines restreints, leurs droits souverains et dont les sujets sont non seulement les États membres mais également leurs ressortissants ».

Une souveraineté étatique irréductible

Ces dénominations complexes, si elles visent à rendre compte de la vitalité de l'Union, ne doivent pas écarter un constat simple : l'Union reste la création des États. Ce sont « les Hautes Parties contractantes » (art. 1er TUE). Même si la procédure de révision des traités prescrit la participation des institutions de l'Union (art. 49 TUE), seuls les États établissent le droit originaire de l'Union (les traités) par leur assentiment unanime. Ainsi, le noyau dur de la souveraineté, « la compétence de la compétence », reste l'apanage exclusif des États membres. Les institutions de l'Union n'agissent que sur des titres de compétences déterminés préalablement par les États.

De plus, **les États membres ont un rôle essentiel dans le fonctionnement quotidien de l'UE** et la logique d'intégration ne coexiste pas sans heurts avec la souveraineté des États-nations européens. Ceux-ci sont parvenus par ailleurs à introduire dans les institutions communautaires des mécanismes de rééquilibrage en fonction de leurs intérêts. La politique de la chaise vide, menée par le général de Gaulle, aboutissant au compromis de Luxembourg (1966), ainsi que la formation du Conseil européen (réunissant les chefs d'État et de Gouvernement) à partir de 1974, en sont des exemples. Le Plan Fouchet, en 1962, proposait déjà de créer une Union, mais clairement une « Union d'États » sans supranationalité. Cette tension n'a cessé d'animer le débat politique sur l'UE.

Enfin, **ces transferts** de souveraineté et les mécanismes d'intégration **sont rétractables**. La construction européenne n'est pas irréversible. Fondés sur un consentement contractuel, ces transferts sont appelés à disparaître lorsque l'État membre soustrait un territoire à l'emprise de la Communauté, ou **s'il souhaite quitter l'Union** (art. 50 TUE). Le premier cas fut illustré par le retrait danois du Groenland en 1985, après référendum. Le second cas est en cours avec le retrait du Royaume-Uni (Brexit) depuis 2016. **Quitter l'Union, ou y rester, est un droit souverain** auquel ni les institutions, ni les autres États membres ne peuvent s'opposer (CJUE, 2018, *Whightman et a. c. Secretary of State for Exiting the European Union*, C-621/18).

Les appels à une « souveraineté européenne » (J.-C. Juncker, 2018, *Discours sur l'état de l'Union*) se comprennent donc comme une volonté politique d'union plus grande, mais pas comme la souveraineté au sens juridique.

c. L'état de l'Union depuis le Traité de Lisbonne (2009)

Le droit primaire de l'UE

Le **droit primaire (ou droit originaire)** de l'UE est constitué de l'ensemble des **traités fondateurs** de l'organisation (Rome 1957, Maastricht 1992), des **traités modificatifs** intervenus au fur et à mesure de la construction européenne (Lisbonne en 2007), des **traités d'adhésion** de chaque nouvel État membre et des protocoles y sont annexés, et enfin des **accords complémentaires** sur certaines institutions (traité de 1975 instituant la Cour des comptes, ou l'Acte portant élection du Parlement au suffrage universel direct en 1976).

Ce droit primaire est le droit « constitutionnel » de l'organisation : ce sont ses normes suprêmes, les institutions et les États membres doivent s'y conformer. Une première tentative majeure de regroupement de ces textes épars a eu lieu avec le **Traité établissant une Constitution pour l'Europe**. Le vocabulaire utilisé dans le traité, qui ressemblait à celui des dispositions prises par un État souverain, a participé à son rejet par référendum (France et Pays-Bas, 2005).

Finalement, la refonte a été opérée de manière pragmatique par le **Traité de Lisbonne (2007)**, entré en vigueur en 2009. Le texte reprend une bonne part du projet précédent, en escamotant sa dimension constitutionnelle au nom de laquelle étaient abrogés les anciens traités. Le droit primaire est désormais codifié dans deux instruments, le **Traité sur l'UE** (**TUE**, qui reprend Maastricht 1992) et le **Traité sur le fonctionnement de l'UE** (**TFUE**, qui reprend Rome 1957). Ces deux textes sont d'égale valeur.

L'administration de l'UE en 2019

L'appareil administratif de l'Union européenne est fondé sur un budget, une fonction publique et plusieurs sièges répartis entre les États membres.

Le budget de l'Union européenne, sans doute le plus important attribué à une organisation internationale, est fixé de façon pluriannuelle (7 ans) : le montant de dépenses autorisé est de **908 milliards d'euros** pour la période **2014-2020** (pour l'année 2019 il atteint 148 milliards). **Les recettes** du budget de l'UE proviennent majoritairement des **contributions versées par les États** en fonction de leur revenu national brut (3/4 du budget), puis viennent les ressources propres (**droits de douane**) et **une part de la TVA**. Les **deux-tiers des dépenses** sont générés par la **Politique agricole commune** (38 %) et par la **Politique de cohésion** sociale et territoriale (32 %). Les dépenses de fonctionnement (institutions et personnel) ne représentent que 6 % du total.

Le nouveau budget pluriannuel, proposé par la Commission pour la période 2021-2027, atteindrait près de 1 300 milliards d'euros.

La **fonction publique européenne, forte de 43 000 agents,** est une fonction publique de carrière « à la française ». Le recrutement, principalement sur **concours**, organisé par l'**Office européen de recrutement du personnel**, est ouvert aux ressortissants des États membres justifiant de la maîtrise d'au moins deux des vingt-quatre langues officielles de l'UE. La carrière est quant à elle régie par un **statut** (règlement de 1962, révisé en 2004). Le personnel était initialement classé en quatre catégories hiérarchiques (A, B, C et D), ramenées à deux en 2004 (administrateurs et assistants) ; les linguistes, très nombreux, sont à part.

Les **langues de travail** varient selon les institutions de l'UE, mais on y retrouve le plus souvent **l'anglais, le français et** dans une moindre mesure **l'allemand**. L'anglais est *de facto* la langue la plus utilisée par le personnel, mais elle ne sera bientôt plus langue officielle de l'Union à cause du Brexit.

2 Les principes d'action et les compétences de l'UE

Les principes d'action de l'Union européenne et les compétences qu'elle possède sont déterminés dans son droit originaire. Les institutions sont limitées – et protégées – par ce cadre juridique dans leurs rapports avec les États membres.

a. Les principes d'action des institutions européennes

Les principes d'action de l'Union européenne président la manière dont les institutions se saisissent d'un fait. On peut en isoler cinq majeurs.

- Le **principe d'attribution, ou principe de spécialité**, est le plus fondamental, et témoigne du rattachement de l'UE aux organisations internationales. Comme ces dernières, l'Union ne peut agir que dans les domaines qui lui ont été assignés par les traités. « **Toute compétence non attribuée à l'Union appartient aux États membres** » (art. 5, §2 TUE). Il est vrai que les domaines attribués sont nombreux, parfois très généraux (le développement durable). Ceci, ajouté à la théorie des compétences implicites développée par la Cour de justice (CJCE, 1971, *AETR*), peut parfois amener à douter de la réalité de ce principe. Son existence formelle oblige les institutions européennes à fonder leur action sur les traités.
- Le **principe de subsidiarité** est apparu dans l'Acte unique européen de 1986. « Dans les domaines qui ne relèvent pas de sa compétence exclusive, **l'Union intervient seulement si**, et dans la mesure où, **les objectifs** de l'action envisagée **ne peuvent pas être atteints de manière suffisante par les États** membres » (art. 5, §3 TUE). L'action européenne

est complémentaire de celle de ses mandants et n'est enclenchée que si elle est jugée plus efficace que la leur.

- Le **principe de proportionnalité** concerne tous les domaines de compétence de l'UE : « le contenu et la forme de l'action de l'Union n'excèdent pas **ce qui est nécessaire** pour atteindre les objectifs du traité » (art. 5, §4 TUE). Concrètement, dans le processus de décision, on privilégiera l'acte le moins contraignant et on fera l'économie du détail.
- Le **principe de coopération loyale** préside aux relations entre les institutions de l'Union et les États membres (art. 4, §3 TUE). **Les États** assurent l'exécution du droit de l'Union et **doivent soutenir le travail des institutions** en ce sens (CJUE, 2011, *Commission c. Allemagne*, C-539/09).
- Enfin, le **principe de primauté du droit de l'Union** est absolu. Cela signifie que le droit originaire des traités, mais aussi le droit dérivé adopté par les institutions dans des actes obligatoires, est supérieur aux droits nationaux des États membres. Concrètement, ces derniers sont tenus d'appliquer le droit de l'Union, sans pouvoir prétendre qu'une norme nationale, quelle que soit sa nature, y fasse obstacle (CJCE, 1963, *Costa c. Enel*; 1978, *Simmenthal*). **Les normes nationales contraires sont écartées par l'application des normes européennes** sans qu'il soit besoin d'autres formalités. C'est, avec l'effet direct attaché à ce droit, l'un des moyens les plus efficients de l'effectivité de cet ordre juridique.

b. Les compétences de l'UE

La classification des compétences adoptée depuis Lisbonne est fondée sur les pouvoirs conférés à l'Union. On distingue ainsi, dans un ordre dégressif de capacité d'action pour l'UE, trois compétences générales, et deux compétences spéciales.

Les **compétences exclusives** sont les plus remarquables : « seule l'Union peut légiférer et adopter des actes juridiquement contraignants, les États membres ne peuvent le faire que s'ils sont habilités par l'Union ou pour mettre en œuvre les actes de l'Union » (art. 2, §1 TFUE). L'État membre perd son initiative propre dans ces domaines. Une liste exhaustive est dressée (art. 3 TFUE). On y trouve logiquement l'union douanière, la politique monétaire pour la zone Euro, la conservation des ressources maritimes et la politique commerciale extérieure.

Les **compétences partagées** concernent des domaines dans lesquels l'Union et les États membres peuvent respectivement légiférer et réglementer. S'appliquent ici pleinement les principes de subsidiarité et proportionnalité. « Les États membres exercent leur compétence dans la mesure où l'Union n'a pas exercé la sienne » (art. 2, §1 TFUE). Ils la retrouvent dès que l'Union a cessé de l'exercer. On y trouve entre autres le marché intérieur, l'agriculture et la pêche, l'environnement, les transports, l'énergie, la protection des consommateurs, etc. (art. 4 TFUE).

Les **compétences d'appui** autorisent les institutions de l'Union à **soutenir, à coordonner et à compléter** les actes des États membres dans les domaines visés, mais sans pouvoir se substituer à eux ni imposer sa législation (art. 2, §5 TFUE). Ces compétences touchent notamment au tourisme, à la santé publique, à la culture, etc., dans leurs dimensions européennes (art. 6 TFUE).

Deux **compétences spéciales** existent de surcroît : la **coordination des politiques économiques des États** membres (art. 5 TFUE) et la **politique étrangère et de sécurité commune** (**PESC**) selon l'article 24 TUE.

3 Les actes des institutions européennes

Le droit dérivé des institutions de l'UE, objet de la procédure dite « législative », se divise en trois actes obligatoires et deux actes à portée facultative (art. 288 TFUE).

a. Les règlements du Parlement et du Conseil

Le **règlement** est un acte **de portée générale, obligatoire dans tous ses éléments et directement applicable de façon uniforme** dans tout État membre. C'est un bloc : les États membres ne peuvent pas nuancer, atténuer ou réorienter ses énoncés. Il n'a besoin d'aucun acte de transposition pour intégrer le droit national.

b. Les directives du Parlement et du Conseil

La **directive** est un texte d'envergure plus vaste que le règlement, visant à **atteindre un résultat, tout en laissant aux États membres la liberté de la forme et des moyens**. La directive **doit être transposée** dans des instruments juridiques du droit national, et ceci dans un délai donné. Même non transposée, la directive est opérante si son texte est suffisamment clair, précis et inconditionnel : elle jouit alors de l'effet direct (CJCE, 1974, *Van Duyn*). La non-transposition met par ailleurs en cause la responsabilité de l'État fautif (CJCE, 1990, *Francovitch c. Italie*). La transposition, lorsqu'elle est faite, ne doit pas dénaturer le sens de la directive.

c. Les décisions

La **décision** est un acte, **obligatoire dans son intégralité** comme le règlement, dont la vocation est particulière et relative à un problème ou des personnes données. **Elle peut désigner** nommément **ses destinataires** (elle doit alors leur être notifiée).

d. Les recommandations et avis

Ce sont des **actes non obligatoires, non contraignants et souvent rédigés en des termes non impératifs** : par conséquent, ces actes ne sont pas attaquables devant la CJUE par la voie du recours en annulation (art. 263 TFUE ; CJUE, 2018, *Belgique c. Commission*, C-16/16). Il n'empêche que ces actes doivent être pris en compte par ceux qui les sollicitent, et par les juridictions nationales lorsqu'elles appliquent le droit de l'Union. Elles ont donc une portée déclaratoire, en tant qu'**interprétation officielle** d'une institution.

4 La nomenclature des institutions européennes

Le droit originaire de l'Union liste ses institutions, en les astreignant de façon générale à un fonctionnement transparent (art. 15, §3 TFUE), le plus démocratique et participatif possible (art. 10, §1 TUE). La liste officielle est celle de l'article 13 TUE. Il convient d'y ajouter, comme le fait généralement la doctrine, des organes essentiels au bon exercice des compétences de ces institutions.

a. La liste officielle de l'article 13 TUE

« Les institutions de l'Union sont : le Parlement européen ; le Conseil européen ; le Conseil [de l'UE] ; la Commission européenne ; la Cour de Justice de l'UE ; la Banque centrale européenne (BCE) ; la Cour des comptes » (**art. 13 TUE**).

La préséance est donnée au **Parlement**, ce qui rend hommage à l'**aspiration démocratique de l'UE** : « Le fonctionnement de l'UE est fondé sur la démocratie représentative. Les citoyens sont directement représentés, au niveau de l'Union, par le Parlement européen » (art. 10, §1-2 TUE). Le Parlement représente l'**expression directe et intégrée des peuples** européens.

Viennent ensuite le **Conseil européen**, réunissant les chefs d'État et de Gouvernement, et le **Conseil de l'UE**, réunion interministérielle, qui doivent aussi être « démocratiquement responsables » (art. 10, §2 TUE). Ces deux institutions représentent l'**aspect interétatique de l'Union, et l'emprise nationale** sur elle.

La **Commission** est quant à elle citée en quatrième position, **pivot administratif autonome** entre les institutions qui précèdent, qui sont des assemblées politiques, et celles qui suivent (**CJUE, BCE, Cour des Comptes**), qui sont des **entités indépendantes** affectées à des tâches financières et judiciaires.

b. Les autres organes liés aux institutions européennes

Bien que l'article 13 TUE ne les mentionne pas, il est nécessaire à la bonne compréhension de l'UE de traiter d'autres organes notables pour leur rôle dans son fonctionnement et dans la production du droit.

Pour ce qui est de la production du droit, il faudra évoquer le **Comité économique et social** et le **Comité des régions**, dont le rôle consultatif n'est pas négligeable.

Pour ce qui est du fonctionnement de l'Union, il faudra évoquer les **parlements nationaux** dont le rôle politique a été codifié par le traité de Lisbonne.

Cours 36 La Commission, le Conseil et le Parlement : un triangle législatif

Le cœur historique de l'Union européenne se trouve dans l'interaction entre trois institutions politiques majeures que sont la Commission européenne, le Conseil de l'UE et le Parlement européen. L'essentiel de la procédure législative se déroule dans ce triptyque institutionnel. Chaque institution représente et protège un intérêt légitime dans la construction européenne et chacune a des pouvoirs propres dans la prise de décision au sein de l'organisation.

La Commission est la gardienne de l'intérêt général de l'Union, disposant pour ce faire du monopole de l'initiative législative. Elle déclenche par son action le processus de création du droit dérivé européen. C'est l'entité qui se rapproche le plus d'un « Gouvernement » au sein de l'Union européenne. Son action dépasse de loin par son ampleur celle d'un simple secrétariat.

Le Conseil – de l'UE – réunit les ministres des États membres par secteur (agriculture, transports, etc.). Il assure la représentation de l'intérêt des États. C'est un organe intergouvernemental « classique », réunissant des représentants des États membres et encourageant par ailleurs la coopération entre eux. Il est codécideur de la plupart des actes dérivés de l'Union, conjointement avec le Parlement. C'était à l'origine le seul décideur dans la procédure législative et il conserve aujourd'hui encore des attributions spéciales.

Le Parlement est quant à lui une assemblée représentant les peuples européens, composée de députés élus au suffrage universel direct. C'est à ce jour l'institution parlementaire la plus aboutie au sein d'une organisation internationale. Le rôle et les pouvoirs du Parlement européen ont crû tout au long de la construction européenne.

Ces trois institutions assurent ensemble la cogestion quotidienne de l'Union. Les liens entre elles sont par ailleurs renforcés, de façon officieuse, par la pratique du « trilogue », réunions informelles de représentants des trois institutions pour accélérer le consensus sur les actes à adopter. Cette pratique montre l'interconnexion de ces trois institutions et leur contrôle réciproque.

À ce triptyque originel s'est greffé, ultérieurement, le Conseil européen (à ne pas confondre avec le Conseil de l'UE). Théoriquement placé au sommet de la pyramide institutionnelle, cette institution reste « à part » (**Cours nº 37**).

1 La Commission, gardienne de l'intérêt général

a. L'investiture, la composition et les services

L'investiture de la Commission

La procédure de nomination de la Commission se fait en trois temps. Tout d'abord, **le Conseil européen propose un candidat à la présidence de la Commission**, « en tenant compte des élections au Parlement, et après avoir procédé aux consultations appropriées » (art. 17, §7 TUE). Le candidat proposé est ensuite **soumis à l'approbation par vote du Parlement**. À ce sujet, l'initiative a été prise en 2014 de proposer des « têtes de liste »

(« *spitzenkandidaten* ») de chaque parti représenté au Parlement, candidats pressentis pour la présidence de la Commission parmi lesquels « piocherait » le Conseil européen en fonction des résultats des élections. C'est ainsi qu'a été sélectionné le président Juncker. Cette pratique récente a été écartée par le Conseil européen en 2019, ce qui a provoqué l'ire des eurodéputés. La candidate proposée pour la présidence, Mme von der Leyen, n'a été élue que de justesse.

Si le candidat proposé n'est pas approuvé par le Parlement, le Conseil européen devra présenter un autre candidat selon la même procédure. S'il est élu, **le président de la Commission peut constituer le collège des commissaires qu'il va présenter à l'assentiment du Parlement**. **La liste est adoptée par le Conseil de l'UE**, « d'un commun accord avec le président élu [de la Commission], sur les suggestions des États membres » (art. 17, §7 TUE). Seul **le haut représentant pour les affaires étrangères est proposé directement par le Conseil européen**, toujours « avec l'accord du président de la Commission » (art. 18, §1 TUE). Chaque candidat est auditionné par une commission parlementaire, qui peut rejeter sa candidature (R. Plumb, L. Trócsányi et S. Goulard en 2019).

L'ensemble de la Commission, en tant que collège (président, haut représentant et commissaires), est présenté « en bloc » à l'approbation du Parlement. **L'approbation parlementaire obtenue, la Commission est enfin investie par le Conseil européen** (art. 17, §7 TUE) **pour un mandat de cinq ans, renouvelable**.

La composition de la Commission

Elle comprend un président, des vice-présidents (dont le haut représentant pour les affaires étrangères et la politique de sécurité), et des commissaires (**autant de commissaires que d'États membres**). Si cette situation était adéquate du temps de la Communauté des Six, cela ne l'est plus dans l'Union des Vingt-Huit. Même si les compétences de l'UE sont nombreuses, **il devient malaisé de donner des portefeuilles solides à chaque commissaire** dans une institution devenue pléthorique. Malgré ces **empiètements et doublons**, les États membres tiennent à être tous représentés personnellement au sein de la Commission. On prévoyait de réduire à partir de 2014 le nombre de commissaires aux 2/3 du nombre d'États membres (art 17, §5 TUE) mais le Conseil européen a maintenu la règle de la représentation intégrale des États membres.

Les commissaires ne représentent pas leur État d'origine : comme des fonctionnaires internationaux, **ils sont pleinement indépendants** dans l'exercice de leur mandat, et sont tenus de travailler au sein de la Commission non pas dans l'intérêt de leur Nation pris isolément, mais dans l'intérêt de l'Union. **Ils ne peuvent solliciter ni accepter aucune instruction d'un Gouvernement** ou d'un autre organisme (art. 17, §3 TUE). Ils sont par ailleurs choisis pour leur compétence et leur engagement européen, et non pour des motivations nationales.

Les services de la Commission

La Commission siège à Bruxelles. Elle dispose à elle seule de la plus grande part du personnel de l'Union : 32 000 agents, soit **80 % de la fonction publique européenne** (au 1er janvier 2017). Ce personnel est réparti entre une cinquantaine de directions générales, de services et d'agences exécutives. À leur tête est placé le secrétaire général de la Commission.

Le secrétaire général de la Commission, inconnu du grand public, est l'un des plus hauts fonctionnaires européens et **s'est révélé un rouage essentiel de la construction**

européenne. Chargé de l'organisation des réunions de la Commission, de la cohérence de ses services et des politiques appliquées, ainsi que des relations avec les autres institutions. Souvent **le secrétaire général reste, alors que les commissaires passent**. L'un des exemples de cette **longévité en poste** est celui du Français Émile Noël, secrétaire général de la Commission de 1958 à 1987. Le secrétariat général est par sa nature même **très impliqué dans le fonctionnement politique de l'Union** : aussi n'est-il pas à l'abri des critiques venant des autres institutions. Ainsi M. Selmayr, secrétaire général sous la Commission Juncker accusé d'être un président *bis*, nommé de façon opaque, a été la cible de pas moins de trois résolutions du Parlement européen réclamant son renvoi en 2018-2019.

Le **service juridique** est enfin un rouage essentiel du fonctionnement de la Commission. Sa consultation est obligatoire sur tous les projets. Son directeur général est le jurisconsulte de la Commission et la représente au contentieux.

b. Le mandat, les pouvoirs et le fonctionnement

Le mandat d'intérêt général de la Commission

Le mandat de la Commission est centré sur la promotion de **l'intérêt général de l'Union et l'application du droit** (art. 17, §1 TUE). Cette mission est placée sous l'autorité de contrôle qu'est l'institution judiciaire, la CJUE. Pour accomplir ce mandat, la Commission se voit conférer, en considération de son rôle de « **gardienne des traités** » (CJUE, 2019, *Commission c. Allemagne*, C-620/16), **des pouvoirs considérables** qui font penser, à première vue, à une sorte de Gouvernement. Ceci d'autant plus que la Commission est tenue, comme un Gouvernement, par le **principe de collégialité**. Cette institution possède des droits exclusifs qui en font le **moteur de l'intégration européenne** : l'initiative législative et le pouvoir d'investigation.

Les principaux pouvoirs de la Commission

La Commission dispose du **monopole de l'initiative législative**. Ce droit lui appartient en propre. Elle ne le partage que dans deux cas précis et limités : avec la Banque centrale européenne pour ce qui est de la politique monétaire et financière, d'une part ; et d'autre part, avec le haut représentant seul, ou avec les États membres eux-mêmes, pour ce qui est de la politique étrangère et de sécurité (art. 30, §1 TUE). Ainsi seule la Commission peut rédiger un projet et en proposer le texte aux autres institutions européennes : **rien ne peut donc se faire sans son impulsion.**

Des procédures spécifiques permettent, occasionnellement, au Conseil et au Parlement de suggérer à la Commission de leur présenter un texte normatif pour pouvoir en débattre (art. 225 TFUE). De même, le Conseil européen conclut fréquemment ses délibérations en invitant la Commission à agir. Il existe également un droit de pétition (« l'initiative citoyenne européenne », art. 11, §4 TUE), qui peut attirer l'attention de la Commission sur un point donné, à condition de recueillir au moins un million de signatures. Malgré tout cela, la Commission est souveraine dans ses choix sur la suite à donner à ces sollicitations. **Elle juge en opportunité d'user de son droit d'initiative ou de s'en abstenir, et elle ne peut y être contrainte** par quiconque (CJUE, 2018, *One of Us c. Commission*, T-561/14). Cette initiative exclusive s'étend aussi aux questions budgétaires : c'est la Commission qui **propose un projet de budget** au Conseil et au Parlement au plus tard le 1er septembre (art. 314, §2 TFUE).

Le second pouvoir considérable de la Commission est le droit d'information opposable aux institutions et aux États membres. Ce droit est la conséquence logique de sa « **mission de surveillance générale** » de l'application du droit de l'Union (CJCE, 1981, *Commission c. Royaume-Uni*, 804/79). Il est lié au principe de loyale coopération. Au-delà, ce droit peut s'exprimer à travers **un pouvoir général d'investigation et d'enquête**, mais **sous l'égide du Conseil** et dans le cadre fixé par ce dernier (art. 337 TFUE). **Le pouvoir de sanction est globalement hors de portée de la Commission, qui doit saisir la Cour de Justice de l'UE** pour les violations du droit commises par les États membres et aux autres institutions. Reste un cas exceptionnel, celui des atteintes aux règles de la concurrence par des particuliers et opérateurs économiques. Le droit dérivé a donné à la Commission des pouvoirs étendus en la matière, lui permettant d'investiguer de façon autonome et de prononcer elle-même des sanctions. C'est sur ce fondement que la Commission a plusieurs fois infligé à Google, Microsoft ou Intel des amendes impressionnantes (en milliards d'euros) pour abus de position dominante.

Le fonctionnement d'un collège exécutif

La Commission est définie comme **un organe exécutif collégial qui se réunit une fois par semaine**. Les réunions ne sont pas publiques et les commissaires sont tenus à la confidentialité des débats. La collégialité est un principe essentiel qui imprègne l'ensemble du règlement intérieur de la Commission. Il exige que les actes de la Commission soient adoptés à la majorité (art. 250 TFUE) lors de réunions de l'ensemble des commissaires, tous égaux entre eux et collectivement responsables d'un point de vue politique (CJCE, 1994, *Commission c. BASF*, C-137/92). Sauf lorsque la Commission habilite certains de ses membres pour prendre un acte (CJCE, 1986, *AKZO Chemie c. Commission*, 5/85), **la sanction d'un acte adopté par la Commission de façon non collégiale est la nullité**.

Bien qu'elle soit désignée comme l'organe exécutif de l'Union, la Commission a peu de compétences exécutives propres. Certes **elle exécute le budget de l'organisation** (art. 317, §1 TFUE), mais pour l'essentiel **elle use de compétences d'exécution qui lui sont déléguées par le Conseil de l'UE**. Ces compétences lui permettent de modifier des actes législatifs existants (art. 290 TFUE) et de prendre des mesures d'exécution des textes existants (art. 291 TFUE).

C'est ce qui distingue le plus la Commission d'un Gouvernement : sauf exception, elle n'a pas de pouvoir réglementaire, et son action consiste à mettre en mouvement les autres institutions, sans qu'elle puisse créer du droit seule.

c. Le président de la Commission

Le président de la Commission bénéficie, au sein du collège des commissaires, d'un rang et de pouvoirs spécifiques qui sont matérialisés par sa nomination préalable à celle de ses collègues, tel un Premier ministre constituant par la suite son gouvernement. Ce statut s'est progressivement construit dans le temps, le président étant à l'origine premier entre ses pairs (*primus inter pares*) dans une Commission restreinte. Aujourd'hui, son autorité à l'intérieur de la Commission est clairement affirmée et incontestable. **Le président détermine les orientations de travail de la Commission**, nomme les éventuels vice-présidents, décide de l'organisation interne et **fixe l'ordre du jour** des réunions. De surcroît, il a **un pouvoir de révocation sur les autres commissaires :** ceux-ci sont **tenus de démissionner si le président le leur demande** (art. 17, §6 TUE).

Son mandat, fixé à cinq ans comme celui de la Commission qu'il préside, commence six mois après l'élection du Parlement européen. Il ne peut être démis de ses fonctions, à titre personnel, que par la Cour de Justice constatant son empêchement ou une faute grave (art. 247 TFUE).

Le président de la Commission siège aussi au Conseil européen (art. 15, §2 TUE), parmi les chefs d'État et de Gouvernement de l'Union, et ce depuis l'Acte unique européen de 1986. Il n'y a cependant pas le droit de vote (art. 235, §1 TFUE).

Le Président de la Commission a une **fonction de représentation de l'UE** : il est invité depuis plusieurs décennies à certains sommets internationaux, comme le G7. Il est concurrencé dans ce rôle par le président du Conseil européen, et par le haut représentant pour les affaires étrangères.

Les débuts de la présidence de la Commission ont été difficiles, notamment avec l'Allemand Walter Hallstein, auquel le général de Gaulle reprochait de se prendre pour un chef d'État. La confrontation, marquée par la « crise de la chaise vide » au Conseil, s'est soldée *in fine* par le départ de Hallstein. **Une période faste** pour la Commission s'est ouverte par la suite dans les années 1980-1990 **sous la présidence de M. Jacques Delors**, réputé pour avoir relancé le processus européen (Acte unique, Traité de Maastricht, union monétaire, etc.).

Mme Ursula Von der Leyen est devenue en 2019 la quatorzième présidente de la Commission et la première femme à ce poste.

d. Le haut représentant de l'Union pour les affaires étrangères et la politique de sécurité

Le poste de haut représentant dédié à la politique étrangère et de sécurité commune au sein de l'UE a été **créé par le Traité d'Amsterdam (1997)**. Il fut envisagé à l'époque du Traité constitutionnel de le renommer « ministre des affaires étrangères de l'Union », mais les États membres, en particulier le Royaume-Uni, goûtèrent peu cette dénomination empreinte de supranationalité dans un domaine qui reste de la coopération intergouvernementale. Le Traité de Lisbonne est finalement parvenu à remanier le poste et à amplifier son rayon d'action. Il s'est notamment substitué au commissaire aux relations extérieures, avec un titre obscur et vague (« haut représentant ») pour ne pas laisser accroire qu'il exercerait une tutelle sur les diplomaties nationales.

Le pouvoir de décision en matière de politique étrangère et de sécurité commune (PESC) est placé entre les mains du Conseil européen et du Conseil de l'UE, qui statuent à l'unanimité (art. 24 TUE). Vu cette complexité, le haut représentant a la tâche difficile de rapprocher les chancelleries des États membres pour aboutir à des positions communes. Pour ce faire, **il a sa propre capacité d'initiative**, autonome de celle de la Commission pour la PESC, et liée à la Commission pour le reste des relations extérieures (art. 22, §2 TUE). Le haut représentant de l'Union est **avant tout un coordinateur et un pivot interinstitutionnel**.

Le **haut représentant est à la fois membre de la Commission**, dont il est de droit vice-président, **et mandataire du Conseil de l'UE dont il préside la formation des affaires étrangères** (art. 18, §3 TUE). **Il participe au Conseil européen** (art. 15, §2 TUE), qui le nomme et le révoque (art. 18, §1 TUE). **Il suit le sort de la Commission si celle-ci doit démissionner** (art. 234 TFUE).

S'il est donc lié à l'organe collégial qu'est la Commission pour ce qui est des anciennes attributions du commissaire aux relations extérieures (art. 18, §4 TUE), il en est indépendant pour ce qui est de la PESC : à ce titre, il est le seul membre de la Commission autorisé à solliciter des instructions des États membres.

Le haut représentant est le **porte-parole de l'Union** devant les autres organisations internationales et exécute la politique décidée par le Conseil européen et le Conseil de l'UE. **Il dispose sous son autorité de la « diplomatie européenne »**, c'est-à-dire le Service européen de l'action extérieure (art. 27 TUE) et les délégations de l'UE dans les pays tiers (art. 221, §2 TFUE). Malgré ces attributions importantes, il ne dispose guère de marge de manœuvre dans la négociation des accords internationaux : c'est le Conseil qui décide de l'ouverture des négociations et qui nomme un négociateur qui n'est pas forcément le haut représentant (art. 218 TFUE). C'est par exemple le cas pour le projet d'accord de sortie du Royaume-Uni de l'UE, négocié par M. Michel Barnier.

Après deux femmes à ce poste (la baronne Ashton et Mme Mogherini, respectivement Anglaise et Italienne), la fonction de haut représentant revient en 2019 à M. Josep Borell, ancien ministre des Affaires étrangères espagnol.

2 Le Conseil, une assemblée intergouvernementale

Le Conseil de l'Union européenne est appelé de façon informelle « **le Conseil des ministres** ». Le Traité constitutionnel (2004) prévoyait d'officialiser cette appellation. On utilisera néanmoins le vocabulaire officiel des traités et des institutions, où il a toujours été **désigné simplement comme « le Conseil »**. À ne **pas confondre avec le Conseil européen** qui réunit les chefs d'États et de gouvernements, et qui sera abordé ultérieurement.

Le **Conseil « est composé d'un représentant de chaque État membre au niveau ministériel**, habilité à engager le gouvernement de l'État membre qu'il représente et à exercer le droit de vote » (art. 16, §2 TUE). **Institution intergouvernementale par excellence**, l'histoire du Conseil dans la construction européenne est celle d'un lent partage du pouvoir législatif avec le Parlement, et de la coexistence avec le Conseil européen. Malgré tout, le Conseil reste l'une des institutions les plus importantes de l'Union.

a. L'organisation du Conseil

La composition du Conseil montre que ce dernier, bien que réunissant des ministres, n'est pas un Gouvernement : c'est plutôt une assemblée législative délibérante. Il fonctionne à travers la réunion de dix formations, sous une présidence tournante, à l'exception de la formation des affaires étrangères.

Un Sénat des États membres ?

La fonction du Conseil est avant tout législative et budgétaire, fonctions qu'il partage avec le Parlement (art. 16, §1 TFUE). On pourrait néanmoins être tenté, à première vue, d'en faire le « Gouvernement » de l'UE, puisqu'il est composé de ministres. Cette simplicité n'est pas pertinente en l'espèce.

Il faut considérer, à titre spécial, la politique étrangère et de sécurité commune, où **le Conseil de l'UE applique les orientations du Conseil européen**. Le Conseil peut alors **donner des instructions** au haut représentant, à la Commission et à d'éventuelles équipes de négociations. Le Conseil est ainsi la seule institution habilitée à autoriser la **signature d'un accord international** au nom de l'UE.

À titre principal, **le rôle et le fonctionnement du Conseil le rapproche d'une assemblée législative**, délibérant sur les textes qui lui sont proposés par la Commission. En effet, le Conseil a pour rôle principal l'adoption de textes qui lui sont soumis selon une procédure « législative ». **Il peut ainsi amender ou rejeter les projets qui lui sont soumis par la Commission**; tout comme il peut entrer dans un processus de navette avec le Parlement européen en cas de désaccord. Il est à noter que **les délibérations du Conseil sont publiques** : chacun peut y assister, comme au Parlement. Ce n'est pas le cas de la Commission, ni du Conseil européen. De plus, **il peut y avoir une majorité et une opposition politiques au sein du Conseil**, en fonction des orientations partisanes du Gouvernement que représente chaque ministre siégeant au sein de l'institution. Ainsi, la discipline et la solidarité qui règnent entre les commissaires, à la Commission, n'ont pas leur équivalent au sein du Conseil de l'UE et de ses ministres.

On ne peut donc faire l'analogie entre le Conseil (des ministres) de l'UE et un Conseil des ministres tel qu'il existe dans le cadre national : c'est un « faux ami ». Il s'agit plutôt d'une sorte de Sénat des États, restreint à des représentants de niveau ministériel. Et comme la chambre haute dans les régimes parlementaires, le Conseil a progressivement partagé ses pouvoirs avec la chambre basse représentant directement les citoyens : le Parlement européen.

Les formations du Conseil

Les formations du Conseil sont au nombre de dix. Elles ont été fixées par le Conseil européen en 2010, en application de l'article 236 TFUE. Du reste, c'est le Conseil lui-même qui fixe son règlement intérieur et l'organisation de ses services (art. 240, §2-3 TFUE).

Deux formations du Conseil sont citées dans les traités :

- **le Conseil des affaires générales** (CAG, art. 16, §6 TUE), se réunit une fois par mois; il a pour tâche de préparer le cadre financier pluriannuel de l'Union, de superviser les négociations d'adhésion ou de retrait de l'Union, d'assurer la cohérence des dossiers traités par plusieurs formations spécialisées du Conseil, et enfin de préparer et de suivre les réunions du Conseil européen; y siègent les ministres en charge des Affaires européennes;
- **le Conseil des affaires étrangères** (CAE, art. 16, §6 TUE), se réunit une fois par mois; il a pour tâche de définir et de mettre en œuvre la politique étrangère de l'Union; il est d'ordinaire **présidé par le haut représentant**, sauf lorsqu'il s'agit de la politique commerciale commune; y siègent les ministres des Affaires étrangères, de la Coopération au développement et du Commerce, en fonction de l'ordre du jour.

Les autres formations spécialisées du Conseil sont :

- « Affaires économiques et financières » (ECOFIN), se réunit une fois par mois;
- « Agriculture et pêche » (AGRIPECHE), se réunit une fois par mois; dans ses attributions on trouve la politique agricole commune (PAC) et les taux et quotas de pêche dans l'espace européen;
- « Compétitivité » (COMPET), se réunit quatre fois par an; elle est en charge du marché intérieur et collabore avec l'Agence spatiale européenne;

- « Éducation, jeunesse, culture et sports » (EJCS), se réunit trois fois par an ; cette formation traite de questions emblématiques et pratiques de l'Europe au quotidien, comme le programme Erasmus+, la reconnaissance mutuelle des diplômes ou l'audiovisuel ;
- « Emploi, politique sociale, santé et consommateurs » (EPSCO), se réunit quatre fois par an ;
- « Environnement » (ENVI), se réunit quatre fois par an ;
- « Justice et affaires intérieures » (JAI), se réunit quatre fois par an ; y siègent les ministres de la Justice et de l'Intérieur, pour traiter de la coopération policière et judiciaire, de la gestion des frontières (espace Schengen), etc. ;
- « Transports, télécommunications et énergie » ; y siègent les ministres compétents, selon l'ordre du jour, entre deux à quatre fois par an.

Il n'y a aucune hiérarchie de droit entre les formations du Conseil : néanmoins, le fait que le TUE distingue le CAG et le CAE leur donne un certain prestige par rapport aux autres formations. De plus, **la segmentation du Conseil en formations spécialisées ne met pas en cause son unité juridique en tant qu'institution**. Cette division n'est qu'interne : les autres institutions et les États membres s'adressent toujours au Conseil dans son ensemble, et pas directement à ses formations. Cette unité est matérialisée par la présidence tournante, qui coordonne les travaux.

La présidence tournante du Conseil

La présidence du Conseil est une fonction dévolue à un État membre, et non à un individu. Elle est assurée par le Gouvernement concerné **pour une durée de six mois, selon un système de rotation égalitaire entre les États membres** (art. 16, §9 TUE). L'ordre de rotation est fixé par le Conseil européen (art. 236, §2 TFUE).

Le système est prévu pour associer les présidences successives par groupes de trois États membres (**la « troïka »**), sur une période cumulée de dix-huit mois. Ces trois États-présidents représentent la diversité géographique de l'Europe et doivent se mettre d'accord sur un programme commun qu'ils appliqueront pendant leur présidence respective de six mois.

La présidence tournante du Conseil, qui est donc exercée dans chaque formation spécialisée par le ministre représentant l'État-président, a une influence politique certaine puisqu'elle fixe l'ordre du jour et préside toutes les instances préparatoires. **Seule la présidence du Conseil des affaires étrangères lui échappe, car elle revient au haut représentant** de l'Union.

Cette présidence tournante permet à chaque État membre d'apposer, pour une période déterminée, sa marque dans la vie institutionnelle européenne. La France, qui a présidé le Conseil pour la dernière fois au second semestre 2008, le présidera à nouveau au premier semestre 2022.

b. Les instances préparatoires et l'administration du Conseil

Le Conseil siège le plus souvent à Bruxelles, où il partage ses locaux depuis 2004 avec le Conseil européen. S'y réunissent les instances préparatoires des séances, dont l'importance est telle qu'on peut évoquer à leur sujet un pré-Conseil, ou un Conseil *bis*. Le Conseil s'appuie aussi sur sa propre administration.

Le Comité des représentants permanents (COREPER), instance préparatoire

Le COREPER est responsable de la préparation des séances du Conseil (art. 240, §1 TFUE). Il est composé des représentants permanents des États membres, c'est-à-dire **des diplomates de carrière** agissant sur instruction de leur Gouvernement. Cette instance comprend deux formations :

- le COREPER I, qui travaille pour les formations « techniques » du Conseil (environnement, éducation, transports, etc.), et qui est constitué des représentants permanents adjoints ;
- et le COREPER II, qui se réserve la préparation des hautes questions politiques, c'est-à-dire la réunion du Conseil des affaires générales, du Conseil des affaires étrangères, le Conseil « affaires économiques et financières », ainsi que « justice et affaires intérieures » ; ses membres sont les représentants permanents en charge, ayant rang d'ambassadeurs.

Toutes les formations du COREPER sont **présidées par le diplomate représentant l'État-président du Conseil**, y compris pour les affaires étrangères.

Les COREPER I et II **se réunissent chaque semaine** : ils forment l'**ossature diplomatique pérenne** du Conseil. C'est en effet le COREPER qui reçoit les initiatives de la Commission, négocie avec elle et tente de finaliser les projets de texte à voter. Selon s'il y a consensus ou pas, le COREPER les classe dans l'ordre du jour du Conseil soit en tant que textes à voter sans débat, soit comme textes à voter après débat. Ce filtrage permet une décision plus rapide du Conseil.

« Le COREPER a une influence essentielle dans la décision. [...] C'est par excellence le creuset où une opinion du Conseil finit par se former, au niveau des représentants des États » (S. Van Raepenbusch, *Droit institutionnel de l'UE*, 2016).

Une telle préparation des dossiers peut amener à se poser la question de la réalité du pouvoir de décision du Conseil, en aval. Il faut d'abord rappeler que les représentants permanents agissent sur ordre de leur Gouvernement. De plus, **le COREPER n'est qu'une instance procédurale**, ne pouvant adopter des décisions que si le règlement intérieur du Conseil l'y autorise (art. 240 TFUE). Enfin, la Cour de Justice a énoncé très clairement que **le COREPER n'est qu'« un auxiliaire du Conseil »** (CJCE, 1996, *Commission c. Conseil*, C-25/94) : **le pouvoir de décision appartient au Conseil seul, pouvoir qu'il ne peut déléguer** et qui lui permet de modifier son ordre du jour comme bon lui semble en séance.

Le Conseil mandate outre mesure le COREPER pour assurer le suivi de ses décisions, par la préparation de rapports à lui soumettre.

Le secrétariat général du Conseil et ses services

Le secrétariat général est à la tête de l'**administration du Conseil, forte de 3 500 fonctionnaires**. Face à une présidence tournante tous les six mois et aux réunions ministérielles ponctuelles qui font la vie du Conseil, le secrétaire général, assisté d'un secrétaire général adjoint, représente **la permanence de cette institution**. Ces fonctions administratives sont très liées au plus haut niveau politique. **Le secrétariat général assiste le Conseil de l'UE dans ses travaux, mais il aide aussi le Conseil européen et son président**. Il organise également les sommets internationaux avec les pays tiers. Ce secrétariat apporte donc son soutien aux activités du volet « intergouvernemental » de l'UE.

L'administration du Conseil comprend **sept directions générales**, affectées à des domaines de compétences (agriculture, etc.), et **un service juridique** qui fait office de jurisconsulte : il émet des avis au Conseil et au COREPER sur les projets d'actes, et représente le Conseil en justice le cas échéant.

L'actuel secrétaire général est M. Jeppe Tranholm-Mikkelsen, Danois.

c. Les modes de votation au sein du Conseil

Les modes de votation du Conseil s'articulent en trois possibilités : le vote à la majorité qualifiée, le vote à l'unanimité et le vote à la majorité simple. Il n'y a plus de droit de *veto* pour raison d'intérêt national, tel qu'issu du compromis de Luxembourg, depuis l'adoption de l'Acte unique européen en 1986.

Le vote à la majorité qualifiée, procédure de droit commun

L'article 16, §3 TUE énonce que : « Le Conseil statue à la majorité qualifiée, sauf dans les cas où les traités en disposent autrement ». **C'est la méthode communautaire**, intégrée, **au sein de l'institution intergouvernementale**.

La majorité qualifiée se définit comme le vote de **55 % des États membres du Conseil, représentant 65 % de la population de l'Union** (art. 238, §3 TFUE). Il y a donc une double condition : une majorité nette parmi les États (seize États sur vingt-huit), et la force démographique de cette majorité (près des 2/3 de la population européenne). **Une minorité de blocage peut être constituée** par la conjugaison d'au moins quatre États qui représentent au moins 35 % de la population de l'UE. L'abstention compte comme un vote « contre ».

Dans ce système de vote pondéré par la taille de la population, les États qui ont le plus de poids au Conseil sont l'Allemagne, la France, l'Italie et le Royaume-Uni.

Le vote à l'unanimité, pour les questions importantes

Le vote à l'unanimité concerne pour l'essentiel des questions fondamentales, telles que les **adhésions** de nouveaux États membres, les finances de l'Union ou la **politique étrangère et de sécurité commune**. Des questions sensibles politiquement, telles que l'harmonisation fiscale ou sociale, ou la coopération judiciaire et policière, sont aussi soumises à cette procédure.

Cette unanimité **est en fait un consensus** : il faut que chacun approuve, ou du moins s'abstienne de s'opposer. Ici l'abstention compte comme un vote « pour ».

Le vote à la majorité simple, pour les rapports interinstitutionnels

Le vote à la majorité simple au Conseil, s'il était autrefois la règle selon le Traité de Rome, **est aujourd'hui réduit à peu de choses**. Cette procédure requiert le soutien de quinze membres du Conseil sur vingt-huit pour que la décision soit adoptée. Il concerne aujourd'hui, essentiellement, le fonctionnement interne du Conseil (règlement intérieur, administration), et isolément la création de quelques comités consultatifs, ainsi que des demandes d'étude à la Commission (art. 241 TFUE).

3 Le Parlement, représentation citoyenne directe

Le Parlement, à l'origine assemblée consultative dont le rôle relevait de la figuration et peu de la décision, est devenu au fil de la construction européenne une **institution centrale, exprimant concrètement l'idéal démocratique au niveau continental**. Le Parlement, par son existence même, est une réponse à la critique du « déficit démocratique » souvent reproché aux institutions européennes.

On précisera cependant que le Parlement n'est pas la seule institution démocratique de l'Union. Tant le Conseil de l'UE que le Conseil européen sont composés d'élus du peuple, ou en tout cas représentants de majorités nationales (ministres, chefs d'État et de Gouvernement). Quant à la Commission, elle est certes nommée, mais sa désignation et son éventuelle censure sont orchestrées par des institutions démocratiques (Conseil européen et Parlement).

a. L'élection, le mandat et le statut des membres du Parlement

L'élection des membres du Parlement est le facteur majeur qui a permis son ascension parmi les institutions européennes. En découle un mandat et un statut pour ses membres qui en font une authentique institution parlementaire.

L'élection du Parlement

Le Traité de Rome (1957) prescrivait déjà qu'à terme, l'Assemblée verrait son « élection au suffrage universel direct selon une procédure uniforme » (art. 138, §3). Il a fallu attendre **1979** pour que se tienne **la première élection du Parlement au suffrage universel direct**, se substituant à la désignation de délégués par les assemblées nationales des États membres. En revanche, on attend toujours l'établissement d'une procédure uniforme, espoir formulé à l'article 223 TFUE.

Sont électeurs de plein droit les citoyens européens, majeurs (selon le droit national). **La citoyenneté de l'Union** a été établie par le Traité de Maastricht (1992) : elle **est attachée, pour les individus, à la nationalité** de l'État membre dont ils sont les ressortissants (art. 9 TUE et 20 TFUE). Si ce lien disparaît, comme en cas de sortie d'un État membre, ses ressortissants perdent le bénéfice de la citoyenneté de l'Union, sans pouvoir prétendre à son maintien (CJUE, 2019, *Shindler et a. c. Conseil*, C-755/18P). Les citoyens européens **peuvent voter aux élections européennes organisées par leur État de résidence** même s'ils n'en ont pas la nationalité, à condition de s'inscrire régulièrement sur les listes électorales (art. 22, §2 TFUE). Les États membres sont libres d'étendre ce droit de vote à des catégories de personnes ayant un lien étroit avec eux, tels que les citoyens du Commonwealth pour le Royaume-Uni (CJCE, 2006, *Espagne c. Royaume-Uni*, C-145/04) ou des pays associés outre-mer.

Sont éligibles l'ensemble des électeurs européens, sous condition de résidence sur le territoire d'un État membre, qu'il soit ou non l'État de nationalité du candidat. **Nul ne peut être candidat dans plus d'un État membre**. L'âge minimum pour être candidat est laissé à l'appréciation nationale.

« Les membres du Parlement européen sont élus au **suffrage universel direct, libre et secret, pour un mandat de cinq ans** » (art. 14, §3 TUE). La règle d'un **scrutin de liste**, à la proportionnelle, est également fixée pour tous les États membres. **Un seuil minimal** peut être établi par chaque État **pour l'attribution des sièges** à une liste : **il ne peut être supérieur à 5 % des suffrages** exprimés. Tels sont les principes communs de cette élection. Pour le reste, les États membres sont maîtres de définir les circonscriptions et la procédure de dépôt des listes. **L'absence de circonscription unique, à l'échelle de l'Union, empêche la constitution de listes transnationales** qui pourraient porter des projets européens partagés. Cette proposition a été faite à plusieurs reprises, sans succès du fait de l'opposition des États membres. En l'état actuel du droit, le Parlement européen est issu d'une élection multinationale, où les enjeux et contextes nationaux imprègnent fortement le choix électoral.

Le nombre de sièges au Parlement a été fixé à **un maximum de 751** (art. 14, §2 TUE). Ils sont répartis entre les États membres en fonction de leur poids démographique, selon un principe de proportionnalité dégressive. Les plus petits États membres sont assurés d'avoir au moins six députés européens. Les représentations nationales les plus nombreuses au Parlement sont l'Allemagne (96), la France (74), l'Italie (73) et le Royaume-Uni (73).

Ces élections sont incontestablement **l'un des temps forts de la vie politique européenne**. C'est en tout cas le seul qui suscite l'intérêt réel des populations qui ont l'opportunité, unique au monde, d'élire directement un corps législatif international. Il n'empêche que cette élection souffre d'un certain désintérêt citoyen, ce qui atteint la force du Parlement face aux États membres dans les institutions de l'UE. En effet, **la participation n'a cessé, entre 1979 et 2014, de baisser** : de 62 % à l'origine, elle était tombée à 43 %. **Elle est remontée pour la première fois de son histoire en 2019**, et a franchi les 50 %. Plusieurs facteurs expliquent ce désintérêt : la complexité du fonctionnement des institutions, un personnel politique peu connu à l'exception des têtes de liste, et la perception de l'Europe dans l'opinion générale comme un thème subsidiaire.

Le mandat du Parlement

Il consiste, **en tant que représentation des citoyens de l'Union**, à **exercer, conjointement avec le Conseil, la fonction législative et la fonction budgétaire**. Il a de plus une prérogative propre, le **contrôle politique** (art. 14, §1 TUE).

Pour ce faire, **il débat, amende et vote les textes** législatifs. Il est habilité à **recevoir les pétitions** des citoyens de l'Union (art. 20 TFUE). Il peut **interpeller les autres institutions** de l'UE et exerce son contrôle sur la Commission. De plus, autre attribut caractéristique des chambres parlementaires, **il peut constituer en son sein des commissions d'enquête**, qui ne cèdent le pas qu'à l'autorité judiciaire (art. 226 TFUE).

L'originalité du Parlement européen réside dans l'**absence de pouvoir d'initiative législative**. Tout au plus le Parlement peut-il, à la majorité, demander à la Commission de soumettre un texte sur un thème déterminé (art. 225 TFUE) : la Commission peut refuser. Ce n'est pas un handicap insurmontable. Dans bien des régimes parlementaires, l'initiative est concrètement exercée par le Gouvernement, et les propositions de lois aboutissent peu. De plus, **le Parlement peut adopter spontanément des résolutions** : celles-ci expriment son opinion, qui augurent de son vote sur les textes qui lui seront présentés.

Chaque législature du Parlement dure cinq ans. Une fois élus, les députés ne siègent pas par délégations nationales, mais par affinité politique. En effet, **chaque membre du Parlement représente l'ensemble des citoyens de l'Union**.

Le statut des parlementaires

Les membres du Parlement, ou députés européens, jouissent de tous les **privilèges et immunités ordinairement attachés à la représentation** du peuple. Le Protocole n°7 au TFUE garantit la liberté de déplacement des parlementaires et leur immunité complète quant aux opinions exprimées au sein de l'assemblée. Ils jouissent dans leur État d'élection du même statut qu'un parlementaire national, et dans les autres États membres *a minima* ils ne peuvent être détenus ni poursuivis. Cette immunité n'est levée qu'en cas de flagrance, ou si le Parlement européen l'a décidé.

L'indépendance des parlementaires est protégée par la **nullité de tout mandat impératif** (art. 2 du règlement intérieur du Parlement). Elle est aussi assurée par le versement d'une **indemnité**, et garantie par **des incompatibilités**. Sont incompatibles avec le mandat de député européen : les fonctions de membre du Gouvernement d'un État membre, de parlementaire national, de membre des institutions de l'Union et d'agent de la fonction publique européenne.

Le Parlement arrête son règlement intérieur (art. 232 TFUE) **et décide de son ordre du jour** sans interférence extérieure. Il vérifie les pouvoirs et statue lui-même sur les contestations de l'élection de ses membres. En revanche, toute modification de leur statut est soumise à l'approbation du Conseil (art. 223 TFUE).

b. L'organisation juridique, politique et administrative

L'organisation juridique du Parlement

Le Parlement siège en **assemblée plénière à Strasbourg** les quatre premiers jours du mois. Les séances additionnelles et le travail en commission ont lieu à Bruxelles.

L'organe de direction du Parlement **est le Bureau**, élu à la majorité simple pour trente mois (1/2 législature). Le Bureau comprend en son sein le **président du Parlement**, **quatorze vice-présidents**, et **cinq questeurs**. Le président du Parlement représente l'institution, préside les séances plénières : il ne peut intervenir dans un débat pour donner son avis qu'en quittant formellement son siège. Il peut également saisir la Cour de Justice. Il préside la **conférence des présidents**, regroupant les présidents de groupes politiques, **qui fixe l'ordre du jour du Parlement**. L'actuel président du Parlement est M. David Sassoli, de nationalité italienne.

Le travail parlementaire est divisé entre vingt commissions. Elles sont respectivement composées de 25 à 73 députés, selon leur importance. On citera par ex. la Commission des affaires étrangères, du développement, de la pêche, etc.

L'organisation politique du Parlement

On distingue les partis politiques européens et les groupes politiques au Parlement. Les uns et les autres ne se recoupent pas systématiquement.

Les partis politiques jouissent d'une reconnaissance juridique officielle dans les traités. Dans une formulation voisine de celle de l'article 4 de la Constitution française, l'**article 10 TUE** énonce en son paragraphe 4 : « Les partis politiques au niveau européen contribuent à la formation de la conscience politique européenne et à l'expression de la volonté des citoyens de l'Union. »

Il existe ainsi au niveau européen **un statut et des règles de financement des partis politiques** (art. 224 TFUE). Ces règles, fixées en 2003, ont été réformées en 2018. **Le Parlement subventionne dix partis politiques européens**, qui doivent répondre à une liste de critères (élus, représentativité, légalité selon le droit de l'État du siège, etc.). Même si, théoriquement, ces partis peuvent être directement « des associations de citoyens », **le plus souvent il s'agit d'alliances entre des partis politiques nationaux**, en fonction de leurs affinités.

Le Parti populaire européen (PPE, 182 sièges en 2019) et le Parti socialiste européen (PSE, 154 sièges en 2019) sont les deux principaux partis politiques, suivis par l'Alliance des libéraux et démocrates (ALDE, 108 sièges en 2019).

Les **groupes politiques au Parlement** ont tous les attributs d'un groupe parlementaire classique. Ils sont intégrés au fonctionnement de l'assemblée, participent à la fixation de son ordre du jour *via* la conférence des présidents, et permettent à leurs membres d'obtenir un temps de parole conséquent, ainsi qu'un secrétariat attitré. **Pour former un groupe, il faut au moins vingt-cinq députés élus dans au moins un quart des États membres**. La seule condition de fond est qu'ils partagent les mêmes affinités politiques. Il ne peut y avoir de groupe « technique », réunissant des élus sans rapport, sous peine de dissolution. Un député ne peut s'inscrire qu'à un seul groupe, et peut par ailleurs rester non-inscrit.

Les trois principaux groupes sont le Groupe du Parti populaire européen, l'Alliance progressiste (PSE) et « *Renew* Europe » (ALDE), miroirs des partis précités.

L'administration parlementaire

Le Parlement bénéficie d'une administration propre, sous l'autorité d'un secrétariat général. **Le secrétaire général est nommé par le bureau** du Parlement. Il compte douze directions générales et un service juridique. Il apporte tout soutien et information nécessaires aux parlementaires.

Cette administration parlementaire siège à Luxembourg. **Le Parlement se voit ainsi coupé en trois sièges** : Strasbourg pour les séances plénières, Bruxelles pour les commissions, Luxembourg pour l'administration. Cette situation lourde et coûteuse est dénoncée depuis plus de quarante ans par l'institution, qui demande aux États membres, à travers ses résolutions, de lui assigner un siège unique.

Environ 8 000 fonctionnaires européens travaillent pour le Parlement sous l'autorité de l'actuel secrétaire général, M. Klaus Welle, de nationalité allemande.

c. La procédure législative

Cette expression de « procédure législative » est la seule innovation lexicale du Traité constitutionnel reprise par le Traité de Lisbonne. Elle ne vise pas à faire une « loi », mais à adopter un règlement, une directive ou une décision (art. 289 TFUE). Le Parlement est de nos jours, à égalité avec le Conseil, partie prenante à la procédure législative ordinaire, qui couvre plus de quatre-vingt-cinq domaines de compétence de l'UE. Le Conseil conserve cependant un domaine législatif réservé : la procédure législative spéciale.

La procédure législative ordinaire

La procédure législative ordinaire, ancienne procédure de « **codécision** », est désormais la procédure de droit commun pour adopter des textes juridiques dérivés dans l'Union. La Commission soumet d'abord un texte au Conseil et au Parlement. Ce texte est examiné, éventuellement amendé, puis approuvé ou rejeté, dans chacune de ces institutions en **première lecture**. Le Conseil adopte parfois des « orientations générales » sur le projet, indiquant au Parlement ce qu'il envisage de faire. Si le texte est approuvé dans les mêmes termes, il est adopté. Si le texte est rejeté par le Parlement ou le Conseil, la procédure est close.

Si la première lecture n'a pas abouti à un texte commun, **une deuxième lecture** a lieu dans les deux institutions. Si celle-ci n'aboutit toujours pas à un texte commun, **un comité de**

conciliation entre le Parlement et le Conseil est convoqué. Si la conciliation n'aboutit pas, ou si le texte commun proposé par le comité n'est pas adopté à l'issue de **la troisième lecture**, la procédure est close. Dans le cas contraire, s'il est adopté, il est signé par les présidents du Parlement et du Conseil, ainsi que leurs secrétaires généraux, et publié au *Journal officiel* de l'UE.

Les projets législatifs soumis au Parlement sont réputés **adoptés à la majorité des suffrages exprimés** (art. 231 TFUE).

L'existence de cette navette, et l'absence de procédure donnant « le dernier mot » au Conseil ou au Parlement en cas de désaccord, traduisent un **bicamérisme égalitaire** dans la procédure législative ordinaire.

Pour accélérer la procédure et favoriser l'entente, **peuvent être conclus des accords interinstitutionnels**. Ils sont autorisés dans la mesure où ils servent à améliorer l'application des traités.

La **pratique du trilogue** s'est enfin systématisée pour parvenir à un accord sur les textes. Il s'agit de **réunions tripartites informelles** entre représentants du Parlement, du Conseil et de la Commission. Bien que ces séances se tiennent à huis clos, le Parlement s'est vu contraint d'en communiquer les documents sur demande, pour respecter le droit d'information du public et l'accès aux travaux législatifs (CJUE, 2018, *De Capitani c. Parlement*, T-540/15).

Les procédures législatives spéciales

Il s'agit des mécanismes qui permettent à une institution seule (Parlement ou Conseil) d'adopter un acte législatif (art. 289, §2 TFUE). Dans la pratique, **les procédures spéciales sont l'apanage du Conseil**, marquant **son « domaine réservé »**. Elles se sont considérablement réduites, représentant actuellement 15 à 20 % des actes législatifs adoptés. Le Parlement y est limité à un rôle consultatif *a priori*, ou à un rôle d'approbation *a posteriori*. Il s'agit par exemple de l'adhésion et du retrait des États membres, de la négociation de certains accords commerciaux, ou encore du droit de la concurrence.

Enfin, bien que **la politique étrangère et de sécurité commune** ne donne pas lieu à des actes législatifs (art. 24, §2 TUE), il faut préciser qu'elle **échappe au Parlement**, étant entre les mains du Conseil, du haut représentant et du Conseil européen.

d. Les rapports du Parlement avec les institutions politiques

Le Parlement est la première institution mentionnée par l'article 13 TUE. Cette préséance cérémonielle se concrétise juridiquement par le contrôle qu'il exerce sur la Commission et par le devoir d'information que le Conseil de l'UE et le Conseil européen assument envers lui.

Le contrôle exercé sur la Commission

Le Parlement a une emprise à la fois *a priori* et *a posteriori* sur la Commission. *A priori* lors de sa nomination ; *a posteriori* durant son mandat.

Le Parlement élit le président de la Commission (art. 14, §1 TUE) sur proposition du Conseil européen, puis il approuve la nomination du collège des commissaires. On a déjà évoqué la tentative du Parlement de placer à la tête de la Commission un des siens, en demandant au Conseil européen de proposer comme candidat une tête de liste aux élections : la démarche a été couronnée de succès en 2014, avec la nomination de M. Juncker. Le Parlement a fait savoir qu'il souhaitait la réédition de l'opération, sans quoi il n'élirait pas le candidat proposé. Cet avertissement n'a pas empêché le Conseil européen de proposer une candidate non membre du Parlement. Un début de fronde parlementaire a causé quelques frayeurs pour l'élection de la présidente Von der Leyen, finalement élue de justesse.

Durant son mandat, la Commission est tenue à **un dialogue constant** avec le Parlement. Elle est entendue à sa demande et les commissaires peuvent assister aux séances. Elle répond de même aux **questions parlementaires** des députés, qui peuvent être suivies d'un débat.

Le contrôle du Parlement sur la Commission **s'exprime sous trois formes : les auditions solennelles de la Commission** et les **mécanismes de défiance**.

Les auditions solennelles concernent **le rapport général annuel de la Commission**, et **le discours sur l'état de l'Union**. Le **rapport annuel porte sur toutes les activités de l'UE** (art. 249, §2 TFUE) est présenté devant le Parlement par le président de la Commission. Il est suivi d'une discussion publique au sein du Parlement (art. 233 TFUE). Le discours sur l'état de l'Union, innovation depuis 2010 inspirée de ce qui se pratique aux États-Unis, est prononcé une fois par an devant le Parlement par le Président de la Commission. **Le discours sur l'état de l'Union est en fait un discours annuel de politique générale**.

Parmi les mécanismes de défiance, il faut distinguer entre ceux qui témoignent d'une hostilité (**la décharge budgétaire** et **le retrait de confiance à un commissaire**), et l'arme ultime, **la motion de censure**.

Dans sa fonction budgétaire, le Parlement a la capacité de contrôler les dépenses effectuées par l'Union dans l'année écoulée. La Commission, qui exécute ce budget, est tenue de demander au Parlement **une décharge pour clôturer l'exercice comptable annuel** (art. 319, §1 TFUE). Le Parlement exerce cette formalité de décharge comme comprenant **le droit de l'ajourner, voire de la refuser** (art. 93 de son règlement intérieur). Étant donné que **la décharge se vote par chapitre, pour chaque institution** (52 rapports doivent être adoptés, y compris le Conseil ou le Conseil européen), le Parlement peut ainsi se mêler de la gestion de nombreux domaines. Bien que le refus de décharger la Commission de l'exécution du budget ne provoque pas sa démission, **cet acte de défiance empêche la clôture des comptes** de l'UE. Ce n'est pas un cas théorique : le refus de donner *quitus* est souvent le prélude à une motion de censure, comme l'a expérimenté la Commission Santer en 1998, mise en cause pour sa mauvaise gestion.

Le retrait de confiance à un commissaire est une **invention du règlement intérieur du Parlement** (art. 118, §10). Cette procédure est absente des traités. Elle s'appuie sur l'autorité du président de la Commission qui peut révoquer un commissaire (art. 17, §6 TUE). Le Parlement peut adopter une résolution à la majorité simple des suffrages exprimés, demandant au président de la Commission d'exercer son pouvoir à l'encontre d'un commissaire en cas de conflit d'intérêts. La Commission a accepté cette procédure dans un accord interinstitutionnel (2010). **Le président de la Commission a le choix** : **faire démissionner l'intéressé, ou exposer au Parlement les motifs de son refus**. On ne peut lui forcer la main.

La motion de censure, enfin, est l'arme ultime du Parlement pour provoquer la **chute collective de la Commission** en laquelle il n'a plus confiance (art. 17, §8 TUE et art. 234 TFUE). Il faut **au moins 1/10e des députés du Parlement pour pouvoir déposer cette motion** (art. 119 du règlement intérieur du Parlement). Elle doit être soumise au vote trois jours après son dépôt. Pour être adoptée, la motion de censure **doit être approuvée par**

les deux tiers des suffrages exprimés, représentant au moins la majorité absolue des membres du Parlement. Si c'est le cas, la Commission démissionne dans son ensemble, ainsi que le haut représentant. Cette procédure a été enclenchée huit fois à ce jour, et elle a failli réussir en 1999 vis-à-vis de la Commission Santer, qui a démissionné juste avant l'adoption de la motion.

Le Parlement dispose d'un régime de contrôle qui lui est favorable : si le Parlement peut renverser la Commission, l'inverse est impossible. **Le Parlement ne peut être dissout.**

Le dialogue avec les Conseils

Le Conseil et le Conseil européen ne sont pas responsables devant le Parlement, contrairement à la Commission. Ils ne sauraient cependant l'ignorer et celui-ci peut leur poser des questions, demander des rapports et auditionner certains de leurs représentants.

Quelques clauses des traités organisent ça et là les modalités de ce dialogue et de l'information que les Conseils doivent au Parlement. Ainsi, **le président du Conseil européen présente au Parlement un rapport à la suite de chacune des réunions** du Conseil européen (art. 15, §6 TUE), sur lequel il peut y avoir discussion. Le président du Parlement est par ailleurs invité aux réunions de ce Conseil. De même, **le haut représentant est tenu d'informer et de consulter régulièrement le Parlement sur la politique étrangère et de** sécurité commune **(PESC) et la politique de défense**. Le Parlement peut ici poser des questions directement au Conseil ou au haut représentant. Même si le Parlement n'est pas compétent en la matière, le haut représentant s'engage à ce que ses vues « soient dûment prises en considération » (art. 36 TUE).

Tout cela reste étroitement sous l'autorité des Conseils et ne saurait être l'objet d'un vote : « Le Conseil européen et le Conseil sont entendus par le Parlement européen dans les conditions prévues par le règlement intérieur du Conseil européen et par celui du Conseil » (art. 230 TFUE).

Cours

37 Le Conseil européen, un directoire au sommet

Avant d'aller plus loin, pour rappel : **il ne faut pas confondre le Conseil européen, et le Conseil (de l'UE**, sorte de Sénat ministériel) **ou le Conseil de l'Europe** (qui est une autre organisation sans lien avec l'Union).

Le Conseil européen est **la réunion des chefs d'État et de Gouvernement** de l'Union. Il s'est créé à l'initiative de ses membres, qui n'étaient pas présents physiquement dans les institutions européennes à l'origine. Sa force dans le système européen provient de sa composition : l'organisation des séances montre cet **esprit de présidence collective**, au sommet, de l'Union. Ses pouvoirs sont ceux d'un **directoire politique** : il décide des orientations qui s'imposent, sans se mêler de la procédure législative en tant que telle.

1 La formalisation d'un Conseil européen *ad hoc*

Le Conseil européen s'est d'abord réuni de façon *ad hoc*, sans lien formel avec les Communautés qu'il entendait superviser. Cette situation a été régularisée au fil du temps et désormais le Conseil européen est intégré aux institutions de l'Union *via* les articles 13 et 15 du TUE.

a. La création d'une institution informelle

Le véritable fondateur du Conseil européen est Charles de Gaulle, bien que l'institution ne portât pas ce nom à l'origine. Sans remettre en cause l'existence des Communautés, le président français souhaitait les remanier **dans une optique intergouvernementale**, considérant l'intégration sans l'assentiment des peuples comme « une chimère ». Cette perspective devait se matérialiser dans « un concert régulier organisé des **Gouvernements responsables** » (C. de Gaulle, *Conférence de presse*, 5 septembre 1960). Ce concert aurait chapeauté les institutions spécialisées en donnant les orientations à suivre et aurait organisé, pour les grands projets, un référendum européen. On perçoit une transposition de la fonction présidentielle française sous la Ve République, à travers ce sommet des chefs des Nations européennes.

Les premières réunions eurent lieu en 1961. Elles prirent le nom de « Sommets des Six ». À l'initiative italienne fut créé le **Comité Fouchet, chargé** entre autres **de proposer une structure permanente** pour la réunion des chefs d'État et de Gouvernement et de délimiter ses compétences. Le Plan Fouchet proposa, le 2 novembre 1961, la réunion des chefs d'État et de Gouvernement trois fois par an, pour statuer sur la politique étrangère et la défense. Cependant, **le Plan Fouchet fut rejeté** par les partenaires de la France qui redoutaient **une mise sous tutelle intergouvernementale** de la Communauté, intégrative et supranationale.

Les sommets reprirent occasionnellement en 1969, 1972 et 1973. Les membres convinrent qu'ils devaient se réunir de façon régulière pour la politique étrangère et la coopération politique. Sous l'impulsion de M. Valéry Giscard d'Estaing, le **Sommet de Paris (décembre 1974)** décida que le prochain sommet (Dublin, 1975) serait le **premier « Conseil européen », devenu périodique** (trois fois par an).

Cette réunion au sommet, qui entendait chapeauter la Communauté, resta en-dehors des traités jusqu'en 1987, situation étrange où une organisation internationale était « orientée » par une conférence hors de ses statuts.

b. L'intégration du Conseil européen dans les traités

Il fut décidé de remédier à ce caractère informel du Conseil européen et de régulariser la situation en l'intégrant dans les traités. Il est ainsi mentionné dans l'Acte unique européen (1986), qui précise seulement que le président de la Commission participe à ces réunions. Les institutions d'intégration furent de la sorte « intégrées » à ce directoire au sommet. Le **Traité de Maastricht (1992)** donna enfin une définition conventionnelle de ce qu'est cette réunion : « Le Conseil européen donne à l'Union les impulsions nécessaires et en définit les orientations politiques générales ».

La Commission, comme moteur de la construction européenne, se voit ainsi concurrencée par une institution de coopération de type confédéral et dont les membres jouissent de la légitimité du scrutin national. Le Conseil européen est monté en puissance et il est apparu nécessaire de formaliser son fonctionnement en l'intégrant pleinement dans les traités. **Le Traité de Lisbonne (2007) fait du Conseil européen une véritable institution de l'Union** (art. 13 TUE), au sens juridique du terme. Le Conseil européen est la **seconde institution de l'Union**, laissant la préséance au Parlement. **Son fonctionnement et ses pouvoirs y sont codifiés** (art. 15 TUE).

Cette régularisation du Conseil européen permet un contrôle juridique de ses actes par la Cour de Justice. Auparavant, l'instance judiciaire se bornait à constater que, le Conseil européen n'étant pas une institution européenne ni une autorité nationale appliquant le droit de l'Union, ses décisions n'étaient pas des actes juridiques. Cette situation était d'autant plus gênante que la Commission et le Conseil de l'UE, appliquent les orientations décidées par le Conseil européen. Ce problème a été réglé par le Traité de Lisbonne : **les actes du Conseil européen destinés à produire des effets à l'égard des tiers sont désormais soumis à la juridiction de la Cour de Justice de l'UE** (art. 263 et 265 TFUE). Néanmoins, le diable est dans les détails. Si les chefs d'État et de Gouvernement se réunissent sans se constituer formellement en Conseil européen, leurs décisions ne sont pas celles du Conseil européen et donc pas susceptibles de recours. Ce cas a été illustré par la « Déclaration UE-Turquie » de 2016, relative aux migrants (CJUE, 2018, *QC c. Conseil européen*, T-834/16).

2 La composition du Conseil européen

a. Les membres de droit

Ils sont listés par les traités : « **Le Conseil européen est composé des chefs d'État ou de Gouvernement des États membres, ainsi que de son président et du président de la Commission. Le haut représentant de l'Union** pour les affaires étrangères et la politique de sécurité **participe aux travaux** » (art. 15, §2 TUE).

Le choix du chef de l'État ou du chef du gouvernement comme représentant au Conseil européen est laissé à l'appréciation constitutionnelle de chaque État membre. On constate qu'y sont envoyés les plus hauts responsables politiques, ayant la haute main sur les affaires étrangères et pouvant engager leur État. Cela exclut de la réunion les monarques héréditaires et présidents des régimes parlementaires, au profit de leurs chefs de Gouvernement. Il arrive, lorsque les responsabilités sont partagées, que le président et le Premier ministre d'un État membre siègent ensemble ou alternativement au Conseil européen.

Le haut représentant n'est pas un membre du Conseil, mais il y participe en tant qu'agent de conception et d'exécution de la politique étrangère et de sécurité décidée par cette institution.

Chaque chef d'État ou de Gouvernement peut se faire assister, lors des réunions, d'un de ses ministres (généralement celui des Affaires étrangères) **et le président de la Commission, de même, par un commissaire** (art. 15, §3 TUE).

Comme soutien administratif, le secrétaire général du Conseil (de l'UE) assiste également aux travaux du Conseil européen (art. 13 du règlement intérieur).

Le président du Parlement européen n'est pas membre de droit, mais il peut y être invité et entendu (art. 235, §2 TFUE).

b. Le président du Conseil européen

C'est une innovation du Traité de Lisbonne : auparavant, la présidence était tournante, en fonction du lieu où se déroulait le sommet. La présidence du Conseil européen est désormais **une fonction permanente, en charge de l'organisation des séances et de la représentation de l'UE à l'extérieur**. Il partage cette dernière mission avec le haut représentant et le président de la Commission.

Le président du Conseil européen **est élu par les chefs d'État et de Gouvernement à la majorité qualifiée, pour une durée de deux ans et demi**. **Son mandat est renouvelable une fois** (art. 15, §5 TUE). La coutume naissante veut que le président du Conseil européen soit un ancien chef d'État ou de Gouvernement. Ainsi le comte Van Rompuy (2009-2014) et M. Charles Michel (depuis 2019) sont d'anciens Premiers ministres belges, et M. Donald Tusk (2014-2019) est un ancien président du Conseil polonais. Pour garantir son indépendance, le président du Conseil européen **ne peut exercer de mandat national** (art. 15, §6 TUE).

Le **rôle** du président du Conseil européen est **d'ordre administratif et diplomatique** : ce n'est pas un président politique « officieux » de l'UE. Il convoque, préside et anime les séances du Conseil européen ; il les prépare et en assure le suivi, de concert avec le Conseil de l'UE (« affaires générales »), le président de la Commission et le haut représentant. Il présente enfin des rapports au Parlement (art. 15, §6 TUE). **Le président du Conseil européen n'est responsable que devant le Conseil européen**, qui seul peut le révoquer.

En complément, il faut ajouter que le Président du Conseil européen préside également les sommets de la zone euro qui rassemble les chefs d'État et de Gouvernement deux fois par an, généralement à la suite du Conseil européen.

Le président Tusk a rendu la fonction plus visible. Rejetant dos-à-dos les aspirations fédéralistes, qui « ne sont tout simplement pas possibles et favorisent le doute et l'euroscepticisme » (2016), et les partisans d'une sortie du Royaume-Uni sans accord « qui auront sans doute une place spéciale en enfer » (2019), il a œuvré pour retarder le Brexit autant que possible.

3 Les séances et les modes de votation

Les séances du Conseil européen se déroulent à Bruxelles au moins deux fois par semestre (art. 15, §3 TUE). En pratique, il s'est réuni plus fréquemment ces dernières années, en réponse aux crises politiques du moment.

Le Conseil européen, dont **les réunions ne sont pas publiques**, détermine son ordre du jour au début de chaque réunion. Ces réunions **durent en général deux jours** (art. 4 du règlement intérieur).

Le principe est que **le Conseil européen se prononce par consensus**, sauf si les traités en disposent autrement (art. 15, §4 TUE).

Lorsque vote il y a, celui-ci requiert la présence d'au moins les deux-tiers des États membres (art. 6, §3 du règlement intérieur du Conseil européen). Ce vote se fait à la majorité qualifiée (selon les mêmes règles que le Conseil de l'UE), sauf pour les questions de procédure interne (majorité simple). **Le président du Conseil européen et le président de la Commission ne prennent pas part au vote** (art. 235, §1 TFUE). Le cas échéant, **chaque membre du Conseil européen peut recevoir un vote par délégation d'un autre membre**, s'il doit s'absenter : c'est un signe de confiance rare. Ainsi, le chancelier Schröder a confié son vote au président Chirac lors du Conseil européen d'octobre 2003.

4 Les pouvoirs du Conseil européen

Le Conseil européen est un véritable directoire réunissant les plus hautes autorités étatiques au sommet de l'Union. La volonté de ses initiateurs était d'en faire le moteur d'inspiration de la construction européenne : cela a réussi ces dernières décennies, au détriment de la Commission. La tutelle du Conseil européen sur de nombreuses institutions de l'Union s'exprime à travers ses pouvoirs de nomination. De plus, bien que le Conseil européen n'ait pas vocation à participer à la procédure législative, il arrive qu'il y soit mêlé par les États membres, comme ultime recours dans certains domaines.

a. Un rôle dirigeant dans la vie institutionnelle

Le Conseil européen joue un rôle dirigeant dans la vie institutionnelle de l'Union. Il est complètement indépendant dans son fonctionnement, a son propre pouvoir d'initiative et n'est pas soumis au contrôle ou à la participation d'une autre institution politique.

Le Conseil européen supervise les **négociations d'adhésion et de retrait. Il maîtrise** notamment l'élaboration et la définition des grands axes de **la politique étrangère et de sécurité commune, la politique de défense**. Son rôle directeur dans ces matières est tel que le Conseil de l'UE y apparaît plus comme son agent d'exécution, que comme un partenaire (art. 24, 26 et 31 TUE). Le Conseil européen **convoque aussi les conférences intergouvernementales, pour réviser les traités**.

b. Une autorité de nomination

Le Conseil européen **nomme aux hautes fonctions de l'UE**, ce qui traduit sa position institutionnelle hiérarchiquement supérieure. Ainsi le Conseil européen **nomme le président de la Commission, le haut représentant de l'Union** pour les affaires étrangères et la politique de sécurité,**le président et le directoire de la Banque centrale européenne** (art. 283 TFUE).

C'est le Conseil européen qui structure par ses décisions le fonctionnement du Conseil de l'UE, en fixant la liste de ses formations (art. 236 TFUE).

c. Les interventions dans la procédure législative

Le Conseil européen est une institution d'impulsion politique : il ne participe pas à la procédure législative et les actes qu'il prend ne sont pas de cette nature, sauf exceptions. Il est parfois habilité par les traités à fixer les orientations stratégiques de la programmation législative dans certains domaines (art. 68 TFUE).

Telle une autorité de tutelle, le Conseil européen peut réviser certaines modalités de la procédure législative concernant le Conseil de l'UE (art. 48, §7 TUE). Il peut ainsi décider du vote à la majorité qualifiée au lieu de l'unanimité, et du passage à la procédure législative ordinaire au lieu de la procédure législative spéciale.

De façon exceptionnelle, un État membre peut saisir le Conseil européen s'il estime qu'un projet d'acte législatif porte atteinte à son système de sécurité sociale (art. 48 TFUE) ou à son système de justice pénale (art. 82, §3 TFUE). C'est un arbitrage qui est sollicité du Conseil européen : soit il renvoie le texte au Conseil de l'UE (et la procédure continue), soit il demande à la Commission de préparer un nouveau projet (ce qui abroge le projet qui lui était soumis). Une procédure voisine existe en matière de coopération policière (art. 87 TFUE).

d. Les réalisations du Conseil européen

On peut citer quelques exemples de réalisations importantes du Conseil européen, du point de vue des valeurs de l'Union, juridique et économique.

Du point de vue des valeurs de l'UE, le Conseil européen de Copenhague (1993) a fixé **les « Critères de Copenhague »**, critères d'admission des nouveaux États membres : institutions démocratiques et stables de l'État de droit, économie de marché, capacité du candidat à intégrer l'acquis communautaire, et capacité d'accueil de l'Union. Des critères désormais codifiés à l'article 49 TUE.

D'un point de vue juridique, le Conseil européen de Tampere (1999) a préparé l'adoption de **la Charte des droits fondamentaux de l'UE**. Elle a été intégrée aux traités avec l'adoption du Traité de Lisbonne (art. 6, §1 TUE).

D'un point de vue économique, le Conseil européen de Lisbonne (2000) a créé le Groupe Banque européenne d'investissements (BEI).

38 Cours
Les autres institutions politiques

D'autres organes politiques jouent un rôle non négligeable dans la vie européenne, en particulier dans la procédure législative autour du triptyque Commission/Conseil/Parlement. On les traitera en tant qu'institutions européennes, même si l'article 13 TUE ne les décrit pas comme telles.

1 Le Comité économique et social et le Comité des régions, des organes consultatifs

Le Comité économique et social et le Comité des régions sont mentionnés par l'article 13, §4 TUE comme **les auxiliaires du Parlement, du Conseil et de la Commission** dans leurs attributions législatives. Les traités les désignent comme des « **organes consultatifs** ». Ils ont pour fonction essentielle, en tant qu'assemblées spécialisées, de donner un avis sur les projets d'actes législatifs.

Le Comité économique et social a été institué par le Traité de Rome (1957) ; le Comité des régions, en revanche, est la plus jeune des institutions de l'Union, ayant été créée par le Traité de Maastricht (1992).

a. La fonction consultative des deux comités

Les deux comités sont chacun **composés de 350 membres** (art. 301 et 305 TFUE), **nommés par le Conseil** sur proposition de leur Gouvernement. Chaque État y est représenté en fonction de son poids démographique. **Le mandat, renouvelable, est de cinq ans** (art. 302 et 305 TFUE). Ils fonctionnent comme des assemblées parlementaires. Bien que nommés et non élus, leurs membres sont indépendants et tout mandat impératif les concernant est nul (art. 300 TFUE). Chaque comité élit son bureau et son président pour une durée de deux ans et demi (art. 303 et 306 TFUE). Le travail consultatif y est réparti entre différentes commissions ou sections.

Le rôle de chaque comité est de **permettre la participation** de certaines légitimités, en tant que telles, à la procédure législative. Le Comité économique et social est ainsi composé de **représentants des organisations d'employeurs, de salariés, d'acteurs associatifs et culturels**, pour refléter la diversité sociale dans la vie institutionnelle européenne. Quant au Comité des régions, il se compose d'**élus locaux** qui représentent l'échelon démocratique jugé le plus proche des citoyens européens, afin que l'Union ne se limite pas aux affaires intergouvernementales. C'est donc le besoin de proximité et la réalité diversifiée du terrain que sont censés restituer les deux comités dans leur activité.

L'obligation de consulter ces comités dans la procédure législative touche de nombreux domaines, qu'il est inutile de lister ici. On retiendra que c'est une procédure d'avis simple, et pas un avis conforme : **les institutions de l'UE sont tenues de consulter les deux Comités, mais ne sont aucunement liés par le contenu de leurs avis**. Lorsqu'ils sont saisis, ils peuvent se voir imposer un délai pour émettre leur avis, au-delà duquel une éventuelle absence de réponse permet de passer outre.

Dans le cadre de cette fonction consultative, les comités possèdent tous deux **le droit d'émettre des avis de leur propre initiative**, pour signaler aux institutions leur position sur un sujet qui leur semble requérir une procédure législative.

b. Le pouvoir de contrôle du Comité des régions

Le Comité des régions a le droit de défendre ses prérogatives, s'il estime qu'elles ont été violées, **en saisissant la Cour de Justice de l'UE** (art. 263 TFUE). De plus, puisqu'il représente l'échelon local, le Comité des régions est reconnu comme **l'un des gardiens du principe de subsidiarité** dans la procédure législative. Pour ce faire, ce Comité est investi, comme les parlements nationaux, d'un droit de saisine de la Cour de Justice de l'UE (art. 8 du protocole n°2 annexé au Traité de Lisbonne). Le Comité des régions a menacé de faire usage de ce droit lors d'un débat portant sur la répartition des fonds régionaux européens (Comité des régions, 2018, résolution VI-29).

2 Le rôle des Parlements nationaux dans l'Union

a. La reconnaissance de la participation des parlements nationaux au fonctionnement de l'UE

Le Traité de Lisbonne a entendu remédier à une lente dégradation de l'implication européenne des parlements nationaux. Aux débuts des Communautés, les parlements nationaux avaient une emprise directe, bien que consultative, sur la vie institutionnelle à travers les délégations envoyées par eux au Parlement européen. Ce lien a été coupé en 1979, avec la première élection du Parlement européen au suffrage universel direct, suivie plus tard de l'incompatibilité de mandat entre parlementaires nationaux et européens. La montée en puissance du Conseil européen, réunion des chefs d'État et de Gouvernement, illustre en miroir **l'absence d'institution représentant directement les parlements nationaux**. Les parlements nationaux, principaux acteurs de la transposition des directives européennes, se voyaient réduits à l'état de chambres d'enregistrement de textes toujours plus nombreux et décidés en-dehors d'eux. Il fallait donc réconcilier le pouvoir législatif national avec les institutions européennes. Ce fut fait en 2007 avec l'**article 12 TUE** : « **Les parlements nationaux contribuent activement au bon fonctionnement de l'Union** ».

Même si les parlements nationaux ne sont pas officiellement intégrés aux institutions de l'Union, leur rôle est consacré **au nom du principe démocratique qui imprègne tout le fonctionnement de l'organisation** (art. 10 TUE).

b. Les modalités de la participation des parlements nationaux

L'article 12 TUE et plusieurs articles du TFUE traitent des modalités de cette participation. De plus, deux protocoles particulièrement importants ont été annexés au Traité de Lisbonne sur ce thème : le Protocole no 1 sur le rôle des parlements nationaux dans l'UE ; et le Protocole n° 2 sur l'application des principes de subsidiarité et de proportionnalité.

Des traités découlent désormais un ensemble de prérogatives qui peuvent être synthétisées en **six droits des parlements nationaux** : le droit à l'information, le droit de contrôle, le droit d'opposition, le droit de saisine judiciaire, le droit à la coopération et le droit de participation à la révision des traités.

Le droit à l'information

Les parlements nationaux doivent recevoir **notification de tous les projets d'actes législatifs de l'Union** (art. 12 TUE), et **disposer de l'ensemble des documents et publications de la Commission** (livres verts, blancs, etc.). La Commission adresse à tous les parlements nationaux son programme législatif annuel, ainsi que tout rapport stratégique (art. 1er du protocole nº 1). De plus, lorsque le Conseil européen modifie la procédure législative, il est tenu d'en informer les parlements nationaux (art. 48, §7 TUE). Il est fait de même en cas de demande d'adhésion d'un État tiers à l'Union.

Le droit de contrôle

Les parlements nationaux reçoivent le rapport annuel de la Commission sur le respect des principes de subsidiarité et de proportionnalité (art. 8 du protocole nº 2), ainsi que le rapport annuel de la Cour des comptes sur l'activité de l'Union.

Les parlements nationaux sont associés à l'évaluation de la mise en œuvre de la coopération judiciaire et policière (agences EUROJUST et EUROPOL, art. 85 et 88 TFUE).

Le droit d'opposition

À compter de la notification d'un projet législatif européen, les parlements nationaux ont un délai de huit semaines pour l'examiner au regard du principe de subsidiarité. Les parlements nationaux sont en effet reconnus par les traités comme les **gardiens du principe de subsidiarité** (art. 69 TFUE). Dans ce délai, **chaque parlement national** (ou l'une de ses chambres s'il est bicaméral) **peut notifier** aux présidents de la Commission, du Conseil et du Parlement **un avis motivé expliquant son opposition à l'adoption de l'acte** envisagé. En fonction du domaine concerné, si le nombre d'avis opposés atteint le quart, le tiers ou la moitié des parlements nationaux, alors l'initiateur du projet doit le réexaminer. Soit il le retire ou l'amende, soit il le maintient par une décision motivée. Si le projet est maintenu, le législateur de l'Union (Parlement et Conseil) qui adopte l'acte devra également motiver le respect du principe de subsidiarité.

Le droit de saisine de la Cour de Justice de l'UE

C'est l'arme la plus remarquable des parlements nationaux dans la procédure législative européenne (art. 8 du protocole nº 2). **Chaque parlement national (et chaque chambre le composant) dispose du droit de saisir la Cour de Justice de l'UE pour violation du principe de subsidiarité** par un acte législatif européen. Il s'agit d'un recours en annulation. Ce droit peut être utilisé sans que le parlement requérant n'ait préalablement fait opposition à l'adoption de l'acte.

Le droit à la coopération interparlementaire

Le Protocole nº 1 incite les parlements nationaux à coopérer et à mutualiser leurs efforts. Pour ce faire, il a intégré dans les traités **un organisme créé *ad hoc* en 1989**, à l'initiative de M. Laurent Fabius : **la Conférence des organes parlementaires spécialisés dans les affaires de l'Union (COSAC)**. Composé de représentants de chaque parlement national et du Parlement européen, cet organe adresse des contributions aux institutions européennes pour stimuler la création législative. La Conférence permet des liens réguliers entre les parlements.

Le droit de participation à la révision des traités

Enfin, les parlements nationaux se voient reconnaître le droit de participer directement à la révision des traités, selon qu'il s'agit d'une procédure de révision ordinaire, ou d'une procédure de révision simplifiée (art. 48 TUE).

En cas de révision ordinaire, tous les projets doivent être **notifiés aux parlements nationaux** (art. 48, §2 TUE). Si le Conseil européen y est favorable, **une Convention de révision est convoquée,** « composée de représentants des parlements nationaux, des chefs d'État ou de gouvernement des États membres, du Parlement et de la Commission » (art. 48, §3 TUE). Néanmoins, le Conseil européen peut estimer que l'ampleur des modifications à faire ne justifie pas un tel format, et convoquer une conférence intergouvernementale classique.

En cas de révision simplifiée, où le Conseil européen peut modifier de lui-même certaines modalités de la procédure législative au sein du Conseil de l'UE, les parlements nationaux se voient reconnaître **un droit d'information et un véritable droit de *veto*** : « Toute initiative prise par le Conseil européen [en ce domaine] est transmise aux parlements nationaux. En cas d'opposition d'un parlement national notifiée dans un délai de six mois après cette transmission, la décision [de révision simplifiée] n'est pas adoptée » (art. 48, §7 TUE).

Cours 39 Les institutions économiques

Les institutions économiques de l'Union mentionnées à l'article 13 TUE sont au nombre de deux. Elles ont pour point commun l'**indépendance vis-à-vis du pouvoir politique** dans leurs décisions.

La Banque centrale européenne dispose d'un statut propre. Ses organes de direction lui assurent un fonctionnement et des pouvoirs autonomes. La BCE a notamment pour charge la gestion de l'Eurosystème et du Système européen des banques centrales, SEBC.

1 La Banque centrale européenne, une autorité monétaire indépendante

a. Le statut de la BCE

Créée en 1998, la Banque centrale européenne jouit de la personnalité juridique et siège à Francfort-sur-le-Main. Son capital, auquel seules les banques centrales nationales des États membres peuvent souscrire, est de dix milliards d'euros. Son personnel compte 3 000 agents. La langue de travail est l'anglais. Ses règles de fonctionnement se trouvent dans le TFUE et dans le **Protocole sur les statuts du SEBC et de la BCE**.

La BCE a pour mission de **déterminer et diriger la politique monétaire de l'Union**, avec **un objectif** inscrit dans les traités : **la stabilité des prix** (art. 127 & 282, §2 TFUE). Cette politique monétaire doit soutenir la politique économique décidée par les États membres et les institutions européennes, « question d'intérêt commun » coordonnée au sein du Conseil (art. 120 et 121 TFUE).

La principale caractéristique de la BCE, garantie à plusieurs reprises par son statut et les traités, est son indépendance complète. L'article 130 TFUE interdit aux États membres de « chercher à influencer » ses membres dans leurs fonctions. De façon générale, la BCE est reconnue indépendante dans l'intégralité de son action, en tant qu'institution : « **Elle est indépendante dans l'exercice de ses pouvoirs et dans la gestion de ses finances** » (art. 282, §3 TFUE).

Cette indépendance complète vis-à-vis du pouvoir politique s'explique par la constitution de la BCE sur le **modèle allemand de la *Bundesbank***. L'Allemagne a accepté le passage à la monnaie unique en échange de la consécration dans les traités de règles de bonne gestion, issues de son expérience nationale. Construite après-guerre sur le souvenir de l'inflation galopante des années 1920, la *Bundesbank* applique les principes économiques de l'école de « l'ordo-libéralisme », qui ont présidé au « miracle allemand » sous le chancelier Adenauer. « **L'économie sociale de marché** » qui découle de cette doctrine a par ailleurs été intégrée dans les traités comme objectif de l'Union (art. 3 TUE).

Ainsi les institutions politiques de l'UE n'ont pas de prise sur le processus de décision. Le président du Conseil et un membre de la Commission sont certes admis lors des réunions du Conseil des gouverneurs de la BCE, mais ils sont privés du droit de vote et ne peuvent que soumettre des motions (art. 284, §1 TFUE).

La BCE doit cependant **faire régulièrement rapport aux différentes institutions de l'Union** sur ses choix de politique monétaire (art. 284, §3 TFUE).

b. Les organes de la BCE

Le Directoire de la BCE

Le Directoire, également nommé comité exécutif, est composé du **président**, du **vice-président** et de **quatre autres membres**. Ils sont **nommés pour une durée de huit ans par le Conseil européen, mandat non renouvelable** (art. 283, §2 TFUE). Les membres du directoire doivent être des personnalités reconnues dans le domaine bancaire et monétaire. Le directoire est l'**instance de gestion courante** de la BCE, il prépare les réunions du Conseil des gouverneurs, met en œuvre la politique monétaire qui y est décidée, et envoie des instructions aux banques centrales nationales.

Mme Christine Lagarde, directrice du FMI, Française, succède en 2019 à M. Mario Draghi, Italien, en tant que présidente de la BCE.

Le Conseil des gouverneurs et la gestion de l'Eurosystème

Le Conseil des gouverneurs se compose des six membres du **directoire** et des **gouverneurs des banques centrales** des dix-neuf États membres de la zone euro, ayant adopté la monnaie unique. C'est l'**Eurosystème**. Il se réunit en général deux fois par mois. Il définit les orientations de la Banque, la politique monétaire ainsi que les taux directeurs. Depuis 2015, il existe un système de rotation des droits de vote des gouverneurs des banques centrales nationales.

Le Conseil général et la coordination au-delà de l'Eurozone

Le Conseil général est composé des **membres du Conseil des gouverneurs**, auxquels **s'ajoutent les gouverneurs des banques centrales des États membres n'ayant pas encore adopté l'euro** comme monnaie unique. C'est censé être une institution transitoire, les États membres de l'Union étant théoriquement tenus de converger vers la monnaie unique. Il prépare les élargissements de l'Eurozone.

c. Les pouvoirs de la BCE

La Banque centrale européenne a plusieurs pouvoirs remarquables qui concernent la création et la régulation monétaires d'une part, et qui lui permettent d'assurer un rôle de surveillance d'autre part. Néanmoins, son action est limitée vis-à-vis de la dette publique.

Création et régulation monétaires

Tout d'abord, **elle a le monopole de l'émission des pièces de monnaie et billets de banque en euros** (art 128 TFUE).

Elle fixe la politique monétaire à partir de trois taux directeurs qu'elle définit : le taux de rémunération des dépôts, le taux de refinancement, et le taux du prêt marginal.

À travers l'Eurosystème et le Conseil des gouverneurs, la BCE gère les **réserves de change** des États membres.

Surveillance bancaire

La BCE dispose **vis-à-vis des banques centrales nationales** de pouvoirs de surveillance. Si elle constate une infraction au droit de l'Union, elle peut saisir la Cour de Justice de l'UE (art. 271 TFUE).

Depuis la crise financière de 2008 a été adossé à la BCE un « **mécanisme de surveillance unique** » bancaire, qui lui permet de superviser les activités des 130 plus grands établissements de crédit européens. Ceci dans le but de prévenir des faillites à effet domino. Le Conseil des gouverneurs a généralisé dans toute la zone euro un **système de réserves obligatoires** pour ces établissements de crédit.

Interdiction du crédit en faveur des personnes publiques

Pour ne pas encourager l'endettement public, la BCE et les banques centrales nationales ont **interdiction d'accorder tout crédit**, sous quelque forme que ce soit, **ainsi que de racheter les dettes des personnes publiques** (État, collectivité locale, établissement public, entreprise publique). Seuls les établissements publics de crédit échappent à cette interdiction (art. 123 TFUE).

2 La Cour des comptes, un contrôleur budgétaire

Contrairement à ce qu'indique son nom, **la Cour des comptes européenne n'est pas une juridiction** : elle ne rend pas d'arrêt ayant autorité de la chose jugée, ses membres ne sont pas des juges. C'est donc une institution économique et non judiciaire de l'Union. Elle est indépendante et a une mission de contrôle budgétaire utile pour les acteurs européens et le public.

a. La composition et l'organisation de la Cour des comptes

La Cour des comptes voit son indépendance garantie par les traités : interdiction est faite à ses membres, inamovibles, de solliciter des instructions et de cumuler une autre activité rémunérée (art. 286, §3-4 TFUE). Il y a un membre de la Cour pour chaque État membre. **Les membres de la Cour des comptes sont nommés par le Conseil pour un mandat de six ans**, renouvelable : **ils élisent** parmi eux le **président de la Cour** pour un mandat de trois ans, également renouvelable (art. 286, §2 TFUE).

La Cour des comptes se répartit le travail entre quatre chambres (groupes d'audit) et comporte plusieurs comités (éthique, contrôle qualité, etc.).

L'actuel président de la Cour des comptes est M. Klaus-Heiner Lehne, de nationalité allemande. Le siège est à Luxembourg.

b. Le rôle de la Cour des comptes

La Cour des comptes a été **créée par le traité de Bruxelles (1975)** avec pour **mission de contrôler les comptes de l'UE** (art. 285 TFUE). Elle fournit à l'Union un audit externe pour vérifier ses comptes. **Le contrôle a lieu sur pièces et sur place**. Ses audits sont de trois types : **financier, de conformité et de performance**. Tous, institutions, États membres ou autres acteurs maniant des fonds européens, doivent aider la Cour des comptes dans sa mission, en vertu du principe de coopération loyale. Faute de quoi, la Cour des comptes peut les assigner devant la Cour de Justice de l'UE (art. 263 TFUE). Elle transmet les malversations constatées à l'Office européen de lutte antifraude (OLAF).

La Cour adopte **un rapport annuel** et **des rapports spéciaux** de sa propre initiative, **et des avis** quand elle est sollicitée.

C'est en se fondant sur le rapport annuel de la Cour des comptes que le Parlement décharge ou non la Commission de l'exécution du budget.

40

Cours

L'institution judiciaire

La Cour de Justice de l'Union européenne est **l'une des juridictions internationales les plus actives**, avec plus de 37 000 arrêts rendus depuis sa création en 1952. Son prétoire est également des plus diversifiés : on y trouve comme requérants aussi bien les États membres que les institutions européennes, des personnes physiques ou morales, ainsi que des États tiers.

D'abord Cour de Justice de la CECA, elle est devenue l'institution judiciaire commune de la CECA, de la CEE et de l'EURATOM avec les Traités de Rome de 1957, et renommée **pendant cinquante ans la Cour de Justice des Communautés européennes** (CJCE). Il lui a été adjoint **un Tribunal de première instance (TPICE, 1989)** et plus récemment, un Tribunal de la fonction publique (2004-2016).

Le Traité de Lisbonne a rebaptisé simplement les juridictions : le TPICE est devenu « **le Tribunal** », la CJCE « **la Cour de Justice** » ; **l'ensemble formant la Cour de Justice de l'Union européenne (CJUE, art. 19 TUE)**, institution européenne à l'article 13 TUE.

La CJUE **siège à Luxembourg**. Elle emploie près de six mille agents, et la langue de travail y est le français. La parenté avec la tradition du contentieux administratif français est par ailleurs visible, avec l'usage d'expressions comme le contrôle de légalité ou la pleine juridiction (art. 261 TFUE). Il n'empêche que la **CJUE garantit un multilinguisme intégral** pour les requérants : chacune des vingt-quatre langues officielles de l'UE peut être utilisée comme langue de procédure.

La Cour de Justice de l'UE a pour mission au sein de l'Union d'assurer « le respect du droit dans l'interprétation et l'application des traités » (art. 19, §1 TUE). A partir de ce rôle, qu'on pourrait croire technique et limité, **l'institution judiciaire est devenue l'un des moteurs de la construction européenne**, approfondissant les Communautés puis l'Union au moyen de sa jurisprudence. Cet effort a mené à l'élaboration d'une « **Communauté de droit** » (CJCE, 1986, *Les Verts c. Parlement européen*), parallèle transnational de l'État de droit.

Bien que sa juridiction reste une compétence d'attribution (art. 19, §3 TUE), la CJUE jouit d'une forte emprise sur les actes juridiques de l'Union. Il n'y a guère que la politique étrangère et de sécurité commune (PESC) qui échappe à sa compétence (art. 24 TUE), et encore, elle y veille *a minima* au respect de la répartition des pouvoirs entre les institutions (art. 40 TUE).

En vertu de l'article 257 TFUE, le Parlement et le Conseil peuvent créer des « tribunaux spécialisés adjoints » qui intègrent le système de la CJUE : cela a été le cas avec le Tribunal de la fonction publique.

Attention ! **Le Parquet européen**, qui a été créé par vingt-deux États membres en septembre 2019, **n'est pas intégré à la Cour de Justice de l'UE**, même s'il siège à Luxembourg. C'est une autorité indépendante pour certaines infractions financières, qui vise à coordonner les poursuites devant le juge national.

1 Le système de la CJUE

Au sein de la CJUE se trouvent le Tribunal, compétent en première instance dans certains domaines ; et la Cour de Justice, qui assure le second degré de juridiction des décisions du Tribunal, et qui dispose également de compétences en premier et dernier ressort. Le statut de ces juridictions est inscrit dans le TFUE et dans le Protocole portant statut de la Cour de Justice de l'UE.

a. Le Tribunal

La composition du Tribunal

En 2019, le nombre de juges au sein du Tribunal a été augmenté et atteint désormais **deux juges par État membre**, soit **un total de cinquante-six juges**. Les juges sont désignés d'un commun accord par les États membres parmi des personnes « offrant toutes les garanties d'indépendance » et capables d'assurer « les plus hautes fonctions juridictionnelles » (art. 254 TFUE). Les candidatures sont d'abord examinées pour avis par un comité de sept personnalités reconnues (art. 255). Les juges sont nommés pour un **mandat de six ans, renouvelable**.

Les juges prêtent serment à leur entrée en fonction et ne peuvent cumuler aucune autre rémunération. Ils bénéficient de l'immunité de juridiction : l'immunité ne peut être levée que par la Cour de Justice (art. 3 du statut de la CJUE). De même, les juges ne peuvent être déchus de leurs fonctions, le cas échéant, que sur la décision unanime de la Cour de Justice (art. 6 du Statut).

Les juges élisent le président du Tribunal et le vice-président pour un mandat de trois ans ; à cette échéance, un renouvellement partiel du Tribunal a lieu.

L'organisation du Tribunal

Le Tribunal adopte lui-même son règlement intérieur, en accord avec la Cour de Justice : le règlement doit être approuvé par le Conseil. Le Tribunal nomme lui-même, également, son greffe et lui donne un statut (art. 254 TFUE).

Le Tribunal se compose de neuf chambres de trois à cinq juges, avec un président de chambre élu. Il peut statuer à juge unique. Lorsqu'une affaire complexe ou importante l'exige, le Tribunal se réunit en **grande chambre** de quinze juges.En fonction des affaires, le président du Tribunal peut nommer un des juges de façon *ad hoc* comme faisant fonction d'avocat général.

Le président du Tribunal est M. Marc Jaeger, de nationalité luxembourgeoise.

Le rôle du Tribunal

Le Tribunal a été créé il y a trente ans pour désengorger le prétoire de la Cour de Justice. Il est de façon générale la **juridiction de première instance pour les recours** en annulation et les recours en carence **formés par les requérants individuels et personnes morales de droit privé**. Il traite également **toutes les actions en réparation** du fait de l'Union ou de ses agents.

Le Tribunal est aussi compétent entre autres sur les recours dirigés par les États contre la Commission et en matière de propriété intellectuelle.

Il sert aussi de juridiction de second degré pour réexaminer les décisions des tribunaux spécialisés : c'était le cas avec le Tribunal de la fonction publique, supprimé en 2016. Ce contentieux est revenu dans le giron du Tribunal.

Le Tribunal rend des **arrêts**. **Un pourvoi auprès de la Cour de Justice**, uniquement fondé sur des moyens de droit, **peut être formé** contre les décisions du Tribunal dans un délai de deux mois par les parties (art. 256 TFUE).

Dans des cas exceptionnels et sur proposition de son premier avocat général, la Cour de justice se réserve la possibilité de se saisir d'une décision du Tribunal pour la réviser, « s'il existe un risque sérieux d'atteinte à l'unité ou à la cohérence du droit de l'Union » (art. 62 du Statut). C'est la procédure dite de « **réexamen** ».

b. La Cour de Justice

La composition de la Cour de Justice

La Cour de Justice compte **vingt-huit juges (un par État membre) et onze avocats généraux** (permanents). Ils sont nommés selon une procédure similaire aux membres du Tribunal (art. 253 TFUE). Leur mandat est de **six ans, renouvelable**. Ils sont tenus aux mêmes obligations et jouissent des mêmes immunités que les membres du Tribunal.

Les juges élisent parmi eux **le président de la Cour** et son vice-président pour une durée de trois ans ; il y a renouvellement partiel de la Cour à cette échéance.

L'organisation de la Cour de Justice

La Cour de Justice adopte elle-même son règlement intérieur, qui est soumis à l'approbation du Conseil (art. 253 TFUE).

Le travail est réparti au sein de la Cour de Justice, en plusieurs chambres de trois à cinq juges, avec des présidents de chambre élus. Il n'y a pas de formation à juge unique. Lorsqu'une affaire est complexe, **la grande chambre** se réunit sous l'autorité du président de la Cour et des présidents de chambre. Lorsque l'affaire se révèle d'une importance exceptionnelle, elle peut être renvoyée devant **l'assemblée plénière** de la Cour de Justice (art. 251 TFUE).

Le greffe est nommé par la Cour, qui lui donne un statut.

Il faut expliquer **le rôle important de l'avocat général**. Il « a pour rôle de **présenter publiquement, en toute impartialité et en toute indépendance, des conclusions motivées sur les affaires** qui […] requièrent son intervention » (art. 252 TFUE). Il suggère à la Cour une solution, sans affronter le contradictoire : ses suggestions ne lient pas la juridiction, et il n'assiste pas au délibéré. Ses fonctions ne sont donc pas celle d'un procureur : elles s'inspirent de celles du commissaire du Gouvernement, devenu rapporteur public, de la juridiction administrative française.

Le président de la Cour de Justice est M. Koen Lenaerts, de nationalité belge.

Le rôle de Cour de Justice

La Cour de Justice est compétente en dernier ressort pour juger des pourvois formés à l'encontre des décisions du Tribunal.

En premier et dernier ressort, la Cour de Justice juge de la plupart des recours formés par les États membres et les institutions européennes. Elle assume ainsi un rôle de **gardien de l'équilibre institutionnel dans l'Union** (CJUE, 2016, *Conseil c. Commission*, C-660/13). Ainsi, la Cour est seule compétente pour traiter des recours en manquement, ainsi que des recours en annulation et des recours en carence formés par les États et les institutions.

Elle statue également sur les renvois préjudiciels qui lui sont soumis par les juridictions nationales pour interpréter le droit de l'Union.

2 Les recours devant l'institution judiciaire européenne

Les recours présentés devant la Cour de Justice de l'UE montrent l'étendue de ses pouvoirs, et peuvent être classés en quatre types : le contrôle de la légalité, le contentieux de la responsabilité, le contentieux de la fonction publique européenne et enfin la compétence consultative.

a. Le contrôle de la légalité

Le renvoi préjudiciel, un moyen d'interprétation uniforme du droit de l'Union

Le renvoi préjudiciel est une procédure par laquelle une juridiction nationale soumet à la Cour de Justice **une question** lorsqu'elle est confrontée à l'interprétation des traités ou à la validité et à l'interprétation des actes de droit dérivé (art. 267 TFUE). Ce mécanisme est devenu le moyen courant et efficace pour affermir le droit de l'UE dans la pratique jurisprudentielle nationale. Face à une question d'interprétation du droit de l'UE, **le juge national est tenu de questionner la Cour de Justice. Omettre de le faire constitue un manquement**, qui amène à la condamnation de l'État membre, comme le Conseil d'État l'a expérimenté récemment (CJUE, 2018, *Commission c. France*, C-416/17).

Le recours en manquement, moyen de sanction des illégalités

Le recours en manquement est la procédure par laquelle la Cour contrôle **le respect par les États membres et les institutions de leurs obligations** en vertu du droit de l'Union (art. 258 TFUE). La Cour énonce les mesures à prendre par les fautifs pour revenir dans la légalité, ainsi qu'une amende forfaitaire ou une astreinte si nécessaire (art. 260 TFUE). Cette amende peut atteindre des montants importants, tels les vingt millions d'euros de l'affaire du « Merluchon » (CJCE, 2005, *Commission c. France*, C-304/02).

Le recours en annulation, recours européen de l'excès de pouvoir

Le recours en annulation est une procédure par laquelle un requérant (institutions et personnes physiques ou morales) peut obtenir l'**annulation d'un acte législatif ou réglementaire pris par les institutions de l'Union, dans un délai de deux mois après sa publication** (art. 263 TFUE). La parenté avec le classique recours pour excès de pouvoir, du contentieux administratif français, est visible à travers les quatre motifs de droit : incompétence, violation des formes substantielles, violation des traités et détournement de pouvoir.

Les requérants particuliers sont tenus de justifier de leur intérêt à agir face à des actes réglementaires qui doivent les concerner directement (CJCE, 1963, *Plaumann* ; CJUE, 2013, *Inuit Tapiriit Kanatami et a. c. Parlement et a.*, C-583/11P).

Le recours en carence, moyen de contraindre les institutions à agir

Le recours en carence vise à **faire constater l'inaction des institutions de l'Union** (Parlement, Conseil, Commission, Conseil européen et Banque centrale) alors qu'ils devraient agir selon les traités (art. 265 TFUE). Ce recours judiciaire est subordonné à une mise en demeure préalable de l'institution devant agir par le requérant. Si l'institution reste muette et inactive à l'échéance d'un délai de deux mois, alors la Cour de Justice peut être saisie.

La juridiction constate l'inaction mais ne peut prescrire la mesure à prendre. Si l'institution persiste dans son inaction, elle ouvre la voie à un recours en responsabilité contre elle.

b. Le contentieux de la responsabilité

Prérogative classique soumise « aux principes généraux du droit » (art. 340 TFUE), l'action en réparation pour tout dommage du fait de l'Union, de sa réglementation, de ses institutions et de ses agents, est ouverte à tout requérant. Outre sa responsabilité contractuelle, l'Union assume sa responsabilité en matière délictuelle par une obligation de réparer.

c. Le contentieux de la fonction publique européenne

Le contentieux des agents de la fonction publique de l'Union relève de la compétence de la CJUE (art. 270 TFUE).

d. La compétence consultative

La Cour de Justice jouit d'un pouvoir remarquable pour une juridiction d'une organisation internationale : **bloquer l'adoption d'un accord international que l'Union envisage de ratifier**. La Cour de Justice, saisie par un État membre, le Parlement, le Conseil ou la Commission, donne son avis sur le projet d'accord envisagé (art. 218, §11 TFUE). La Cour a un pouvoir d'**avis conforme** : s'il est négatif, l'accord ne peut être ratifié à moins d'être modifié ou de réviser les traités.

La Cour de Justice a illustré la portée de ce pouvoir en rejetant l'adhésion de l'Union à la Convention européenne des droits de l'homme (CJUE, 2014, avis 2/13).

Entraînement

QCM

1. L'Union européenne est :

- ❒ **a.** une organisation internationale régionale
- ❒ **b.** une partie du Conseil de l'Europe

2. Les communautés :

- ❒ **a.** ont précédé l'Union européenne ;
- ❒ **b.** partageaient les mêmes institutions ;
- ❒ **c.** ont disparu avec la création de l'Union européenne

3. Le traité de Lisbonne (2007) :

- ❒ **a.** a créé une Constitution européenne
- ❒ **b.** a codifié le droit originaire dans deux traités
- ❒ **c.** a abrogé les traités antérieurs

4. Les institutions de l'UE sont :

- ❒ **a.** des institutions fédérales
- ❒ **b.** des institutions internationales
- ❒ **c.** des institutions supranationales
- ❒ **d.** des institutions d'intégration et de coopération

5. La Commission :

- ❒ **a.** a le monopole de l'initiative législative
- ❒ **b.** peut être contrainte de proposer un projet d'acte législatif aux autres institutions
- ❒ **c.** est un organe collégial
- ❒ **d.** contrôle la Banque centrale européenne

6. Le président de la Commission est issu du Parlement :

- ❒ **a.** en vertu des traités
- ❒ **b.** en vertu de la coutume
- ❒ **c.** ce n'est pas une règle
- ❒ **d.** et est proclamé élu par la Cour de Justice

7. Le Conseil :

- ❒ **a.** est formé de ministres représentant les États membres
- ❒ **b.** est composé de plusieurs formations spécialisées
- ❒ **c.** est soutenu dans ses travaux par le COREPER
- ❒ **d.** est sous la tutelle du Conseil européen

8. La procédure législative :

❒ **a.** relève de l'autorité exclusive du Parlement

❒ **b.** est partagée entre le Parlement et le Conseil lorsqu'elle est ordinaire

❒ **c.** relève du Conseil exclusivement lorsqu'elle est spéciale

9. La Commission est responsable devant le Parlement :

❒ **a.** et devant le Conseil européen

❒ **b.** collectivement

❒ **c.** collectivement, exception faite du haut représentant pour la politique étrangère et de sécurité

❒ **d.** individuellement, pour chaque commissaire

❒ **e.** et elle doit démissionner si un projet de texte est rejeté au cours de la procédure législative

QRC

Expliquez les termes suivants :

1. Les pouvoirs du Conseil européen.

2. L'institution judiciaire de l'Union européenne.

Corrigé

QCM

1. **a. L'Union européenne est bien une organisation internationale régionale**, ouverte aux États appartenant à cet espace géographique et culturel. **L'UE n'est pas une « partie » du Conseil de l'Europe**, dont elle est complètement indépendante. La confusion vient des noms relativement proches, et du fait que l'UE a emprunté la plupart de ses symboles au Conseil de l'Europe. Mais même si les vingt-huit États membres de l'UE sont également membres du Conseil de l'Europe, cette « plus grande Europe » avec quarante-sept États membres, il n'y a aucune hiérarchie ni imbrication entre ces deux organisations indépendantes.

2. **a. et b. Les communautés ont bien précédé l'Union européenne, et elles partageaient les mêmes institutions** (depuis le Traité de fusion des exécutifs de 1965). **Mais elles n'ont pas purement et simplement disparu avec la création de l'UE.** Le Traité de Maastricht de 1992, réunit les trois communautés (CECA, EURATOM et CEE), créées en 1951 et 1957 par le Traité de Paris et les Traités de Rome, sous l'égide de la nouvelle UE. Seule la CEE a alors disparu, la CECA poursuivant son existence juridique jusqu'à son échéance cinquantenaire, prévue dans son traité fondateur, en 2002. Quant à l'EURATOM, elle existe toujours, bien que ses activités soient réduites.

3. **b. Le Traité de Lisbonne a bien rassemblé le droit originaire**, en le modernisant, **dans deux traités** (le TUE et le TFUE). **Mais c'est le Traité rejeté** par référendum **en 2005 qui entendait établir une Constitution** pour l'Europe **et abroger les traités précédents.**

4. **c. Les institutions de l'UE ne sont ni fédérales, ni des institutions internationales classiques**. Pour qu'elles soient fédérales, il faudrait que l'UE elle-même soit un État fédéral. Ce qu'elle n'est pas. Elles sont plus que des institutions internationales classiques, car elles ont des attributions, des compétences et des moyens d'action plus vastes et plus contraignants pour les États membres que les autres organisations. La dynamique d'intégration y est à l'œuvre, dépassant la simple coopération. De plus, certaines de ses institutions, comme le Parlement, représentent directement les peuples, et non les États membres. Néanmoins, **il serait abusif de prétendre que toutes les institutions de l'UE sont « supranationales »** : le Conseil des ministres et le Conseil européen sont des institutions intergouvernementales. Ce constat fait, **il est juste de rappeler que l'Union européenne est** une association d'États et de Nations, **constituée d'institutions d'intégration et de coopération**.

5. **a. et c. La Commission est la seule institution, sauf quelques rares exceptions, qui est habilitée à soumettre une proposition de texte législatif au Conseil et au Parlement.** On ne peut l'y contraindre, que ce soit par voie de pétition, ou sur demande du Parlement. De plus, **il est vrai que la Commission est un organe collégial** : les décisions s'y prennent collectivement lors des réunions hebdomadaires sous la direction de son président. Enfin, si les attributions de la Commission sont vastes, elle ne contrôle en aucun cas la Banque centrale européenne, qui est une institution économique indépendante.

6. **c. Ce n'est pas une règle.** Le président de la Commission est élu par le Parlement, sur proposition du Conseil européen. **Il n'y a aucune obligation que le candidat soit un membre du Parlement, ni selon les traités, ni en vertu d'une coutume**. Seul M. Juncker, en 2014, a été élu président de la Commission en tant que tête de liste du parti majoritaire issu des élections européennes, mais cette pratique n'a pas été renouvelée en 2019. Quant à la Cour de Justice de l'UE, elle n'a rien à voir avec cette procédure.
7. **b. et c. Le Conseil, institution intergouvernementale au niveau ministériel, est bien structuré en plusieurs formations**, notamment celle des affaires générales et la formation des affaires étrangères. **Ses travaux sont préparés par le Comité des représentants permanents (COREPER)**. En revanche, **on ne peut parler d'une « tutelle » formelle du Conseil européen sur le Conseil de l'UE**, même s'ils partagent les mêmes bâtiments et la même administration. Leurs fonctions sont différentes : le Conseil européen est une instance politique d'orientation, tandis que le Conseil de l'UE vote les textes législatifs.
8. **b. et c. La fonction législative est exercée conjointement entre le Conseil et le Parlement**. **La procédure législative ordinaire montre** par ailleurs **le partage de cette fonction entre les deux institutions** : une navette et un comité de conciliation existent, le cas échéant. **Seule la procédure législative spéciale**, qui ne concerne plus que 15 à 20 % des textes adoptés par l'UE, **relève exclusivement du Conseil**.
9. **b. La Commission est responsable collectivement devant le Parlement, et devant lui seul, sans aucune exception parmi ses membres**. Si la Commission est renversée, le haut représentant démissionne avec elle. Il existe une procédure particulière par laquelle **le Parlement peut demander au président de la Commission de révoquer un commissaire** identifié ; mais le président peut refuser de le faire. **Il faut préciser que la Commission ne peut être renversée par le Parlement qu'à l'occasion d'une motion de censure**, dont la procédure est précisément codifiée ; le simple rejet d'un projet d'acte législatif ne suffit pas à provoquer la démission de la Commission.

QRC

1. Le Conseil européen, sommet des chefs d'État et de Gouvernement réuni régulièrement depuis 1974, est une institution puissante au sein de l'Union européenne. Pourtant, il n'intervient pas directement dans la procédure législative pour adopter les actes européens. Ses pouvoirs sont essentiellement des pouvoirs d'orientation politique et des pouvoirs de nomination des acteurs-clés.

   Le Conseil européen est une institution d'impulsion qui définit les orientations générales de l'Union et les priorités politiques que doivent suivre les autres institutions (Commission et Conseil de l'UE). Il a la haute main sur la politique étrangère et de sécurité commune. Le Conseil européen adopte ses décisions sous forme de « conclusions », à chaque séance. Il prend également des décisions politiques de la plus haute importance, comme la révision des traités (art. 48 du Traité sur l'Union européenne), l'adhésion (art. 49) ou le retrait des États membres (art. 50).

   Le Conseil européen exerce également sa maîtrise sur l'Union à travers son pouvoir de nomination. Ainsi, le Conseil européen désigne le président de la Commission européenne, le haut représentant de l'Union pour les affaires étrangères et la sécurité commune, et le directoire de la Banque centrale européenne. Ces pouvoirs permettent au Conseil, institution intergouvernementale, d'être l'autorité de nomination et la source de la légitimité des chefs des institutions indépendantes visant l'intégration européenne.

2. Le juge de l'Union européenne est un acteur institutionnel méconnu du grand public. Il est pourtant essentiel dans la construction européenne à travers sa riche jurisprudence. Pour comprendre ce rôle déterminant, il convient d'évoquer succinctement son statut et ses pouvoirs.

Si tous les juges nationaux des États membres sont les juges de droit commun pour appliquer le droit de l'Union, l'article 13 du Traité sur l'Union européenne consacre une institution judiciaire en tant que telle : c'est la Cour de justice de l'Union européenne (CJUE). Cette dénomination désigne, selon l'article 19 du même Traité, un système judiciaire indépendant composé d'une Cour de justice, d'un Tribunal et éventuellement de tribunaux spécialisés (comme le Tribunal de la fonction publique, disparu en 2016). Le Tribunal existe depuis 1989. La Cour de justice, quant à elle, remonte aux origines de la Communauté (1952). Ils siègent à Luxembourg et sont composés de juges indépendants qui rendent des arrêts.

Plusieurs titres de compétences permettent à la CJUE d'être la garante de l'équilibre institutionnel et d'établir une « Communauté de droit » (CJCE, 1986, *Les Verts*). Ainsi, le recours en manquement permet à la Cour de sanctionner les institutions européennes qui ne respecteraient pas les prérogatives de leurs homologues, de même que les États qui n'exécutent pas (ou mal) leurs obligations en vertu du droit de l'Union. Le contrôle de légalité des actes de l'Union, *via* le recours en annulation, ou l'obligation du renvoi préjudiciel par le juge national pour interpréter ces mêmes actes, confortent la CJUE dans son rôle de protectrice de l'unité du droit dans tout l'espace européen et, au-delà, de la solidité de l'Union.

80673 - (I) - 280 U - OSB 80° - BLP - GCO
OF : 2949277B
Dépôt légal : février 2020

JOUVE – 1, rue du Docteur Sauvé 53100 Mayenne

Imprimé en France